Da Paixão:
sobre um fenômeno humano

Psiquiatria, Psicologia e Psicanálise — Outros livros de interesse

A Natureza do Amor – **Donatella**
Autismo Infantil: Novas Tendências e Perspectivas – **Assumpção Júnior**
Chaves/Resumo das Obras Completas (Organização Editorial: National Clearinghouse for Mental Health Information) – **Jung**
Coleção Psicologia do Esporte e do Exercício – Maria Regina Ferreira **Brandão** e Afonso Antonio **Machado**
 Vol. 1 - Teoria e Prática
 Vol. 2 - Aspectos Psicológicos do Rendimento Esportivo
 Vol. 3 - Futebol, Psicologia e Produção do Conhecimento
 Vol. 4 - O Treinador e a Psicologia do Esporte
 Vol. 5 - O Voleibol e a Psicologia do Esporte
Cuidados Paliativos – Diretrizes, Humanização e Alívio de Sintomas – **Franklin Santana**
Cuidados Paliativos - Discutindo a Vida, a Morte e o Morrer – **Franklin Santana** Santos
Cuidando de Crianças e Adolescentes sob o Olhar da Ética e da Bioética – **Constantino**
Delirium – **Franklin Santana**
Demências: Abordagem Multidisciplinar – **Leonardo Caixeta**
Dependência de Drogas 2ª ed. – Sergio Dario **Seibel**
Depressão e Cognição – Chei **Tung Teng**
Depressão em Medicina Interna e em Outras Condições Médicas - Depressões Secundárias – **Figueiró** e Bertuol
Distúrbios Neuróticos da Criança 5ª ed. – **Grunspun**
Doença de Alzheimer – **Forlenza**
Esquizofrenia – **Bressan**
Hipnose - Aspectos Atuais – **Moraes Passos**
Hipnose na Prática Clínica 2a. Ed. – **Marlus**
Hipnoterapia no Alcoolismo, Obesidade e Tabagismo – **Marlus Vinícius** Costa Ferreira
Introdução à Psicossomática – Maria Rosa **Spinelli**

Introdução à Psiquiatria - Texto Especialmente Escrito para o Estudante das Ciências da Saúde – **Spoerri**
O Desafio da Esquizofrenia 2ª ed. – **Itiro** Shirakawa, Ana Cristina Chaves e Jair J. Mari
O Livro de Estímulo à Amamentação - Uma Visão Biológica, Fisiológica e Psicológico-comportamental da Amamentação – **Bicalho Lana**
Panorama Atual de Drogas e Dependências – **Silveira Moreira**
Politica Públicas de Saúde Interação dos Atores Sociais – **Lopes**
Psicofarmacologia – Chei **Tung Teng**
Psicologia do Desenvolvimento - Do Lactente e da Criança Pequena – Bases Neuropsicológicas e Comportamentais – **Gesell e Amatruda**
Psiquiatria Perinatal – Chei **Tung Teng**
Psicologia na Fisioterapia – **Fiorelli**
Psicopatologia Geral 2ª ed. (2 vols.) – **Jaspers**
Psicossomática, Psicologia Médica, Psicanálise – **Perestrello**
Psiquiatria e Saúde Mental – Conceitos Clínicos e Terapêuticos Fundamentais – **Portella Nunes**
Psiquiatria Ocupacional – Duílio Antero de **Camargo** e Dorgival **Caetano**
Saúde Mental da Mulher – **Cordás**
Série da Pesquisa à Prática Clínica - Volume Neurociência Aplicada à Prática Clínica – Alberto **Duarte** e George **Bussato**
Série Fisiopatologia Clínica – **Busatto**
 Vol. 4 - Fisiopatologia dos Transtornos Psiquiátricos
Série Usando a Cabeça – **Alvarez e Taub**
 Vol. 1 - Memória
Sexualidade Humana - 750 Perguntas Respondidas por 500 Especialistas – **Lief**
Situações Psicossociais – **Assumpção**
Suicídio: Uma Morte Evitável – **Corrêa (Perez Corrêa)**
Transtornos Alimentares – **Natacci Cunha**
Transtorno Bipolar do Humor – José Alberto **Del Porto**
Tratado de Psiquiatria da Infância e da Adolescência – **Assumpção**
Tratamento Coadjuvante pela Hipnose – **Marlus**
Um Guia para o Leitor de Artigos Científicos na Área da Saúde – **Marcopito Santos**

Da Paixão:
sobre um fenômeno humano

Francisco Baptista Assumpção Júnior

Professor Livre-docente pelo Departamento de Psiquiatria da Faculdade de Medicina da Universidade de São Paulo, FMUSP. Professor-associado do Departamento de Psicologia Clínica do Instituto de Psicologia da Universidade de São Paulo, IPUSP. Membro das Academias Paulista de Medicina e de Psicologia

EDITORA ATHENEU

São Paulo —	Rua Jesuíno Pascoal, 30 Tel.: (11) 2858-8750 Fax: (11) 2858-8766 E-mail: atheneu@atheneu.com.br
Rio de Janeiro —	Rua Bambina, 74 Tel.: (21)3094-1295 Fax: (21)3094-1284 E-mail: atheneu@atheneu.com.br
Belo Horizonte —	Rua Domingos Vieira, 319 — conj. 1.104

Planejamento Gráfico/Diagramação: Triall Composição Editorial Ltda.

Produção Editorial/Capa: Equipe Atheneu

Dados Internacionais de Catalogação na Publicação (CIP)
(Câmara Brasileira do Livro, SP, Brasil)

A87d

Assumpção Júnior, Francisco Baptista
Da paixão: sobre um fenômeno humano / Francisco Baptista Assumpção Júnior. - 1. ed. - Rio de Janeiro : Atheneu, 2017.
: il. ; 21 cm.

Inclui bibliografia
ISBN 978-85-388-0757-5

1. Adultério. 2. Casais. 3. Paixão (Psicologia). I. Título.

16-37087

CDD: 306.7
CDU: 392.6

14/10/2016   18/10/2016

JÚNIOR ASSUMPÇÃO, F. B.
Da Paixão: sobre um fenômeno humano

© *EDITORA ATHENEU – São Paulo, Rio de Janeiro, Belo Horizonte. 2017*

Dedicatória

"Eu desejo que vocês sejam
loucamente amados"
(André Breton)[1]

Mesmo considerando esta ideia, este trabalho é dedicado àqueles
que conseguiram viver, ainda que por curto espaço de tempo, uma
paixão, porém mais ainda, ele é dedicado àqueles que por covardia,
insegurança, medo ou simples restrição existencial, passaram
longe de qualquer experiência similar. Por esses, eu lamento.

---

1   Breton, A. L' amour fou. Paris, Gallimard, 1937

Introdução

Na verdade, este trabalho começou a ser pensado entre 15 de março e 5 de abril de 2011; portanto, há cerca de cinco anos, quando ouvi uma das histórias que lhe servem de fio condutor. Não decidi escrevê-lo imediatamente, porém comecei a pensá-lo uma vez que diferentes histórias e possibilidades foram sendo recolhidas, principalmente por meio da minha atividade profissional, e começaram a se cristalizar em minha cabeça.

Há menos tempo, durante a apresentação de uma defesa de dissertação de mestrado, outra ideia foi veiculada, ideia essa referente à questão de relacionamentos extraconjugais serem (ou não) ligados a fatores de resiliência ou de equilíbrio da instituição casamento.

Essa ideia me pareceu muito ousada, passível e digna de se refletir a respeito. Assim, a meu modo, tentei transformá-la em algo mais palpável e possível de ser pensado.

Ambas as ideias se ligaram então.

Seria a paixão um dos fatores desencadeantes dos relacionamentos extraconjugais? Sua presença aumentaria ou não o estresse? Ela favoreceria a resiliência e funcionaria como um fator de escape para a vida cotidiana? Como a paixão, caso esteja presente nesses fenômenos, poderia ser pensada?

Todas essas questões me pareceram extremamente atraentes. Dessa maneira, coletei dados referentes a um grupo de pessoas com relacionamentos extraconjugais e avaliei esses dados de acordo com o que eu considerei instrumentos que me permitiriam ter uma melhor ideia de suas características. Tentei interpretar esses dados de forma estatística, comparando esse grupo com um grupo semelhante porém sem relacionamento extraconjugal.

Qual não foi minha surpresa ao constatar que a maior parte dos participantes com relacionamentos extraconjugais era de mulheres jovens, e que esses relacionamentos eram duradouros e satisfatórios, permitindo um grau de apaixonamento grande e aparentemente também gratificante.

QUADRO I.1 Características da amostra estudada composta por pessoas casadas com relacionamentos extraconjugais, que foram avaliadas a partir de instrumentos padronizados com o intuito de se verificar resiliência, nível de apaixonamento, satisfação com seu relacionamento conjugal e tipo de amor presente.

	Rel. Extraconjugal
Idade dos homens	45,36 ± 12,78
Idade das mulheres	38,66 ± 9,94
Resiliência	125,03 ± 25,78
Apaixonamento	270,59 ± 411,23
Tempo casado	20,22 ± 23,24
Tempo extraconjugal	18,48 ± 22,50
Amor – Mania	12,85 ± 3,46
Eros	20,44 ± 31,31
Ludus	14,14 ± 3,91
Pragma	12,66 ± 3,46
Agape	12,74 ± 5,40
Storge	11,14 ± 5,11
Satisfação com relacionamento	13,81 ± 6,33

O fato de a idade média da população masculina ser mais alta era esperado, uma vez que, desde Aristóteles (*apud* Orlandini, 1998), isso é considerado.

Mais ainda: as características da população estudada no que se refere a tempo de casamento, tempo do relacionamento extraconjugal e satisfação com o relacionamento me trouxeram maiores surpresas. Isso me levou a pensar nas mudanças do papel feminino bem como nos novos desenhos que a estrutura familiar esboça nesta pós-modernidade. Da mesma forma, considerei se eu não estaria pensando dois fenômenos totalmente diversos (casamento e paixão) com pouca ou nenhuma relação entre si e que são agrupados somente em função de aspectos sociais e de uma moral cristã inquestionável e indiscutível. No entanto, é praticamente impensável não se fazer essa relação, principalmente a partir dos anos 1940 quando a ideia de casamento por amor se generalizou (Lins, 2015).

Os fatos, entretanto, levaram-me a pensar muito mais em um fenômeno atemporal e universal dentro da espécie humana: o fenômeno da paixão. Então, ao me deter nele, outra surpresa estava presente. A maior parte dos autores modernos (a partir de uma influência freudiana marcante) descrevia e via sempre a paixão como um fenômeno de cunho narcísico e consequentemente superficial e quase patológico. Isso não me parecia corresponder à realidade, da mesma maneira que não me parecia real vincular a paixão à estrutura do casamento posto que ela só se liga a essa instituição social a partir dos séculos XVIII e XIX com características muito típicas.

Quando tentei avaliar correlações entre algumas diferentes variáveis, minha surpresa tornou-se ainda maior, uma vez que nenhuma categoria parecia se correlacionar com outra, mostrando apenas alguns indícios, pouco relevantes, que pareciam associar piora no relacionamento associada a tempo de casamento e total desvinculação entre apaixonamento e as formas de amor habitualmente propostas.

Reforçando minhas ideias, o fenômeno *paixão*, que sempre me pareceu um fenômeno criativo e produtivo, posto que somente ligadas a ele as grandes obras e grandes coisas se construíram, se transformou em algo que me pareceu importante estudar, longe dos preconceitos e dos valores morais estabelecidos – para que, a partir desse distanciamento, uma perspectiva se encontrasse, desvinculada da patologia narcísica e da obrigatoriedade de sua ligação com o relacionamento conjugal.

Se tornava necessário perguntar o por quê disso. A resposta me pareceu bastante simples: pela simples razão de que é na paixão que se fundem as ideias da carne e do espírito (supervalorizado pelo pensamento ocidental a partir do cristianismo), e que este, ao renunciar à carne, torna-se frio e morre.

Entretanto, pela nossa própria cultura, a glória da carne nunca pode ser reconhecida, e por isso ela se esgota e se consome em sua própria intimidade, sendo impossível sua recriação – porém, sendo factível sua apresentação.

Considerando que grande parte das experiências culturais não são experimentadas e expressas pelas pessoas individualmente, mas sim aproveitadas a partir daquilo que a cultura média distribui (Liiceanui, 2014), fiz essa tentativa de reflexão.

Exatamente por isso – e baseado em uma série de estudos e relatos, bem como embasado nos dados apresentados anteriormente e em inúmeros casos psicoterapicamente abordados com essa característica – é que este trabalho foi construído, criando-se a partir dessa síntese um caso imaginário, embasado em diferentes casos reais, que pudesse servir de mote para que se abordasse o fenômeno.

As características dos personagens imaginados obedecem ao estudo anteriormente feito. Assim, trata-se de uma mulher mais jovem e um homem mais velho, ambos casados (como na amostra estudada e também para que a questão da transgressão e do risco pudesse ser melhor imaginada) e com vidas organizadas de modo que pudéssemos pensar nas questões referentes à paixão harmônica ou desarmônica. Isso para que não nos detivéssemos na padronização de Pittman (1994), quando este pressupõe eventuais padrões de infidelidade como:

a) *Acidentais e não planejados, que acontecem, inicialmente, ao acaso.* Pareceu-me que a construção de um exemplo nesses moldes corresponderia mais às questões do amor líquido de Baumann (2004) do que ao fenômeno que pretendo estudar.

b) *Exercício do namoro enquanto atividade sexual habitual do ator, motivada mais pelo medo e desejo do sexo oposto.* Também não me pareceu uma boa alternativa da descrição que pretendia fazer, uma vez que o elemento erótico me parecia fundamental e insubstituível dentro do fenômeno *paixão*.

c) *Casos românticos descritos enquanto "estados de louca paixão que enevoam a mente das pessoas" com prejuízo em suas atividades cotidianas.* Embora seja um dos desfechos imaginados para a história que elaborei, essa visão decorre de uma paixão narcísica. Procurei criar algo não tão fechado e narcísico, uma vez que parti da ideia de que a paixão não corresponde a algo, a princípio, patológico.

d) *Arranjos conjugais enquanto tentativas de uma distância desejada por um dos parceiros, com papel sexual marcado, embora com a emoção dirigida à instituição casamento.* Evitei esse delineamento por considerá-lo um arranjo pragmático e operacional que, a meu ver, não se coaduna com a ideia proposta de paixão amorosa.

Por outro lado, uma outra preocupação me perseguiu. Aquela representada pelo uso inadequado da palavra *amor*, que me parece extremamente vaga e abrangente, além de ser habitualmente usada com aspectos valorativos e até mesmo morais.

Para o dicionário Michaelis (2015), "amor", do latim *amore*, corresponde a:

1. Sentimento que impele as pessoas para o que se lhes afigura belo, digno ou grandioso.
2. Grande afeição de uma a outra pessoa de sexo contrário.
3. Afeição, grande amizade, ligação espiritual.
4. Objeto dessa afeição.
5. Benevolência, carinho, simpatia.
6. Tendência ou instinto que aproxima os animais para a reprodução.
7. Desejo sexual.
8. Ambição, cobiça: amor do ganho.
9. Culto, veneração: amor a legalidade.
10. Caridade.
11. Coisa ou pessoa bonita, preciosa, bem apresentada.
12. (filos.) Tendência da alma a se apegar aos objetos.

Assim, a meu ver, a utilização da palavra, por sua abrangência e inespecificidade, se presta a confusões, razão pela qual optei por limitar o fenômeno àquele que engloba o momento da atração (*enchantment*), o momento da aproximação e continuidade (transgressão) e o seu desenrolar final, com as possibilidades que o existir permite. Nessas possibilidades de evolução, o triângulo amoroso, tal como foi por mim escolhido, é, como diz Carotenuto (2004), um fenômeno arquetípico que provoca mudanças e transformações em ambos os participantes, independentemente do momento de desenvolvimento em que se encontram.

Essas transformações e mudanças direcionam-se, em última instância, à busca de si mesmo, busca essa que no fenômeno *paixão amorosa* me parece ser mediada pelo outro enquanto ser único, impossível de ser possuído e com o qual se busca estabelecer uma relação de cuidado e compartilhamento, simétrica e criativa, sem que haja a ilusão de autoengano e da negação, uma vez que "aquele que se engana a si mesmo excluiu-se a si mesmo e excluiu o amor" (Kierkegaard, 2005).

Portanto, durante o percurso deste trabalho, vou procurar me ater ao termo *paixão* em suas diferentes manifestações visando procurar compreender e esclarecer um fenômeno que, por si, já é extremamente complexo.

Exatamente por tentar partir desse princípio é que o título do trabalho também se afasta da ideia trazida por Muchembled (2007), quando este diz que a ligação íntima do sexo com a morte foi tratada com extrema complacência durante o início do século XX ao ser associada a um erotismo burguês mórbido entrelaçando a luxúria, o prazer e a morte tanto na vida quanto na literatura.

A morte aqui em questão é muito mais vinculada à periculosidade que a expressão erótica da paixão traz quando não controlada, uma vez que desde esse período, mantém-se um padrão no qual, sem muitos questionamentos e avalizado por opiniões técnicas, "a mulher se liga a um só homem", citando Krafft-Ebing (1965), e, quando conveniente, deve sacrificar seus eventuais desejos pelo bem do marido e dos filhos (Muchembled; 2007).

Assim, esse é o percurso que foi seguido por mim durante um longo período no qual pude ler, pensar, compartilhar ideias e sistematizá-las dentro do que me pareceu um sistema lógico, embora sem nenhuma pretensão de estabelecer critérios em uma temática tão estudada – e de maneira brilhante.

Esse compartilhar de ideias me foi extremamente valioso, pois me permitiu discuti-las com diferentes pessoas; cada uma, a sua maneira, contribuiu com a estruturação final deste trabalho.

Exatamente por isso necessito agradecer as discussões e opiniões emitidas, bem como as críticas, sempre construtivas, que me foram feitas por vários amigos do Instituto de Psicologia da Universidade de São Paulo e da Pontifícia Universidade Católica de São Paulo, todos dispostos a pensar alguns dos temas deste trabalho.

Dessa maneira, espero que gostem daquilo que foi pensado e que, na pior das hipóteses, ao menos se divirtam lendo as ideias que aqui se alinhavam.

Não tenho a intenção de considerar este trabalho como definitivo ou acabado.

Seu final, da mesma maneira que seu início, é insidioso e, posso mesmo dizer, alheio à minha vontade.

Quem sabe, um dia, este trabalho possa ser continuado e, talvez aí, eu possa considerá-lo concluído.

Francisco B. Assumpção Jr.
Verão de 2015/2016

Índice

Um índice, habitualmente, tem uma finalidade muito clara e pobre: apresentar ao leitor como se localizar em uma determinada obra. Considerando o escopo desta obra bem como minha pequena familiaridade com algo deste tipo, tentei transformar este índice, mais em um esclarecimento para que o leitor pudesse se engajar melhor na procura e na leitura do que deseja. Fiz isso através das citações que abrem cada capítulo e que representam meu gosto pessoal. São somente, como já disse, sugestões para que o leitor se localize.

Apresentação ....

CAPÍTULO 1 **Da Paixão Amorosa**...................................... 1
"*Amans amensque*" – amantes sem juízo, frase citada em comédia de Plauto intitulada *Mercator*. Tem aqui o sentido de vincular a paixão à perda do pensamento crítico e, muitas vezes, lógico.
A ideia é de uma breve introdução e considerações gerais sobre o fenômeno da paixão.

CAPÍTULO 2 **Da Questão da Vida Pública** 35
"*Mulier tareat in ecclesia*" "Que a mulher fique calada na Igreja". Para Paulo de Tarso, as mulheres devem se calar nas reuniões da Igreja, perguntando suas dúvidas aos maridos (Epístola aos Coríntios, 14:34-35). Aqui a frase é colocada no intuito de se perceber como algumas das atitudes ainda presentes em nosso cotidiano, se estruturaram no decorrer dos séculos sob a égide da visão cristã, extremamente repressora e discriminatória.

XVI Da Paixão: sobre um fenômeno humano

CAPÍTULO 3 **Do Encontro** **65**

"Animae duae, aniimus unus" – "Duas almas, um espírito". Citada em carta escrita por Sidonius Appolinarius (400-451) para o imperador Avito. Tenta-se aqui trazer a ideia de que, ao se encontrarem, duas almas possuem o poder de tentar se construir em uma só.

CAPÍTULO 4 **Da Continuidade da Paixão** **87**

"Carpe diem" – "Aproveita o dia". Citação do poeta romano Horácio (*"Carpe dien quam minimum crédula posterum"* - aproveita o dia e confia o mínimo nos dias posteriores") tem aqui a intenção de trazer o significado presentificado da paixão. Ela existe sempre no hoje. Sem passado nem futuro. Ela simplesmente é.

CAPÍTULO 5 **Do Significado da Paixão** **105**

"Creatio ex nihilo" – "Criação do nada". Frase que expressa o conceito cristão do século II a partir do qual tudo provém de Deus que criou o Universo a partir do Nada. Aqui tem o propósito de fazer pensar a paixão enquanto uma criação, também divina, criada, aparentemente a partir do Nada e que como tal pode frutificar gerando vida infinita (física ou mental) ou fenecer e morrer uma vez que se encaminha, novamente, em direção ao Nada.

CAPÍTULO 6 **Do Erotismo** **119**

"Hominem te esse memento!" – "Lembra-te que és homem!" frase de Tertuliano (150-230) para que não se caísse na megalomania e na angústia. Aqui com o significado de, ao nos lembrarmos que somos humanos temos, obrigatoriamente que considerar que somos passíveis de sentimentos e paixões humanas e que são, exatamente essas, que nos dão a humanidade que nos é tão característica. Privilegiarmos o espírito em detrimento do próprio corpo nada mais é do que manifestação megalomaníaca de que podemos ser "mais que homens".

CAPÍTULO 7 **Da Transgressão** **149**

"Extra ecclesiam nulla salus" – "Fora da Igreja não há salvação". Frase de Cipriano de Cartago (200-258 d.C.) estabele-

cendo a verdade absoluta e o fim das heresias. É citada aqui no intuito de que as verdades estabelecidas pelo costume, pela tradição ou pela lei, quase sempre são inquestionáveis e o simples pensar nelas, herético, é passível de condenação e, frequentemente, castigo.

CAPÍTULO 8 **Da Paixão e da Morte** **173**
"*Ars moriendi*" – "A arte de morrer" (bem). Frase embasada no tratado da Arte de Bem Morrer, escrito por um padre dominicano por volta de 1415. Tem aqui o intuito de se pensar como a paixão termina, de forma a que destrua e cause o menor dano possível e, dependendo de cada pessoa que possa permitir que haja um crescimento individual.

Bibliografia **213**
"*Tolle, lege!*" – "Pegue, leia!" do livro de Santo Agostinho intitulado Confissões. Na luta entre seus desejos espirituais e materiais lhe pareceu, enquanto meditava, ouvir uma criança cantar, *Tolle, lege*. Ele sentiu o momento como de inspiração divina e, abrindo a Bíblia mais próxima, leu a primeira passagem que encontrou: "Já é hora de despertardes do sono. Nada de orgias, nada de bebedeira, nada de desonestidades, nem dissoluções; nada de contendas, nada de ciúmes. Ao contrário, revesti-vos do Senhor Jesus Cristo e não façais caso da carne nem lhe satisfaçais aos apetites" (Rm 13,11.13-14). Creio que boa parte das ideias e da bibliografia aqui citadas abordam exatamente essa dificuldade: a oposição corpo × alma e a noção de pecado inerente ao conceito de paixão. Como não pretendo estabelecer verdades nem apontar caminhos, cito Kierkegaard ao dizer que posso mostrar somente os caminhos que trilhei para encaminhar meu pensamento.

Capítulo

1

Da paixão amorosa

2 Da Paixão: sobre um fenômeno humano

"Amans, amensque"[1]

Conforme refere Malinowski (*apud* Giddens, 1993), "o amor é uma paixão tanto para o melanésio como para o europeu e atormenta a mente e o corpo em maior ou menor extensão".

Para a nossa cultura, o tema da paixão amorosa, embora fascinante, traz, inicialmente, a dificuldade de sua própria conceituação, uma vez que a noção de amor, na qual ela acaba incluída, engloba uma enorme gama de fenômenos e de conceitos que, muitas vezes, são contraditórios ou envolvidos em relacionamentos diferentes. Assim, quando procuramos abordar este tema, o fazemos de forma tal que o misturamos com situações que envolvem aspectos morais, sociais e funcionais (como o casamento e a conjugalidade) distorcendo a percepção e a análise de um fenômeno que, por si só, visto isoladamente, já é bastante complexo.

> *A sua visão me faz bem!*
> *Quando ela abre os olhos, meu corpo rejuvenesce,*
> *Ela fala, eu me sinto forte;*
> *Abraçá-la expulsa meus males*
> *Há sete dias ela me deixou! (Bergman apud Giddens, 1993)*

Entretanto, ambas as palavras, paixão e amor, embora frequentemente confundidas e misturadas, nem sempre significam aquilo que queremos dizer e é por isso que, nesta breve análise, tenho, obrigatoriamente, que tangenciar outros fatos que margeiam (e algumas vezes interpenetram) o fenômeno que procuro chamar de paixão amorosa e que considero um fenômeno primordial, uma vez que, para alguns autores, conforme refere Vilain, 2010, "amor é paixão ou não é nada".

Paixão pode ser pensada como uma forte inclinação (tanto física quanto psíquica), autodefinida pelo próprio indivíduo e por ele valorizada, na qual ele investe tempo e energia (Lafrenière, 2009) sendo tão característica da natureza humana quanto a corporeidade ou o pensamento. Para Lebrun, 1987, ela corresponde a uma tendência forte o bastante para dominar a vida mental do indivíduo.

---

1 *"Amans amensque"*: amantes sem juízo, frase citada em comédia de Plauto intitulada *Mercator*. Tem aqui o sentido de vincular a paixão à perda do pensamento crítico e, muitas vezes, lógico.

Ela pode também ter dois outros significados, segundo Orlandini, 1998: um corresponde à exaltação psicofisiológica e à obsessividade característica do enamoramento, bem como também pode ser aplicado ao amor romântico que é de grande importância em nossa cultura. No "Discurso sobre as paixões do amor" Pascal (*apud* Orlandini, 1998), "o amor não pode ser belo sem excesso e que quando não se ama demasiado não se ama satisfatoriamente". Da mesma forma, Maurois (*apud* Orlandini, 1998) diz que "o amor-paixão é santo. Em função dele se sacrifica tudo, alguns adoecem por ele chegando até a morte, sentindo-se orgulhoso em morrer por ele".

Para a realização deste trabalho, parti então do princípio de que a paixão amorosa é um fenômeno afetivo que envolve uma atitude subjetiva diante da realidade externa e interna[2] e que envolve, assim, um objeto e uma situação concretos, que se mesclam aos aspectos imaginários e imaginados de/por ambos os envolvidos.

Para Rubin (*apud* Salmon, 2003), o amor corresponde ao direcionamento de uma pessoa à outra particular, implicando predisposição específica, diante dessa, de pensar, sentir e se comportar. Esse conceito é vago e, para mim, parece englobar, não somente a paixão amorosa, como também uma série de fenômenos diversos incluindo-se, entre eles, algumas formas de amizade e companheirismo.

Shaver (*apud* Salmon, 2003) refere que o amor romântico é somente um processo biológico desenvolvido pelos próprios mecanismos evolutivos, com a finalidade de facilitação na união com um parceiro sexual adulto. Neste contexto, mais do que a descrição de um fenômeno puramente humano, podemos nos ater a possíveis finalidades do mesmo dentro de uma visão eminentemente biológica e evolucionista, isenta dos significados inerentes a espécie. Cabe lembrar que esta ideia já se encontra presente em Schopenhauer.

Conceitos semelhantes, designados por meio de nomenclaturas diferentes, são bastante comuns ao estudarmos o fenômeno.

O homem é, entretanto, um animal dotado de capacidade de autorreflexão e, como tal, é antecipada sua própria morte enquanto expressão do final de seu próprio existir (o que lhe ocasiona a angús-

---

2 Para Bleuler, 1968, afetividade é "a nossa atitude subjetiva frente a realidade externa e interna, e mediante a qual, aceitamos ou rejeitamos alguma coisa, amamos ou odiamos, tememos ou almejamos".

tia reveladora da insuportável finitude da existência), conhecimento que lhe acompanhará durante toda a sua vida. Assim, para não se defrontar com o Nada, gerador de angústia, ele dá significados a uma existência que, sem eles, torna-se vazia, tediosa e sem sentido. Claro que, se consideramos o aspecto dos significados envolvidos na questão do apaixonamento, a conceituação puramente biológica parece, no mínimo, simplista, uma vez que a paixão se constrói, principalmente, apoiada em mecanismos mentais e simbólicos com aspectos culturais importantes. Assim, é seu significado que muitas vezes dá sentido à existência, sendo basicamente o encantamento não só físico, mas principalmente pelo Outro, que se constitui na mente do apaixonado de forma irresistível.

Buss (*apud* Salmon, 2003) sugere que o amor não é somente um estado sentimental interior (talvez esse estado seja mais característico da paixão), uma vez que é acompanhado por uma série de atos (muitos deles também vinculados a paixão, embora não todos) com um objetivo fundamental centrado na reprodução (fato que já se distancia, e muito, da questão do apaixonamento que, sequer se relaciona diretamente com o aspecto de procriação. Essa ideia, por mais recente que pareça, já é encontrada, conforme já dito, quando pensamos Schopenhauer). Mistura-se assim o conceito de amor com a questão reprodutiva e, consequentemente, com o vínculo institucional representado pela família e pelo casamento. No homem civilizado, moderno, esse conceito talvez seja considerado também como extremamente linear e simplista, sendo esse antagonismo somente a contraposição entre a criatividade e a liberdade da paixão, confrontada com a regularidade, a estabilidade e a segurança das relações institucionais e com a necessidade da espécie em sua própria preservação.

Entretanto, independentemente de toda essa confusão conceitual, a Idade Moderna e, principalmente, a modernidade, trazem sobre a questão do amor um olhar idealizado e controlador que ocasiona uma situação 'esquizofrênica', posto que duas situações antagônicas e paradoxais são possíveis e devem, sob essa ótica, ser vividas conjuntamente.

A questão da paixão amorosa é vista, basicamente, apenas como uma emoção intensa e invasiva, que leva à perda de controle, e o amor é distorcido em sua forma de ser, de se manifestar e de se expressar (Silva, 2002). Estabelece-se, então, uma hierarquia, na qual a paixão amorosa é vista enquanto uma manifestação menor do amor que, por si só, seria um dom e que, quando desviado, levaria às manifestações apaixonadas, quase sempre descritas como carregadas de ilusão e de aspectos fusionais, na maior parte das vezes considerados infantis, transitórios e pouco produtivos, no que se refere ao crescimento individual. Na verdade, paixão amorosa é rotineiramente vista como raramente ultrapassando o plano da sensualidade ou o doméstico, a menos que tratada como uma loucura trágica (Lewis, 2012). É frequentemente ligada aos aspectos da degenerescência, da amoralidade e do sofrimento, embora devesse ser visualizada mais como uma celebração dionisíaca da vida, a partir da qual se entra em contato com a dureza do saber que não se tem o outro nunca, e que sua dor passa a ser a verdade expressa na finitude dos relacionamentos e da própria vida.

Pode se considerar que a paixão, enquanto um fenômeno subjetivo, irracional, incontrolável e, na maior parte das vezes, vinculada a mecanismos inconscientes, deve, em nosso meio, ser vivida, para que possa ser controlada e amadurecida, quase única e exclusivamente dentro da estrutura regulamentada do casamento, enquanto instituição monogâmica rígida e com pretensões de intimidade, regrada e vigiada a partir de uma extensa lista de direitos e deveres.

Claro que o primeiro aspecto, irracional, subjetivo e incontrolável, é uma transgressão franca ao segundo (que deve ser estável e ligado a aspectos de funcionalidade) que tem, inicialmente, a finalidade precípua do cuidado da prole e da subsistência da espécie. Visto dessa forma, o casamento pode surgir e se originar da paixão, mas só a partir do momento em que ela aceitar ser regulamentada e assumir a perda de sua característica principal: a incontrolabilidade. Só quando a paixão pode ser controlada pelo ambiente social é que ela pode se transformar em casamento e, aí, ela perde suas características fundamentais alicerçadas na liberdade. Deixa então de ser paixão amorosa, para se transformar em casamento regulamentado e controlado pelos aparatos ideológicos sociais.

Aqui nos defrontamos com um paradoxo insolúvel: a paixão é o estímulo afetivo para o casamento, porém, ao ser controlada pela instituição, ela se extingue, uma vez que essa instituição normatizadora exige o cumprimento de regras específicas, no que se refere a fidelidade, cuidado dos filhos, observância de contratos (conscientes e inconscientes) estabelecidos, distribuição do dinheiro e poder, bem como do grau de dependência e de autonomia dado a cada cônjuge (Orlandini, 1998).

6 Da Paixão: sobre um fenômeno humano

Essa regulamentação do apaixonamento, construída principalmente depois dos séculos XVII-XVIII, com a afirmação cada vez mais exclusiva do laço conjugal (Muchembled, 2007), pode ser pensada a partir da antiga concepção dualista que privilegia uma alma imaterial, desconsiderando um corpo, e que valoriza o ideal ascético, visando uma hipotética salvação ou danação eternas. Nessa ótica, a paixão passa a ser terrena demais e abandonada em prol de um ideal familiar e conjugal sacralizado.

Esse paradoxo se acentua a partir do romantismo, que considera o casamento 'um ato de amor', sublinhando a liberdade de escolha e sua democratização, embora não lhe tire os pesos de que deve ser eterno e de escolha única da 'outra metade' – escolha esta citada desde Platão e retomada por Freud. É interessante que se estabelece, dessa forma, um contrato, que regulamenta os afetos e comportamentos inconscientes e involuntários, de maneira contábil e econômica. No entanto, esse fato é sistematicamente, desconsiderado quando nos remetemos à boa parte da literatura, que estuda o casamento, principalmente naquilo que se refere à sua funcionalidade e que, por isso, procura associá-lo a amor e a paixão, esquecendo-se que essa ligação é um fenômeno, historicamente recente e funcionalmente difícil de ser realizado em função desse paradoxo que apresentamos. Mais ainda, conforme refere Nietzsche, 2012

> Pode-se prometer atos, mas não sentimentos; pois estes são involuntários. Quem promete a alguém amá-lo sempre, ou sempre odiá-lo ou ser-lhe sempre fiel, promete algo que não está em seu poder... A promessa de sempre amar alguém significa, portanto: enquanto eu te amar, demonstrarei com meus atos o meu amor; se eu não mais te amar, continuarei praticando esses mesmos atos, ainda que por outros motivos: de modo que na cabeça de nossos semelhantes permanece a ilusão de que o amor é imutável e sempre o mesmo.

O paradoxo descrito se origina, posso tentar pensar, na ideia de que, gradativamente, a paixão, com toda a sua carga erótica subjacente, deve ser superada e refinada, para que a ligação espiritual tenha prioridade. Assim, teoricamente, Eros, a grande força vital, teria como finalidade básica transcender a própria vida. Esta seria uma contradição insolúvel (May, 2012).

Consequentemente, os relacionamentos conjugais incluem, de maneira inevitável, compromissos que fazem com que se desenvolvam aspectos relativos a um sentimento de propriedade que os permeia e que, quando violados, ou simplesmente ameaçados, desencadeiam sentimentos de injustiça e de hostilidade, pois o fechamento institucional faz com que sua violação seja vista como uma transgressão ou uma tara que, além de castigada, deve remeter a culpas e remorsos – embora essa culpa, ligada à transgressão, relacione-se às transformações necessárias ao próprio desenvolvimento psíquico (Robles, 2015). Isso leva a que as pessoas tenham uma visão muito estreita e limitada, quando pensam a paixão amorosa que caracteriza, basicamente, a própria vida com todo seu prazer.

A instituição matrimônio sustenta obstinadamente a crença de que o amor, embora uma paixão, é capaz de duração, e mesmo de que o amor é duradouro, vitalício pode ser erigido em regra... Todas as instituições que outorgam a uma paixão fé na sua duração e responsabilidade pela duração, contrariamente à natureza da paixão, dão-lhe uma nova categoria... a cada vez, muita hipocrisia e mentira vieram assim ao mundo. (Nietzsche, 2012)

Muito mais que isso, podemos dizer que o casamento é, "antes de mais nada, a moldura da sexualidade lícita" (Bataille,2013).

Os relacionamentos conjugais são vistos a partir da ideia de lar, enquanto santuários, com seu núcleo se constituindo na unidade primordial, na qual se podem encontrar os corpos enquanto lugar de expressão lícita da sexualidade. Assim, a hostilidade é direcionada, habitualmente, contra qualquer eventual ameaça a essa estabilidade, pois o direito de propriedade e a consequente possibilidade de alguém 'usar' o outro parceiro fazem com que a quebra desse contrato seja vista como um roubo ou uma injustiça (Wilson, 2003). A partir daí, a vigilância, principalmente da parceira (uma vez que, evolutivamente, coube ao macho tentar garantir que a prole, na qual investe, seja sua), passa a ser constante, com códigos morais e de reputação envolvidos. Dessa maneira, o adultério[3] (muito ligado aos mecanismos de paixão) passa a ser visto como um roubo e uma violação da propriedade individual do homem, uma vez que, nas sociedades primitivas, a mulher, em si, já se constituía um bem econômico que, para ser monopolizado, deveria ser vigiado dentro desse contexto de propriedade individual.

---

3 Na literatura romântica, embora o adultério seja frequente, a questão da posse da filha aparece também em vários textos literários nos quais ela contraria as vontades de seu pai ou responsável no que se refere ao casamento sendo punidos ela e o amante infrator. Vale pensar em Tristão e Isolda ou mesmo em Arthur e Guinevére.

8 Da Paixão: sobre um fenômeno humano

Essa questão da regulamentação social do adultério, que passa do campo privado para um assunto de Estado, estabelece-se pela primeira vez em 18 a.C. com a *Lex Julia de Adulteriis* (Lins, 2015), sendo então cada vez mais regulamentado e proibido, fazendo-se a mulher casada cada vez mais interdita. Essa regulamentação é eminentemente ocidental e típica das culturas judaico-cristãs, não parecendo ser, na prática, uma condição de fácil manutenção. Orlandini (1998), refere estudo com 191 culturas diferentes, no qual se observam 95% de casamentos poligâmicos, da mesma forma que cita estudo da Mostra Etnográfica Mundial, no qual, de 554 culturas estudadas, 415 mostravam casamentos com várias esposas.

O conhecimento desses fatos é importante para que se possa pensar a paixão, principalmente enquanto fenômeno transgressor dentro de um contexto cultural bastante específico, uma vez que se deixa de lado a visão estabelecida de casamento ocidental, enquanto única forma legal, moral e naturalmente possível.

Entretanto, como uma monogamia rígida feminina não caracteriza a história sexual humana, frequentemente fica a paixão relegada a um fenômeno transgressor ligado a outros fenômenos criticados pela moral burguesa, como o adultério, a prostituição, a pornografia e outros que, até mesmo sob o ponto de vista médico e de uma ótica higienista, passaram a ser vistos como 'perversões', sendo perdida a dimensão de que são, única e exclusivamente, fenômenos humanos. É esquecido, assim, que a fidelidade, associada à monogamia, representa, em grande parte das vezes, a inautenticidade existencial, posto que ela reprime afetos, priva o prazer e empobrece a vida imaginativa.

> *Quanto a isso é fácil. Garanto que não se pensa muito em todas essas sutilezas quando o desejo começa a tentar. Tenho mesmo certeza que uma mulher não está madura para o verdadeiro amor antes de ter passado por todas as promiscuidades e todos os desgostos do casamento, que é apenas, segundo um homem ilustre, uma troca de maus humores durante o dia e de maus odores durante a noite. Nada mais verdadeiro. Uma mulher não pode amar apaixonadamente antes de ter sido casada. Se pudesse compará-la a uma casa, eu diria que ela não é habitável até que um marido venha a estreá-la.*[4]

---

4 Guy de Maupassant. Um ardil. In: Uma aventura parisiense e outros contos de amor. São Paulo, Penguin & Companhia das Letras, 2013.

Nestes esquemas regrados e institucionais, apresenta-se um paradoxo entre o ideal amoroso e a impossibilidade de amar aqueles que o encarnam em função de estruturas de posse e de poder, exclusividade e invariância, o que impede que se ame o ideal de Amor por meio daqueles que o representam. Caracteriza-se, a princípio, o indivíduo livre, fascinado pelo outro, em estado de êxtase, encantado pela expropriação do próprio eu pela intensidade de suas emoções, que fazem com que Eros, sobrepondo-se a Caos e Tânato (embora com isso contraponha-se ao racional e o institucional) favoreça o desejo, o prazer, o êxtase, e leve à transgressão das leis e dos sistemas, de maneira quixotesca e arriscada, sempre sem garantias ou justificativas.

Por todo o risco que essa situação implica, até mesmo o erotismo, expressão simbólica e cultural da própria sexualidade, foi por muito tempo patrimônio de um discurso considerado perverso (Braunstein, 2007).

A partir de todas essas considerações, cria-se, para a paixão amorosa, um "caráter trágico que já não reside no fato de os amantes não se encontrarem, mas no fato de as relações sexuais gerarem amor e no fato de não ser possível viver segundo ele nem nos libertarmos dele" (Lubman,1991). Não se pode controlar o afeto, mas se deve controlar sua expressão que, para ser livre, deve acontecer na forma de uma conduta transgressora.

Esse caráter passional é considerado por Freud uma vertente anormal e quase patológica, fato que sustenta a antiga ideia do enamoramento, uma vez que se superestima o objeto amado o qual, em consequência, é idealizado – idealização essa realizada por uma escolha narcísica. Assim, o objeto de amor passa a ocupar cada vez mais o lugar do próprio eu, constituindo um aspecto infantil que dá ao fenômeno um caráter compulsivo e quase patológico (Lauru,2002). Descrevem-se, então, duas possibilidades de escolha relativas ao objeto amoroso – escolhas essas que se embasariam em mecanismos de apoio ou mecanismos narcísicos, ficando o objeto amado como aquele que cuida, protege e nutre, no primeiro caso; e como a busca de si mesmo, de maneira especular, no segundo modelo.

Conforme Nietzsche, 2012,

> *é aqui que se revela mais claramente como ânsia de propriedade: o amante quer a posse incondicional tanto sobre sua alma como sobre*

10 Da Paixão: sobre um fenômeno humano

seu corpo, quer ser amado unicamente, habitando e dominando a outra
alma como algo supremo e absolutamente desejável... o amante visa ao
empobrecimento e à privação de todos os demais competidores e quer
tornar-se o dragão de seu tesouro.

Claro que essa visão teórica delineia, de forma valorativa, linear
e restritiva, a ideia de paixão amorosa, pois são exatamente essas
energias anormais que constituem o núcleo essencial do fenômeno
paixão e que, a meu ver, podem se desenvolver de formas totalmente
diferentes, sem que, por isso, percam seu caráter intenso. Cabe aqui
se considerar que, em nenhum momento, eu me remeto àquilo que
atualmente é considerado 'amor patológico' e que ocasiona um comprometimento funcional e adaptativo, com perda da própria liberdade de escolha por parte do indivíduo afetado.

Essa forma de paixão, que pode ser pensada como patológica,
corresponde ao que, em um modelo dualístico (Lafrenière, 2009) é
denominado paixão obsessiva, caracterizada por sua incontrolabilidade pessoal e pela urgência, que fazem com que o indivíduo afetado
passe atividades que ele mesmo considera importantes para segundo
plano, negligenciando várias áreas da própria vida. o que lhe acarreta
conflitos e mal-estar. Freud (2010), a refere dizendo que, "em seu
auge, a fronteira entre o eu e o objeto ameaça desvanecer-se com o
apaixonado afirmando desvanecer-se".

Isso porque resulta da internalização da atividade na própria
identidade originada de pressões intra ou interpessoais, derivadas
de contingências particulares e que o motivam, de forma a engajá-lo,
para que sejam satisfeitas.

O indivíduo se fecha às novas experiências, mantendo-se focado
nessas informações e nesses eventos rigidamente, com maior risco
de afetos negativos e consequências cognitivas e comportamentais
caracterizadas por irritabilidade quando não satisfeitas suas
necessidades – e, muitas vezes, com repercussões na própria saúde
física, o que o leva a novos sentimentos de mal-estar.

Há também a premissa de que falar de paixão amorosa é falar diferente do proposto por Sternberg (1986, 1997), que refere, em sua teoria triádica, que amor compreende intimidade, paixão e compromisso,
descrevendo este último como o "se querer" manter o amor manifesto
por meio da eternização do casamento socialmente aprovado. Como
considero essa afirmação absurda e representante somente de uma

moral burguesa e conservadora, considerei a paixão amorosa dentro de seu aspecto eminentemente subjetivo, escamoteando a questão do compromisso que me parece social e regulatório, com o objetivo de defesa diante do caos instintual e subjetivo, no qual se origina a paixão, não passível de ser regulamentada socialmente. Assim, neste trabalho, vou me ater somente à questão da paixão e da intimidade, vendo o compromisso como algo contraditório e paradoxal a ambos.

Não concordo também com a ideia de que, na paixão amorosa, o enamoramento e a ternura ficam ausentes (Silva, 2002), posto que essa afirmação me parece linear e pouco abrangente, uma vez que exclui diferentes evoluções de um fenômeno extremamente complexo e multifacetado. Assim, o enamoramento se encontra presente quando ao apaixonado basta 'poder olhar' o objeto desejado e, nesse momento, vê-se tão tomado por sentimentos de ternura que o tempo fica mais lento e a espacialidade se comprime tanto que, naquele momento e lugar, só existem os dois seres, abstraindo-se o mundo e os compromissos circunjacentes.

Ao contrário, quando falamos em paixão harmoniosa, que não causa desconforto nas vidas individuais (Lafrenière, 2009), fazemos referência a um padrão motivacional que nos leva a determinadas atividades, nas quais nos engajamos voluntariamente, não levando, assim, conflito a nenhuma outra área da vida.

A diferença com a paixão obsessiva é que aquela paixão harmoniosa se origina de um padrão de internalização autônomo ligado a própria identidade pessoal e que ocorre a partir da aceitação do fato independentemente das contingências e dos limites a ele ligados.

Na paixão harmoniosa não existe a urgência incontrolável, mas uma escolha livre, uma vez que os limites são claros e a escolha é realizada dentro daquilo que é possível. Entretanto, ambos os fenômenos (paixão obsessiva e harmoniosa) são marcados pela vibração, pelo encantamento e pela capacidade de serem prioritários em relação às atividades cotidianas, originando, muitas vezes, opções radicais e sacrifícios que as tornam ameaçadoras e perigosas para as relações sociais que, por isso, as desqualificam e punem.

Nessa paixão harmoniosa, o ajustamento psicológico é alto, e com experiências e emoções positivas. São baixos os conflitos, e é grande o ajustamento no padrão relacional. Há bem-estar físico, e as demais atividades individuais permanecem sob controle. Tempo e recursos são utilizados sem prejuízo às outras áreas da própria vida.

Considerando-se todo o exposto, vou tentar pensar a paixão amorosa a partir desses aspectos subjetivos, predominantemente humanos, e cada vez mais desconsiderados em uma sociedade como a nossa, com características contábeis e de controle que se contrapõem a uma ideia de pseudoliberdade politicamente correta que, ao mesmo tempo em que acena com possibilidades infinitas, as restringe por meio da eterna vigilância e de uma culpabilidade entranhada ao longo de muitos séculos e exacerbada em um momento no qual a opinião da média das pessoas passa a ter cada vez uma importância mais marcada e definida.

Podemos dizer que, enquanto o desejo envolve a própria essência de sobrevivência do homem, o amor é uma alegria acompanhada da ideia de uma causa exterior (Spinoza, 2008), considerando-se que tal ideia reflete a satisfação que a presença do objeto amado produz, intensificando a alegria daquele que ama, independentemente de sua posse. Falamos, assim, de significados dados a um fenômeno. É nesse contexto que procuro pensar a paixão amorosa. Entretanto, como vivemos um contexto de individualidade, vivemos também momentos de efemeridade, nos quais muito se fala sobre o amor, embora o exercitemos de maneira superficial e descartável. Essa efemeridade do sentimento amoroso, bem como seu consumo, provavelmente nos leva a uma situação na qual o próprio Don Juan seria francamente obsoleto, uma vez que nada se prova com a conquista do objeto amado (ou pensado como objeto de amor), pois ele se encontra disponível ao consumo em qualquer situação, sem se ligar, na maior parte das vezes, a nenhum padrão específico de significados, remetendo-se única e tão somente ao seu conteúdo sexual, com contatos fugazes e anônimos, e o prazer sensual se confundindo com os significados da paixão. Para Don Juan, o domínio das mulheres fazia parte de um ritual de apresentação à sociedade, ficando o gozo sentimental e sexual como subproduto de uma *performance* social. Além disso – e, principalmente, ele deplora toda e qualquer limitação imposta ao ser humano (Liiceanu, 2014), sendo o exercício da paixão e, principalmente da sedução, uma transgressão à norma opressora. Não é isso que encontramos em uma modernidade líquida e informatizada, na qual se observa o descarte das relações e das próprias pessoas, nem o que vamos considerar na paixão amorosa, que penso ser uma categoria diferente de relacionamento.

Pior ainda é pensar em Casanova[5], apaixonado pelo ideal feminino que não encontraria nenhuma possibilidade de exercitar sua paixão em um mundo no qual o próprio ideal se encontra desgastado e desqualificado, uma vez que a imagem da mulher passa a se ligar, também, a um modelo de produção e, consequentemente, de consumo. Dentro dessa perspectiva ficaríamos tentados a considerar a paixão pelo significado da mulher, quase inexistente na nossa pós-modernidade. Aliás, é isso que me faz concordar com Pondé, 2015, quando este diz que "este livro é escrito por um homem que gosta de mulher". Na verdade, mais do que isso, ele é escrito para pensar em um fenômeno primevo, que envolve a própria noção de humanidade e de homem enquanto animal capaz de manipular símbolos e atribuir a eles significados especiais, pessoais e intransferíveis.

Apesar de todas essas considerações, dada sua importância, podemos dizer que a própria vida corresponde ao mito de Eros e Psique, eternamente revisitado[6], uma vez que a força e o impulso dos

---

5 "A minha história ou não chegará nunca a ver a luz do dia, ou será uma verdadeira confissão. Fará corar os leitores que nunca hajam corado na vida, pois será um espelho no qual de vez em quando se verão; e alguns lançarão pela janela o meu livro, mas nada dirão a ninguém e serei lido. Porque a verdade está escondida num poço, mas quando lhe vem o capricho de se mostrar, toda a gente fica surpreendida e fixa sobre ela os olhares, porque surge completamente nua, é mulher e é bela". G. Casanova. História de minha fuga das prisões de Veneza. São Paulo, Nova Alexandria, 2012.

6 Um rei tinha três filhas duas das quais eram lindas porém a terceira era muito mais bonita chegando-se a dizer, por isso, que a própria Afrodite não era tão bela quanto ela e, por isso, esta com ciúme, pediu ao filho, Eros, para que se vingasse de forma a que, essa filha, Psique se apaixonasse por um monstro. Eros porém acabou sendo atingido pelos seus encantos ficando tão maravilhado que não conseguiu cumprir a ordem materna. Como suas irmãs se casaram rapidamente, sua família ficou preocupada com sua solidão e, um dia, após consulta ao oráculo de Apolo, vestiu-a de luto, abandonando-a no alto de uma montanha, onde um monstro iria buscá-la para fazer dela sua esposa.

Enquanto chorava, uma brisa a levou flutuando até um vale cheio de flores, onde havia um palácio maravilhoso, com pilares de ouro, paredes de prata e chão de pedras preciosas. Ao passar pela porta ouviu vozes que diziam: "Entre, tome um banho e descanse. Daqui a pouco será servido o jantar. Essa casa é sua e nós seremos seus servos. Faremos tudo o que a senhora desejar". Porém, ela estava completamente sozinha.

Somente à noite, na escuridão, aquele que seria seu marido chegou e sua presença era deliciosa e, embora ela não o visse, tinha certeza de que não se tratava de nenhum monstro horroroso.

Sua vida passou a ser luxuosa durante o dia embora com vozes que faziam todas as suas vontades. À noite, vivia o amor embora com a proibição de ver o rosto do amado. Sua inquietação aumentou quando seu misterioso companheiro lhe avisou que ela não deveria encontrar mais sua família, caso contrário, coisas terríveis aconteceriam.

Não se conformando com isso, na noite seguinte, pediu permissão para ver as irmãs e seu companheiro, com pena dela, concordou. Assim, durante o dia, as irmãs foram trazidas da montanha pela brisa. Ao encontrarem-na naquelas condições, a alegria que as duas sentiram logo se transformou em inveja e elas voltaram para casa pensando em um jeito de acabar com a sorte da irmã. Nessa mesma noite, no palácio, os amantes discutiram pois o marido pediu para Psique não mais receber a visita das irmãs e ela se rebelou argumentando que já estava proibida de ver o rosto dele e agora ele queria impedi-la de ver até mesmo as irmãs. Assim, o marido acabou cedendo e no dia seguinte as irmãs foram convidadas para, novamente, irem ao palácio, aconselhando-a, logo ao chegarem, a assassiná-lo bastando, para isso que, durante a noite, escondesse uma faca e uma lamparina de óleo ao lado da cama para que pudesse matá-lo durante o sono.

14 Da Paixão: sobre um fenômeno humano

sentimentos amorosos dialogam cotidianamente com os argumentos da razão.

Isso porque somente a partir de uma iniciação interior é que se pode conhecer a paixão amorosa em sua pureza primitiva, eliminando-se os obstáculos que são colocados pelos próprios indivíduos durante a jornada de busca do que pensam ser um amor imortal, que justifica a própria existência, permitindo que se fuja da ignorância do cotidiano e dos homens. Dessa maneira, o sentimento amoroso deve passar a ser visto com um dos pilares da individualização e, consequentemente, uma força ameaçadora, que subverte a ordem social e a razão (Aboim, 2009), mas que permite o encontro consigo mesmo e com a vida.

Considero, assim, o uso da palavra amor inadequado para a finalidade proposta, uma vez que, em meu modo de ver, ele engloba fenômenos diversos e, empiricamente não relacionados nem relacionáveis. Como refere Jung (s/d), "falta-me a coragem de procurar a linguagem capaz de exprimir adequadamente o paradoxo infinito do amor", da mesma forma que, conforme Fromm, 1990, ele é "a resposta amadurecida ao problema da existência", uma vez que dá

Quando, cumprindo as sugestões das irmãs, ela acendeu a lamparina, viu que estava ao lado de Eros, o deus do amor, a figura mais linda existente. Estremecendo, deixou a faca escorregar e a lamparina entornou. Uma gota de óleo fervente caiu em seu ombro e o despertou. Sentindo-se traído, foi embora dizendo: "Não há amor onde não há confiança".

Desesperada ela empregou todas as suas forças para recuperar o amor de Eros, pedindo aos deuses para acalmar a fúria de Afrodite. Resolveu então se oferecer à sogra como serva. Ouvindo isso, Afrodite respondeu que, para recuperar o amor de Eros teria que passar por algumas provas pegando uma grande quantidade de trigo, milho, papoula e muitos outros grãos misturados dizendo-lhe que, até o fim do dia, teria que separar tudo.

Embora lhe fosse impossível executar a tarefa, centenas de formigas ajudaram-na, fazendo todo o trabalho. Ao ver a tarefa cumprida, a deusa fez o pedido de que Psique trouxesse um pouco de lã de ouro de ovelhas ferozes. Ao perceber que ia ser trucidada, foi aconselhada por um caniço a esperar o sol se pôr e as ovelhas partirem para recolher alguma lã que ficasse presa nos arbustos.

Como outra tarefa, Psique teria que recolher em um jarro de cristal um pouco da água negra que saía de uma nascente no alto de penhascos. Com o jarro na mão, caminhou em direção aos rochedos se dando conta de que escalar aquilo seria o seu fim porém conseguiu a ajuda de uma águia que, tirando o jarro de suas mãos, voltou rapidamente com ele cheio da água negra.

Finalmente Afrodite pediu a Psique que fosse ao inferno e trouxesse uma caixa com a beleza imortal porém, dessa vez, uma torre lhe deu as orientações de como deveria agir, conseguindo assim, cumprir mais essa tarefa.

Mesmo próxima do final das tarefas, veio-lhe a tentação de pegar da beleza imortal para tornar-se, assim, mais encantadora para Eros porém, ao abrir a caixa, caiu em um sono profundo.

Entretanto, Eros apaixonado e desesperado, tinha ido pedir a Zeus que fizesse Afrodite cessar com as exigências para que pudesse ficar junto de Psique.

Durante a assembleia de deuses Zeus anunciou então que Eros e Psique iriam se casar no Olimpo e ela se tornaria uma deusa. Afrodite aceitou a ordem de Zeus, e Eros e Psique tiveram uma filha chamada Hédone (Volúpia). Assim, o amor e a alma recriada ou reencontrada, se associaram por toda a eternidade.

a ela significados e possibilidades. Em contrapartida, a paixão é um fenômeno individual, uma vez que, mesmo em uma relação apaixonada, ambos os participantes não crescem, necessariamente, juntos, dependendo, esse crescimento individual da disponibilidade e da própria constituição de personalidade de ambos.

Ainda, o termo paixão envolve inúmeros fenômenos diferentes e não necessariamente relacionados, uma vez que, quando usamos a palavra, podemos nos referir desde ao amor por si mesmo até o amor a Deus, passando pelas diferentes possibilidades do amor fraterno, materno, romântico (que alguns definem como paixão) (Cardella, 1994), de companheirismo ou erótico.

Levando-se em conta que toda essa terminologia é extremamente variável e, o que é pior, pouco clara, meu objetivo aqui é pensar somente o afeto e a emoção, bem como os significados que se apresentam na relação homem-mulher, independentemente de seus vínculos institucionais (conjugalidade e filiação), considerando-se seu aparecimento, sua evolução e sua conclusão.

Este esclarecimento permite que se veja o presente trabalho como o pensar sobre um fenômeno restrito e bem delineado, compreendendo a aproximação entre duas pessoas, o vínculo que se estabelece entre elas e seu desenvolvimento.

De acordo com Cecla (2014), a paixão corresponde a um lugar no qual se abandonam as regras comerciais e na qual nos colocamos fora de nós mesmos, para nos voltarmos em direção ao outro, de tal forma que, algumas vezes, corremos o risco de nos alienarmos. É, entretanto, a partir desse encontro com o outro que encontramos a nós mesmos e nos individualizamos. A paixão facilita a individualização por meio da construção estabelecida durante seu processo, com a avaliação de possibilidades, limites e riscos.

Dessa forma, a paixão não pode ser pedida, não pode ser obrigatória e nem segura. Isso faz com que nos coloquemos diante dela com expectativa, ansiedade, paciência, esperança e sedução, uma vez ela não obedece – e nem pode obedecer, a nenhuma regra. Trata-se de um fenômeno espontâneo, incontrolável e, consequentemente, totalmente impossível de ser regrado e institucionalizado, conforme se tenta fazê-lo por meio do casamento institucionalizado.

Os sacrifícios que se fazem para aboli-la ou desvalorizá-la podem ser vistos como atitudes medíocres que abolem a própria ideia de liberdade do ser. Exatamente por isso é que falar em paixão amorosa é falar em liberdade. Se, ao contrário, essa paixão é narcísica e obsessiva surge a raiva pela frustração em não se ter o objeto de paixão, porém, na paixão amorosa, sofre-se pelo medo por si mesmo e pelo outro, diante das ameaças e das restrições impostas por todo um arcabouço social e moral.

Para André Capelão (2000), a palavra amor, deriva do verbo amar e tem o significado de "estar preso" ou "ser preso"[7]. Essa prisão é considerada natural, nascendo do olhar, daquilo que consideramos a beleza do outro e, principalmente, de uma lembrança constante e persistente dele. Isso porque o outro é construído em nossa mente, a partir dos significados que nele colocamos. Não falamos assim só de um Outro com expressão física e concreta, mas também de um Outro interiorizado, abstrato e idealizado, originado e construído a partir das primeiras relações afetivas.

Esta é a ideia básica do amor cortês (pilar do que chamamos de amor romântico e, consequentemente, base para pensarmos o que chamamos de amor e paixão na modernidade). Suas características fundamentais eram descritas como a humildade, a cortesia, o adultério e a religião do amor, sendo o amante sempre servil e cortês, embora fosse o próprio amor que o tornasse cortês (Lewis, 2012). Havia, além de tudo, a finalidade de distinção entre um sentimento enaltecedor daquele grosseiro e burguês voltado unicamente à reprodução (Liiceanu, 2014).

Dejos ma fenestra i a um ancelon
Tota la neit canta as canson
Se canta que canta canta per ièu
Canta per ma mia que´es al luenh de ièu

A la font de Nimes i a um amêtlier
Que fa de flors blancas coma de papier

Aquelas montanhas que tant nautas son
M´empachan de verse mas amours ont son

Nautas son plan nautas
Mas s' abaissaràn
E mas amoretas se raprocharàn

---

7 Conforme o mesmo livro, a associação é feita a partir do verbo *hamare* (prender com um gancho ou anzol) a partir de *hamus* (anzol).

Baissatz-vos montanhas
Planas levatz-vos
Per que pèrsque veirre mas amours outson.[8]

A questão da humildade coloca-se em uma relação direta com o encorajamento à reverência e à valorização da mulher, em um momento histórico no qual se enfatizava o amor do homem pelo outro homem, seu companheiro em lutas e atividades. Em uma pós-modernidade, na qual a repressão puritana entende as relações de sedução e paixão como relacionamento de poder, de dependência e de dominação, torna-se praticamente impossível também se pensar na ênfase da relação entre homem e mulher.

Em uma cultura como a nossa, contabilística e voltada às regras e à eficiência, esse aspecto se torna de difícil expressão. Da mulher, cobram-se produtividade e eficiência em detrimento da feminilidade, considerada frágil e, por isso, desvalorizada. Assim, a competência profissional, a produção e o desempenho ocupam um lugar tão grande que aspectos afetivos e de sedução não possuem espaço para se manifestarem.

A cortesia se apresentava na explicitação da disponibilidade do indivíduo para com a mulher, o que, em nosso momento presente, também é quase impossível, posto que as relações pessoais, além de descartáveis, transformaram-se em relacionamentos que, ao se estabelecerem, consideram a questão custo-benefício como primordial. Isso porque ao se estar disponível, a vaidade é posta de lado, abandonando-se possíveis vantagens no relacionamento.

A questão do adultério é um pouco mais complexa, uma vez que se relaciona com a questão casamento que, por sua vez, relaciona-se com o conceito de propriedade da mulher pelo marido que, ainda na modernidade, é observada quando se consideram os controles que este estabelece nas mais diferentes áreas, os quais se estendem do controle de horários ao de atividades profissionais. Associa-se a um

---

8 Em tradução livre, seu significado é "Sob minha janela há um pequeno pássaro/ Toda noite ele canta sua canção/ Se ele canta e canta, não canta para mim/ Canta para minha amada que de mim está longe/ Na fonte de Nimes existe uma amendoeira/ Que dá flores brancas como o papel/ Essas montanhas que são altas/ Me impedem ver onde está meu amor/ Elas são muito altas mas diminuirão/ E meus amores se reaproximarão/ Abaixem montanhas, planícies se elevem/ Para que eu possa ver onde está o meu amor".

Considerado como um hino, é atribuído a Gaston Phébus, conde de Foix, que o teria composto para sua amada Agnés de Navarra a quem esposa em 1349, ao voltar da guerra contra os mouros. Essa atribuição é hipotética e se apoia em lenda.

Patric. Les plus beaux chants d' Occitaie, Occitania, Ama, 2000.

18 Da Paixão: sobre um fenômeno humano

ideal de pureza e devoção que, conforme Liiceanu (2014), permitiu a confluência do sentido ascensional platônico com a adoração fiel de tipo crístico, sendo o objeto extremamente idealizado.

Mesmo o século XVII sugere à esposa que escolha um amante discreto, para que possa obter prazer da melhor maneira possível, uma vez que, com o marido, trata-se de um dever conjugal menos agradável, pois "as satisfações carnais raramente estão ligadas ao estado conjugal" (Muchemblud, 2007).

Assim, mesmo em sua origem, a noção de paixão é considerada ruim, mesmo que dentro da própria instituição casamento, a ponto de Pedro Lombardo referir que "o ato, ainda que não livre do mal, pode ser livre do mal ou do pecado, mas apenas se for desculpado pela boa finalidade do matrimônio... o amor passional pela própria mulher de um homem é adultério" (*apud* Lewis, 2012). A paixão é sempre desqualificada, e, com sua presença, dá-se a suspensão da faculdade intelectual, ideia esta que remonta a Platão e que é privilegiada, uma vez que é o controle da paixão pelo intelecto o responsável pela ordem tão cara à sociedade institucional. Assim se evita, conforme se refere vulgarmente, que 'quando um homem se apaixona ele perca os bens: a mulher a reputação'.

Finalmente, a questão da 'religião do amor' liga-se ao fato de a considerarmos não somente sensualidade, embora seus objetivos sejam o prazer e sua fonte, a beleza visível, mesmo se frisando que nada de bom existiria no mundo se não fosse dela derivado e, por isso, mais que um estado mental, ela se constitui em uma arte que deve ser aprimorada, mesmo que ainda deva ser mantida em segredo. Por essas características, ela é excluída da relação conjugal, que a mutila, uma vez que nela se encontram elementos de dever e necessidade, que limitam e tolhem a liberdade, principalmente da mulher. Diferentemente, na paixão, tudo é dado livremente, principalmente por ela que, por questões sociais, é quem mais perde dentro de um contexto regrado.

Parece-nos que, nessas concepções, aquilo que se chama amor passa a ser muito mais uma estratégia social sólida, com divisão de trabalho e voltada à procriação, proteção da prole e estabilidade social, passando muito longe do prazer, da realização e da autodescoberta.

Dentro de uma 'mundaneidade', ele é colocado entre as virtudes, embora sempre se frise que essas virtudes mundanas se colocam atrás das outras, transcendentes (Lewis, 2012).

Como diz Meun, em seu *"Roman de la Rose"*:

Amours, se sui bien a pensée,
C'est malade de pensée
Entre deux persones anexe,
Franches entre' els, de divers sexe,
Venanz a genz par ardeur née
De vision desordenée,
Pour acolher et pour besier pour els charnelment aesier.[9]

Nesses versos, está a íntima relação entre paixão e amor, de forma a que a coloquemos vinculada e como sinônimo daquilo que Caedella (1994) designa como amor erótico, quando diz que ele se caracteriza pela fusão de dois seres integrados, maduros e independentes, que não se unem com o propósito de satisfazer apenas suas necessidades e desejos, nem de serem amados, mas sim, de amar e compartilhar o amor que sentem sendo uma experiência recíproca e rara.

O que chamo de paixão amorosa difere – e muito – daquela paixão narcísica, fusional, idealizada, com o outro escolhido por suas características que preenchem lacunas no existir do apaixonado, mas, mesmo assim, pode ser considerada dentro do fenômeno amor, independentemente da questão do relacionamento conjugal e de companheirismo. Isso porque se, nessa paixão narcísica, que pode ser um dos locais no qual a paixão desemboca, a relação é de dependência, na paixão amorosa, é possível chegar-se também ao contato consigo mesmo e ao encontro com a alteridade.

A habitual construção conceitual sobre a paixão parece-me partir de uma ideia de assimetria nas relações e na reciprocidade dos investimentos, baseada no desejo de uma relação privilegiada (porém não necessariamente exclusiva), na qual ambos se constituem em fontes de prazer e sofrimento, com processos de sublimação, idealização e descarga afetiva (Enriquez, 2003). Apaixonar-se é, entretanto, pensar no outro que não se tem e que se almeja, dando-se ao objeto amado até mesmo o que não se possui. A paixão amorosa, diferentemente da instituição conjugal e da paixão vulgarmente descrita, é muito mais um querer se dar ao outro do que possuí-lo por meio de con-

---

9 Em uma tradução livre, poderíamos ler que "Amor, se for bem pensado, é uma doença do pensar entre duas pessoas que estão juntas, de sexos diferentes e sinceras, que aparece por ardor a partir de uma visão alterada, para abraçar, beijar e pelo anseio carnal".

20 Da Paixão: sobre um fenômeno humano

tratos que estabelecem direitos e deveres. Liga-se, assim, de maneira indissolúvel, ao desejo e ao sofrimento, por não se ter aquilo que se quer, sabendo-se dessa impossibilidade e, principalmente, aceitando-a como algo inerente ao próprio existir. Isso ocasiona uma ferida de tal monta que, podemos pensar, só se resolve pelo enfrentamento da ideia de morte, real ou imaginária, de seus participantes.

Surge, então, a questão: se o apaixonamento se liga ao sofrimento de maneira tão íntima, o que nos leva a nos apaixonarmos seguidamente? Por que, entre a dor e o nada, optamos pela dor?

Em nossa cultura, a liberdade de escolha do parceiro nos leva a pensar que se apaixonar é algo simples e que o difícil é encontrar o objeto de paixão adequado. Entretanto, seria melhor considerarmos uma inverdade a afirmação de que todos nós nos apaixonamos, pois, como diz La Rochefoucauld (*apud* Bacchini, 2003), "muitas pessoas não se enamorariam se não tivessem sido informadas sobre o amor". Isso porque a paixão demanda algumas condições prévias do apaixonado que não acredito que estão presentes em todas as pessoas, uma vez que ela incide sobre sua própria identidade, terminando quando ele próprio muda, ou seja, só é capaz de se apaixonar quem é capaz de se 'jogar de cabeça' naquilo que acredita e ama.

Quem é, portanto, esse indivíduo capaz de se jogar nesse projeto de risco? É alguém que se representa e se manifesta por meio da força e do entusiasmo, com mecanismos de adaptação criativa diante das dificuldades da vida e da compreensão das coisas. É alguém com vontade e talento para, de maneira criativa, transcender o cotidiano na busca da verdade sobre si mesmo, a partir dessa experiência criativa. Embasa-se nos detalhes da experiência sensorial e do psiquismo, de forma que possibilita estar no mundo da sensualidade, sem medo ou vergonha, de maneira consciente. Relaciona-se com tudo e todos por meio da sensibilidade e da empatia, vivendo cada minuto e cada pequena situação de maneira intensa. O contato com ele, habitualmente, costuma ocorrer a partir dos sentimentos que abolem as fronteiras, por conta de seus limites permeáveis entre o mundo interno e o externo, manifestando-se por meio de emoções intensas, que se expressam e colorem o relacionamento com o outro, e vivenciando essa relação de maneira estética e com nuances sutis. Os prazeres e afetos permeiam e colorem o relacionamento, independentemente das barreiras e dos limites sociais estabelecidos previamente. Neste sentido, ele é alguém que almeja e pode ser capaz de estabelecer um encontro existencial, que permite que se coloquem os papéis sociais em outro plano, buscando-se a reciprocidade do outro, em nome de uma vivência completa e conjunta do momento. Os papéis sociais deixam portanto de ocupar o primeiro plano e são negociados, para que a paixão possa existir. Ela complementa-os.

Nessa experiência apaixonada, minimizam-se papéis (marido, mulher, filhos, chefe etc.); abole-se a competição; confia-se com plenitude; rompem-se os estereótipos e as expectativas.

O erotismo e a sexualidade envolvidos nesse relacionamento proporcionam a plenitude e a paz, ambos originários da entrega que o caracteriza e que caminha paralelamente com satisfação consigo mesmo e com o outro, a partir do conhecimento de ambos e de um no outro.

Mesmo sentindo dor, esta é contraposta à alegria e ao prazer, o que faz de cada momento vivido uma experiência sensual, que facilita o compartilhar com o outro, sua dor e sua alegria. Em contrapartida, nega-se a obedecer aos limites criados socialmente e, consequentemente, os enfrenta em sua artificialidade. Opõe-se, dessa maneira, à 'lei', o que ocasiona tensão entre a sensualidade da paixão e a moralidade da lei. Contrapõe-se a coerência interna do indivíduo à obediência das regras da coletividade. Sob essa ótica, a paixão é transgressora e perversa se pensada socialmente.

A partir dessas características, encanta-se com o objeto amado, enaltecendo-o e transportando ambos para um mundo de êxtase e prazer, criado a partir da união com o outro e da dor da separação. Dessa forma, a paixão é plena, em toda sua capacidade, independentemente do tempo ou da cultura em que se encontra, de ter bases no mundo real ou de ser francamente imaginária.

Com tudo isso, esse indivíduo apaixonado compreende melhor seu verdadeiro eu e procura descobrir sua verdadeira vida. Busca decifrar seus próprios símbolos, sem inventar desculpas importantes que, habitualmente, levam os nomes de lei, justiça e moral.

Toda essa experiência sofrida leva a um estado criativo, no qual a própria paixão desloca-se do específico para o geral, enriquecendo-se com isso o próprio existir e minimizando-se a solidão.

De tudo ao meu amor serei atento
Antes, e com tal zelo, e sempre, e tanto
Que mesmo em face do maior encanto
Dele se encante mais meu pensamento.

22 Da Paixão: sobre um fenômeno humano

Quero vivê-lo em cada vão momento
E em seu louvor hei de espalhar meu canto
E rir meu riso e derramar meu pranto
Ao seu pesar ou seu contentamento

E assim, quando mais tarde me procure
Quem sabe a morte, angústia de quem vive
Quem sabe a solidão, fim de quem ama

Eu possa me dizer do amor (que tive):
Que não seja imortal, posto que é chama
Mas que seja infinito enquanto dure[10].

O enamoramento se dá pela presença do objeto da paixão, e não por suas qualidades somente, uma vez que, se somente considerássemos as qualidades do outros, cairíamos nas relações de custo-benefício, presentes, com muita frequência, nas relações matrimoniais, e que são indispensáveis para a sobrevivência da espécie, constituindo, por isso, um mecanismo adaptativo de extrema importância. Entretanto, nada tem em comum com a paixão propriamente dita.

A paixão, ao contrário, acompanhada por um cortejo enorme de sintomas fisiológicos, é desencadeada por pequenos sinais: um olhar, um sorriso... sinais simples, que desencadeiam reações desproporcionais, como alterações de sono e de alimentação, bem como fazem com que o pensamento se circunscreva, de maneira similar aos fenômenos obsessivos, ao vulto e à forma de se apresentar do objeto amado.

Como não cabe na paixão amorosa a questão das razões e dos motivos de amor, estabelece-se, a princípio, que "pessoas muito racionais em amor, são incapazes de amar" (Yates *apud* Frank, 2003) ou ao menos de se apaixonarem, uma vez que "o coração tem razões que a própria razão desconhece" (Pascal *apud* Frank, 2003).

O afeto apaixonado é caracterizado por um forte erotismo, pelo encantamento (muitas vezes) fugaz, é alheio às rotinas e deveres, e apresenta um caráter invasivo de tal intensidade, que se constitui, muitas vezes, verdadeira prisão (Aboim, 2009) ou, se dentro dos limites factuais cotidianos, em uma perda de foco sobre outros fenômenos. Podemos mesmo dizer que, na paixão, em um sentido amplo, Eros pode ser visualizado de diferentes maneiras conforme

---

10 "Soneto da fidelidade", Vinicius de Moraes, http://www.revistabula.com/1150-10-melhores-poemas-vinicius-moraes/, acessado em 1/04/2015.

aquele que ama, uma vez que ele é dependente dos significados e do próprio ser-no-mundo do apaixonado. Corresponde, assim, àquilo que os antigos gregos denominavam *Erotikè*, o amor entre pessoas do mesmo sexo ou de sexos diferentes, que pode se manifestar de maneiras muito diversas, de acordo com o momento evolutivo dos apaixonados. Eros, então, apresenta-se com variadas faces.

Em um primeiro momento, mais simples e comum, temos um Eros que se encontra no nível biológico, ligado diretamente à função reprodutiva, ao 'homem força bruta', a 'mulher primordial', talvez representada pela figura mitológica de Eva. É um Eros primitivo, pouco desenvolvido, infantil e pouco elaborado. A paixão é aqui carnal, impulsiva, transitória. Neste âmbito, é que encontramos a oposição entre a paixão (o mundo sensível) e a razão (o mundo inteligível), caracterizando-se como a submissão do corpo ao mundo exterior, de tal forma que o impede de atingir a realidade.

O impedimento de se atingir a realidade corresponde à visão platônica, caracterizando-se como a própria ignorância do real realizada a partir de processos imaginários, visão que aparece em um dos discursos do *Banquete*, quando se refere a um amor popular, Pandêmio, mais voltado ao corpo e referente mais ao amor encontrado entre homens e mulheres.

Cabe lembrar que, ao pensarmos dessa forma, transitamos todo o tempo no dualismo corpo-alma, estruturado de forma valorativa com a importância maior da alma sobre o corpo que, relegado a um segundo plano, é considerado mau, ficando sob o domínio dos desejos que, ao não serem controlados, passam a pertencer ao território da imoralidade.

Podemos ainda ver um Eros romântico, ligado à ação, voltado às metas, representado pela figura feminina de Helena, por quem os homens se matam e disputam durante todo o tempo. Assim, amar alguém é enfrentar um grande risco, uma vez que esse outro pode responder ao nosso apelo ou rejeitá-lo e, no caso da aceitação, não resta lugar para nada mais que o amante. Constitui uma ruptura no processo cultural e civilizador que, contrariamente, tende sempre a homogeneizar e sublimar (Enriquez, 2003). Corresponde a um Eros jovem, idealizado, impulsivo e muitas vezes inconsequente. Aqui, um risco imenso acompanha a paixão, porém, mesmo com essas características e limitações, "pode-se chamar Eros de inimigo?" (Nietzsche, 2012). É aqui também, em outro dos discursos de *O Banquete*, que se descrevem os riscos da atração entre os semelhantes, também um deles com características populares e, quando aliado à imoderação e aos excessos, ocasiona malefícios, devendo ser vivido com sabedoria. Liga-se a questão da *philllia* (Φιλία), contraposta à discórdia.

É exatamente neste ponto que muitos dos casamentos ocorrem, com a escolha daquele que, em um determinado momento (habitualmente precoce) se acredita ser o melhor parceiro. No entanto, se ambas as partes envolvidas nisso tivessem a certeza de terem encontrado o parceiro exato, não se faria necessário o contrato matrimonial que tenta legitimar, por meio da lei, algo que é irracional e fugaz. Essa é a tentativa de Menelau: manter para si uma Helena perdidamente apaixonada por Páris. De nada vale a força da lei, uma vez que o impulso da paixão se sobrepõe a ela. Assim, como nenhuma das duas partes tem garantia de nada, muito menos da eternidade da escolha, o contrato ainda parece ser um método eficaz (apesar de insatisfatório) mesmo quando, com o passar do tempo, passa-se a pensar em outros parceiros.

Quando, dentro desse contrato matrimonial, existe um investimento coletivo, como, por exemplo, um filho, essa questão da segurança torna-se ainda mais importante (Frank, 2003). Assim se mantêm as ligações com mecanismos punitivos associados à sua burla – mecanismos estes com caráter objetivo, enquanto punições legais, ou subjetivo, representados pela culpa que ocasionam quando burlados.

O medo da perda, caso o desejo de posse e de dominação não sejam atendidos, faz com que se estabeleçam a submissão, a dependência e a perda da liberdade.

Também a ideia de sofrimento do outro, habitualmente expressa de maneira subliminar, quando seus desejos e vontades não são satisfeitos, reforça essa situação, acrescendo-lhe sintomas ansiosos e depressivos. É aqui também que se encontra a ideia de completude e de complementariedade tão caras ao conceito de amor romântico, enquanto base das relações conjugais.

Dessa forma, os medos da punição (física, mental e afetiva) e de uma eventual ausência do prazer (pela própria incerteza do existir) reforçam-se mutuamente, levando à mesmice e à inação que caracterizam, juntamente do tédio, a maior parte das vidas.

Entretanto, nenhum desses mecanismos impede a ocorrência da paixão que, como força muito mais forte, encontra-se ligada a modelos imediatos de recompensa (o poder se viver o momento presente de forma intensa) com o castigo eventual postergado a um futuro distante e imaginado. Mesmo assim, a culpa, ocasionada por uma eventual ruptura (ainda que imaginária ou inconsciente) do contrato matrimonial, faz com que a possibilidade e o risco de apaixonamento adquiram, ao menos mentalmente, um custo extremamente alto. Observa-se aqui, de maneira clara e inequívoca, um dos principais aspectos transgressores da paixão amorosa.

Para que ela ocorra, a insatisfação, ou a não recompensa no relacionamento instituído, deve estar presente, ainda que isso não signifique necessariamente uma falha do cônjuge, mas a insatisfação do outro diante daquilo que recebe. A orientação direcionada ao apaixonamento correlaciona-se negativamente com a satisfação conjugal (Frank, 2003) ou, principalmente, com a insatisfação com o próprio existir.

Posteriormente, esse Eros romântico cede lugar a um Eros espiritualizado, ligado à palavra, sofisticado, com a própria noção orgástica ligada ao diálogo e visualizado na figura de Maria, fertilizada pelo próprio espírito. Transcendendo a própria materialidade, é um Eros fundamentado no pensamento, no compartilhar das vivências e na preocupação com o outro. Dividem-se aqui significados, a preocupação com o crescimento pessoal do outro, além do próprio crescimento pessoal e dos projetos existenciais. Eros é um mediador que estabelece gradualmente a ligação entre o humano e o divino, principalmente por meio do conhecimento de si mesmo, indo da singularidade para uma totalidade.

Esta ligação da paixão com o discurso é posterior e bem mais elaborada, uma vez que, pensado modularmente, o cérebro apresentaria uma série de subunidades, não vinculadas, obrigatoriamente, ao discurso e que seriam percebidas somente enquanto fenômenos corporais (como ocorre na paixão em seu estado bruto), que são, muitas vezes, excluídos do próprio campo de consciência como fenômeno de proteção.

As explicações verbais já demandam consciência e elaboração do fenômeno, sendo sofisticadas e entrelaçadas com aspectos sociais e culturais, e não se expressando somente corporal e emocionalmente. Entretanto, cabe lembrar que a compreensão do mecanismo envolvido não implica em seu conhecimento, uma vez que aqueles que falam sobre ele nem sempre são capazes de experimentá-lo. Mesmo assim,

26 Da Paixão: sobre um fenômeno humano

para a vivência deste Eros, demandam-se autoconsciência, enfrentamento da própria culpa e coerência consigo mesmo: demanda-se, assim, uma vida mais autêntica.

Pensa-se aqui a paixão amorosa enquanto um fenômeno de consciência, mediante o qual o homem compreende-se a si mesmo em função da liberdade de vivenciá-la. Passa então a ser uma força que o torna mais capaz de desfrutar docemente sua existência, uma vez que lhe acrescenta a capacidade de refletir sobre ela própria, o que lhe dá a capacidade de criação, transformação e libertação do cotidiano massificante, estático e imutável. Essas possibilidades são visíveis no mito de Pigmalião de maneira muito clara[11].

Finalmente, ao término da jornada de crescimento pessoal, encontramos um Eros sábio, ligado à figura mítica de Sofia, que transcende a própria sensualidade e a individualidade, fundindo o indivíduo ao próprio Cosmos. Aqui, acreditamos, transcende-se o próprio fenômeno que denominamos paixão amorosa, para entrarmos em outras características, talvez ligadas àquilo que denominamos, genericamente, amor. Essa seria a transformação final com a paixão, levando gradualmente à incorporeidade do belo em si, à ideia, à essência, até à integração com o próprio Absoluto dentro do ideal platônico (Pessanha, 1987). Claro que aqui já estamos muito distantes do fenômeno que, modestamente, temos a pretensão de estudar.

Entretanto, na modernidade, associa-se, obrigatoriamente paixão a amor conjugal, partindo-se de uma premissa de que aquela, com o passar do tempo e o amadurecimento pessoal, deve se trans-

---

11 A história de Pigmalião e Galateia foi contada por Ovídio e tem origem na ilha de Chipre, onde Pigmalião era rei e habilidoso escultor, passando as horas de seu dia dedicado à sua arte. Não era casado, já que a má fama das mulheres da região tinham lhe dado um certo desencanto pelo sexo feminino. Determinado a não se unir a nenhuma mulher, esculpiu para si uma estátua belíssima, dotada de diversos atributos que o encantaram, a ponto de apaixonar-se por ela dando-lhe o nome de Galateia. Por seu envolvimento dava-lhe presentes bem como a cercava de carinhos, beijos, carícias, embora não se conformasse que aquela beleza fosse apenas de marfim e o fato de ser uma imagem sem vida entristecia cada vez mais o artista. Certa vez, indo a Palea, para um festival dedicado à Afrodite, ao fazer suas homenagens à deusa, pede que ela encontre para ele uma mulher igual à Galateia. A deusa, comovida com o amor de Pigmalião, concede vida à estátua e, um dia, quando toca a estátua e a beija, Pigmalião percebe que agora ela tem vida, seus dedos tocavam uma pele macia e quente, e seus lábios beijavam lábios vivos. Quando a estátua, agora uma mulher de verdade, sente os beijos do amado, fica ruborizada, abre os olhos e vê diante de si um homem que a ama e imediatamente passa a amá-lo em correspondência. Com as bênçãos de Afrodite, Pigmalião e Galateia casaram-se e tiveram dois filhos: uma menina chamada Metarme, de tão grande beleza que encantou Apolo, e Pafos, que deu origem à cidade de Pafos, em Chipre. Este mito é utilizado quando se fala sobre a idealização do ser amado que, quanto mais desejado e perseguido, torna-se personificado.

www.infopescola.com/mitologia-grega/pigmalião-e-galateia/acessado em 10/06/2015.

formar em um amor mais companheiro e de sustentação, capaz de compartilhar as vicissitudes da existência. Não vemos, no entanto, nenhuma lógica nessa associação paixão-companheirismo a não ser a da justificativa romântica da manutenção de uma instituição social. Essa felicidade aparente surge, entretanto, como uma mentira embasada em um papel subalterno da mulher, de uma alienação e da privação de sua liberdade, bem como do sacrifício de suas ambições pessoais. Estrutura-se, assim, sobre sua 'nadificação' surgindo, a paixão como um movimento oposto à liberdade carcerária e à monotonia do cotidiano.

Isso porque, embora considere que a transformação da paixão em relação institucional possa acontecer, considera-se que essa transformação extingue, obrigatoriamente, o amor-paixão, que cede seu lugar a outro fenômeno menos subjetivo e mais ligado a mecanismos de subsistência sociais e biológicos. Não os considero, a paixão e o casamento, como manifestações diversas de um mesmo fenômeno, como querem muitos, mas fenômenos totalmente diferentes, que não evoluem obrigatoriamente um para o outro e que, quase sempre, são excludentes entre si. Dessa maneira, ao pensar a paixão amorosa, eu a considero um fenômeno único, que evolui enquanto paixão mesmo e não enquanto outras formas daquilo que chamamos de amor, não devendo obrigatoriamente coexistir, embora, em alguns casos esporádicos, isso possa ser observado. Parece-me, isso sim, que essa tentativa de agrupar fenômenos tão diferentes como esses seja somente uma forma de validação da instituição social casamento, destinada a manter e preservar a prole, e um contexto social específico, modelo esse advindo dos movimentos românticos, capitalistas e burgueses. Posso assim pensar que a paixão é, em sua duplicidade, razão ou cegueira, possibilidade de vida ou de morte.

Falar em paixão, assim, é falar de um arco-íris que se estende do infravermelho até o ultravioleta, em suas múltiplas variações, embora na modernidade esses ideais passem a tentar incorporar elementos de autorrealização afetiva e de vida familiar, elementos que primitivamente não se encontravam em seu território e que alteram, de forma significativa, seu próprio conceito. Assim, quando considero paixão amorosa como, simplesmente, um componente daquilo que denominamos amor, temos que perceber que outros componentes ou outras formas de amar (como queiram vocês), são mais de-

28 Da Paixão: sobre um fenômeno humano

pendentes das questões sociais, ao passo que ela, pelo seu pé calcado no erotismo e na sexualidade (mesmo que tenhamos dito que se caracteriza pelos significados), implica aspectos mais básicos da própria individualidade, podendo se pensar que "apaixonar-se implica numa projeção psicológica ou em ver na outra pessoa, qualidades ou aspectos que, de fato, são qualidades e aspectos de si mesmo mas inconscientes (Freire Costa, 1997).

Nessa consideração, nós nos aproximamos de Jung (2006), quando refere que os arquétipos constroem espécies de "elos de ligação" entre o pessoal e o impessoal, entre o consciente e o inconsciente, e que isso se encontra presente naquilo que chamo de paixão amorosa.

Assim, nesse processo de se apaixonar, razão e pragmatismo perdem o sentido e, antes de chegarem, de forma clara, à consciência, o desejo de algo novo ou diferente surge como um momento pessoal inexplicável.

Conforme Schopenhauer (s/d)

quanto a mim, nunca pude compreender como dois entes, que se amam e supõe encontrar em seu amor a felicidade máxima, não prefiram quebrar violentamente as cadeias de todas as convenções sociais e suportar os altos e baixos da vida, renunciando ao mesmo tempo a uma ventura além da qual pensam não existirem outras.

Isso porque a paixão amorosa é de extrema fragilidade e implica uma série imensa de características, iniciando-se, quase sempre, de maneira súbita e terminando de forma dolorosa e, na maior parte das vezes, carente de sentido. Dessa maneira, é quase impossível pensá-la presa por regras e convenções decorrentes de instituições estabelecidas. Constitui-se, de *per si*, uma transgressão *a priori*. Sua negação e consequentemente o não vivê-la significam trair a si mesmo e, principalmente, trair a própria vida da qual ela é um combustível básico.

Para Vergely (1998), o conceito de amor pode ser ligado a três aspectos. O primeiro dos quais corresponde a ser atraído por alguém de tal forma a ponto de ser 'preso' por esse atrator. Pode também ser considerado como tentar atrair alguém para si com o objetivo de tê-lo ou, ainda, no intuito de cuidar desse ou de si mesmo. Assim, mesmo considerando-se esse caráter de posse eventualmente envolvido, vivê--lo consiste, em primeira instância, a gradualmente se passar a pensar o outro, saindo de uma posição autocentrada e dirigindo-se para a preocupação, e para aquilo que constitui a vida e o projeto humano: o Cuidado. Dessa forma, o sentimento que um nutre pelo outro enriquece a própria espécie, pelos próprios sonhos que suscita e que são sonhados a partir da liberdade que só um espírito amoroso consegue desfrutar (Enriquez, 2003). É essa atratividade, com sua completude decorrente, que a fazem tão preciosa a ponto de se negarem todos os aspectos sociais que a ela se contrapõem como mostra, de maneira enfática, Eloisa, em suas cartas a Abelardo (*apud* Cecla, 2014):

> *E anche se Il nome disposa può parere più santo e decoroso, per me fu sempre più dolce quello di amica, di amante, di puttana, se non ti offende {...} Se Augusto stesso, signore dell' universo, si fosse degnato di chiedermi in sposa e mi avesse offerto Il domínio perpetuo sul mondo, mi sarebbe sembratta cosa più dolce essere considerata una prostituta qualsiasi e stare con te, piuttosto che essere imperatrice con lui.[12]*

Amar alguém ou, do meu ponto de vista, apaixonar-se amorosamente por alguém, significa reconhecer essa pessoa como fonte real ou potencial para a felicidade (Ingenieros,1968; Simmel, 1993), constituindo-se um elo, não necessariamente relacionado à gratificação pessoal, mas a situações, pessoas, objetos que têm um significado específico. Entretanto, apesar de sua importância, a paixão, enquanto representação mental que possui uma variedade imensa de expressões e explicações, é frequentemente utilizada de maneira indiscriminada pelas pessoas em situações banais e cotidianas. Para se apaixonar, no entanto, precisa estar bem consigo mesmo, embora haja sempre o desejo de também se ser reconhecido pelo outro, para que a incompletude não se manifeste em sua totalidade (Enriquez,2003). Diferentemente da paixão narcísica, a verdadeira paixão amorosa não tem como função dar a identidade, embora permita que essa se estabeleça diferenciadamente ao se estar junto, cuidando e gostando. Consiste, assim, em um fenômeno de atração e fascínio, iniciado a partir de um encantamento mágico, subjacente a uma grande emoção e que, a partir do encontro amoroso de cunho erótico, metamorfoseia-se em uma satisfação ligada ao êxtase da qual

---

12 Em tradução livre, podemos dizer "e ainda que o nome de esposa possa parecer mais correto e decoroso, para mim sempre foi mais doce o de amiga, de amante ou mesmo de puta, se isso não te ofende {...} se o próprio Augusto, senhor do universo, se dignasse a me pedir como esposa e me oferecesse o domínio perpétuo do mundo, me pareceria, talvez, melhor ser considerada uma prostituta qualquer mas estar com você, do que ser imperatriz com ele".

emerge um mistério que só será desvendado a partir da presença física e do conhecimento do outro.

Almeida e Mayor (2012) concebem o amor como um aspecto inerente ao ser humano, aspecto este que tende a perdurar e que possui inúmeras formas de manifestação, sendo visualizado pelas pessoas como um sistema complexo e dinâmico, multideterminado e com uma pluralidade de consequências. A maior delas talvez seja o sofrimento decorrente, uma vez que cada um dos envolvidos é sempre capaz de apontar as eventuais falhas e ausências do outro, o que acontece, mesmo com o desejo da fusão e do se estar permanentemente juntos[13]. O afastamento, porém, faz-se necessário, para que se possa perceber o outro com suas diferenças, estabelecendo-se o movimento de aceitá-las (Enriquez, 2003). Isso porque viver todo o tempo conjuntamente, dessa maneira incendiária, consome os próprios indivíduos levando-os à loucura das paixões diagnosticadas como patológicas pelos médicos medievais. Se ambos aceitam assim os prazeres e os sofrimentos inerentes à existência do outro, observamos que, embora separados, permite-se a construção de um relacionamento compartilhado (Enriquez, 2003), extremamente criativo e enriquecedor. É interessante como se encontra em grande parte dos autores a necessidade de tentar descrevê-lo como um fenômeno com tendência a perdurar, como se essa fosse condição *sine qua non* para conceituá-lo.

Em que pese a variabilidade dessas conceituações, bem como a complexidade e riqueza do fenômeno, no cotidiano contemporâneo existe uma busca quase frenética pela realização amorosa, que tende a perdurar indeterminadamente (Almeida, 2007). Tal busca constitui condição básica para o nascimento ontogenético da pessoa, que participa ativamente da evolução e da estruturação da personalidade do indivíduo, fato esse capaz de aproximá-lo de sua essência humana, propiciando o desenvolvimento de relações sociais inclusive (Braz, 2006) mas principalmente facilitando o desenvolvimento de si mesmo.

---

13 Essa é a ideia de Aristófanes em *O Banquete* de Platão quando refere Hefaísto, dizendo: "Que quereis, ó homens ter um do outro? Porventura é isso que desejais, ficardes no mesmo lugar o mais possível um para o outro, de modo que nem de noite nem de dia vos separeis um do outro? Pois se é isso que desejais, fundir-vos e forjar-vos numa mesma pessoa, de modo que de dois vos torneis um só e, enquanto viverdes, como uma só pessoa, possais viver ambos em comum, e depois de morrerdes, lá no Hades, em vez de dois ser um só, mortos os dois numa morte comum: mas vede se é isso o vosso amor, e se vos contentais em seguirdes isso."

Essa busca cotidiana, se avaliada de maneira primária, pode ser considerada inerente à própria necessidade de reprodução da espécie que, uma vez que produz filhotes frágeis e de difícil sobrevivência, demanda cuidados e escolhas particulares e cuidadosas. Diferentemente da maior parte das outras espécies animais, o homem, ao nascer, é um ser extremamente frágil, que necessita ser cuidado por longo período, uma vez que é facilmente acometido por doenças, possui heteronomia marcada e é extremamente vulnerável a todos os predadores. Provavelmente essas características fizeram com que a colaboração e o consequente companheirismo entre indivíduos de sexos diferentes, durante todo o processo evolutivo, tenham proporcionado a sobrevivência para a própria espécie. Considerando-se que essas demandas não poderiam ser racionais nem mesmo pensadas, uma vez que exigiriam tempo excessivo para que se consumassem, podemos pensar que programas mentais, talvez desencadeados por eventos específicos externos, tenham sido desenvolvidos pela espécie para que, na presença de um eventual companheiro, a atração se estabelecesse de maneira a que pudessem, futuramente, colaborar no cuidado e na sobrevivência dos filhotes. Entretanto, todo esse trabalho decorrente da proteção da prole leva ao convívio difícil entre esse sentimento fusional e simbólico e o exercício da conjugalidade, com uma usual descontinuidade entre o plano dos afetos e as rotinas cotidianas. Isso gera decepção e sofrimento, e estabelece o paradoxo que referimos anteriormente que opõe, de maneira quase inevitável, a questão da paixão (seja ela narcísica ou amorosa) e a do casamento.

Por isso, talvez possamos considerar a paixão amorosa e o companheirismo como dois ramos do mesmo galho comum da atração pelo parceiro, com um deles evoluindo para o cuidado da prole e para a sobrevivência da espécie, e o outro para o próprio autoconhecimento e para a transcendência. Seriam, assim, fenômenos totalmente diferentes, mesmo tendo uma origem comum.

O homem é um ser que trabalha com símbolos e, a partir deles, tenta compreender, explicar e justificar suas condutas, atribuindo-lhe significados que se tornam mais elaborados e complexos na medida em que o tempo passa. Esses significados entram em choque com as tarefas corriqueiras que o cotidiano da conjugalidade impõe, observando-se a eterna luta entre Eros e Ares, entre o Amor e o Poder, na qual um quer subjugar o outro (Byington, 2013). Cabe lem-

32 Da Paixão: sobre um fenômeno humano

brar que, quando surge o poder, desaparece a paixão. Esse é o trágico destino de grande parte das uniões conjugais, um dos braços derivados dessa atração inicial.

Da não percepção dessa separação entre os dois fenômenos surge a ideia de amor tal como o concebemos, embora aquilo que mais nos atraia a atenção, o que denominamos amor romântico ou paixão, seja mais recente, com bases estabelecidas a partir do século XIII ligado, como já dito, à ideia do amor cortês e trovadoresco.

Além da facilitação à gregariedade, amar é ir ao encontro de alguém e permitir a vinda deste ao encontro de quem o busca (Almeida, 2003), o que faz com que cada pessoa experimente o amor de forma diversa, uma vez que ele é idiossincrático, o que faz com que seja vivenciado sempre de modo diferente e novo (Beck &Miller, 1969). Podemos pensá-lo de várias formas, pois, talvez, para cada ser humano exista um amor diferente (Almeida, 2003). Essa talvez seja uma boa razão para tantas opiniões e considerações feitas a respeito do mesmo tema.

Dentre todas as manifestações que o conceito pode assumir, encontramos aquilo que denominamos amor romântico e que corresponde a um fenômeno que se estabelece devido às necessidades afiliativas e de dependência, à paixão, à idealização, à absorção e à exclusividade entre duas pessoas em um vínculo geralmente estável (Branden, 1988; Driscolletal, 1972). Grande representante do que chamamos de paixão é o amor fusional, que dilui as fronteiras entre o ego e o objeto dessa paixão, dando a impressão de ser um só ser, encontrando-se próximo de um romantismo não domesticado, que valoriza a relação dual, a sexualidade e o erotismo (Aboim, 2009). Ambas as descrições me parecem totalmente diversas daquilo que aqui denominamos paixão amorosa.

Para Vergely (1998), a paixão pode ser conceituada de quatro maneiras diferentes entre si. Teríamos a paixão enquanto seu aspecto mais comum, como algo que se deseja tanto a ponto de nos tornamos escravos dela e cegos à realidade dos outros e do próprio mundo. Essa forma remete ao termo grego *pathos* (πάθος) e ao latino *patior,* referindo-se a *subir* e *sofrer,* com o termo grego, inclusive sendo utilizado com um caráter patológico, obsessivo e neurótico. Assim, é essa paixão que os antigos sacerdotes, filósofos e mesmo médicos tentavam tratar, considerando-a uma doença da alma. Isso porque amores frustrados, não correspondidos ou impedidos doem no corpo e na alma (Silva, 2008). Não é desse mecanismo de paixão, inadaptante e vinculado à dor, que pretendemos falar.

Em um sentido mais corrente, paixão pode significar também entusiasmo, exaltação e intensa atração. É uma vontade de viver manifesta, um passo em direção à própria existência. Considerando-se dessa forma, o problema é a não existência da paixão, que nos remete à apatia, à não vida, à morte existencial, construída a partir de uma vida sem significados. Entretanto, é sempre o outro que nos revela a verdade sobre o nosso amor, e este é sempre uma recriação contínua a partir do pensar, do imaginar, do desejo de partilhar experiências e de sublimar pulsões, bem como da valorização do tempo compartilhado e do rememorar constante e prazeroso. É tudo isso que cria os momentos de encanto entre ambos os seres (Enriquez, 2003) originando e proporcionando a vida criativa em cada indivíduo. Este é o fenômeno que pensamos que pode ser caracterizado como a verdadeira paixão amorosa.

A paixão consiste também em um movimento do próprio eu, com características positivas ou negativas, que o leva a pensar e a agir.

Finalmente, ainda com a ligação ao sofrimento, em sentido religioso, podemos ver a paixão ligada ao movimento do Cristo, em um sentimento ligado ao suportar o próprio sofrimento e sua morte.

Conforme May (2012), posso dizer, então, que ela não é incondicional, posto que é humana, e que, ao ser considerada incondicional, estabelece-se uma expectativa impossível de ser atingida; não é eterna, pois nenhum fenômeno humano pode ser assim considerado só existindo enquanto um ver no outro sua ancoragem na existência (mesmo que o hábito possa fazer parecer que isso ocorre com frequência); não é altruísta, pois sua duração e a atenção à realidade do outro estimulam o próprio apaixonado que, assim, floresce e se desenvolve.

No entanto, esse fenômeno da paixão amorosa permite que cada um se torne um indivíduo mais autêntico, em meio a um coletivo despersonalizado, sem, no entanto, que se sobrecarregue, como se exige por meio da ideia moderna de amor.

A partir dessa paixão amorosa, o apaixonado se fortalece e enraíza, sendo colocado diante de algo primordial e ctônico e evocando todos os sentimentos aos quais estamos habituados. Dessa forma, ela recupera o passado individual e constrói o futuro.

De qualquer maneira, podemos dizer que o homem morre quando do seus desejos e paixões acabam, uma vez que quando isso ocorre, é tolhida sua imaginação e abafada sua criatividade, com a consequente diminuição de toda e qualquer práxis. É próprio do ser humano buscar a felicidade e esta é consequência do desejo. Pensando-se dessa maneira, liga-se a paixão à insatisfação, muito mais que à satisfação. É o algo que me falta, que me faz buscá-la, e isso independe do outro caracterizando algo peculiar da personalidade do apaixonado: a busca eterna e constante.

Dessa forma, como o 'apaixonar-se' nos parece um fenômeno eterno, típico da espécie, mas, principalmente, característico do homem histórico e civilizado, tentarei abordá-lo naquilo que se refere à inter-relação homem-mulher, valendo-me de uma pequena história similar a milhares de outras, retirada de minhas observações clínicas cotidianas.

Na modernidade acreditamos que a paixão é algo simples e universal, acessível a qualquer indivíduo razoavelmente adulto e normal, e estranhamos quando o fenômeno não ocorre ou quando ocorre de maneira insatisfatória. Advém daí a ideia de culpa; procuramos responsabilizar as circunstâncias sem nos atermos aos sistemas de regras comportamentais, afetivas, cognitivas, com bases sociais, morais, éticas e religiosas, que temos que obedecer (ou com as quais devemos romper) para que o fenômeno aconteça de maneira satisfatória. A paixão não pode ser vivida conforme normas e acordos tácitos.

Tentarei mostrar, ao contrário, que apaixonar-se é um fenômeno raro, disponível somente àqueles com capacidade para sonhar, com coragem para transgredir, mas, principalmente, àqueles com uma intensa vontade de viver. Embora dependa inequivocamente da vontade do apaixonado, a paixão se liga a este enquanto paciente, com uma causa de modificação que não se encontra ligada a ele mesmo e, assim, o apaixonado pode tornar-se a partir do outro; ele pode ser movido em determinada direção; ele é mutabilidade e movimento. Isso porque "a paixão é provocada pela presença ou imagem de algo que leva a reagir" (Lebrun, 1987),

> *Amantes e loucos possuem mentes tão brilhantes,*
> *Fantasias tão criativas que captam*
> *Mais do que a fria razão compreende.*
> *Sonhos de uma noite de verão*
>
> William Shakespeare

Capítulo
2

Da questão da vida pública

36 Da Paixão: sobre um fenômeno humano

"Mulier tareat in ecclesia"[1]

Embora o isolamento e a solidão humanas não possam ser superadas, amamos e sofremos conforme imperativos culturais (Muchembled, 2007) e tais imperativos, definições e preconceitos estabelecem padrões de aceitação para nosso existir. Pensando-se os relacionamentos homem-mulher, observamos que cada unidade conjugal reproduz padrões que, em sua maioria, correspondem a um padrão patriarcal, no qual a ideologia da fidelidade estrita pode levar à inautenticidade e à alienação, na medida em que pressupõe a submissão às pressões e às restrições, as quais impedem a satisfação das reais necessidades. Consequentemente, por todas as questões que já abordamos até agora, podemos dizer que esse padrão cultural define que, para a mulher, o envolvimento emocional (e não sexual) com outro homem é mais aceitável, ao passo que, para o homem, o envolvimento sexual mostra-se mais fácil que o emocional (Macedo, 2006).

Foi para vós que ontem colhi, senhora,
Este ramo de flores que ora envio.
Não o houvesse colhido e o vento e o frio
Tê-las-iam crestado antes da aurora.

Meditai nesse exemplo, que se agora
Não sei mais do que o vosso outro macio
Rosto nem boca de melhor feitio,
A tudo a idade afeia sem demora.

Senhora, o tempo foge... o tempo foge...
Com pouco morreremos e amanhã
Já não seremos o que somos hoje...

Por que é que o vosso coração hesita?
O tempo foge...A vida é breve e é vã...
Por isso, amai-me...enquanto sois bonita.[2]

---

1 "Que a mulher fique calada na Igreja". Para Paulo de Tarso, as mulheres devem se calar nas reuniões da Igreja, perguntando suas dúvidas aos maridos (Epístola aos Coríntios, 14:34-35). Aqui a frase é colocada no intuito de se perceber como algumas das atitudes ainda presentes em nosso cotidiano se estruturaram no decorrer dos séculos sob a égide da visão cristã, extremamente repressora e discriminatória.
2 Soneto de Pierre Ronsard, 1524-1585 traduzido por Manuel Bandeira. Antologia de Poetas Estrangeiros, São Paulo, LOGOS, 1963.

Ela era uma mulher atraente, daquelas que quando passava trazia à cabeça de quem a olhasse (e ela sabia disso) aquela música antiga das Frenéticas que dizia:

"Sei que eu sou, bonita e gostosa,
E sei que você me olha e me quer..."

Entretanto, ao se ver somente assim, ela se sentia *"como um traço de giz em pedra branca"* (Sócrates *apud* Liiceanu, 2014), sem conteúdo, vazia, desvalorizada. Faltava algo, apesar do aparente conto de fadas, pois os limites para seu desenvolvimento psíquico, aqueles que permitem o mergulho no mundo interior, eram grandes e, de certa maneira, já perceptíveis.

Isso não mudava em nada sua vida, regularmente estabelecida como a de qualquer mulher de classe média alta, vida essa que consistia em um trabalho, um marido bem posicionado na vida e, obviamente para isso, bem mais velho do que ela (obstáculo necessário à intensificação do desejo) e um filho pequeno que a fazia ter imensas atribuições cotidianas.

Considerando-se, como refere Freud (2010), que os seres humanos, por meio de seus comportamentos, revelam a finalidade e o propósito de suas vidas, podemos perguntar como dessa maneira poderíamos descrever a vida dessa mulher?

Levantar, arrumar-se cuidadosamente para si mesma, uma vez que relacionamentos cotidianos longos acabam se transformando em relacionamentos monótonos e descuidados, levar seu filho à escola e, posteriormente, trabalhar até exatamente o momento de buscar esse filho nessa mesma escola e levá-lo para casa para então cuidar daquelas demandas as quais o cotidiano é rico em exigir, na maioria das vezes eminentemente operacionais e que desembocam na sensação de inutilidade e de um castigo de Sísifo[3], repetindo-se sistemática e inde-

---

3 Sísifo era um mestre dos truques tendo, por isso, ofendido aos próprios deuses. Sua história refere que, certa vez, uma águia que sobrevoava a cidade levou consigo uma jovem chamada Egina e por ele reconhecida. Asopo, pai da jovem e deus-rio lhe perguntou se havia visto a filha raptada e se desconfiava de seu paradeiro. Trocando a informação por uma fonte de água para sua cidade, despertou a ira de Zeus que enviou Tânatos, a morte, para levá-lo ao mundo subterrâneo, porém Sísifo a engana, elogiando sua beleza e pedindo apara adorná-la com um colar, na verdade uma coleira, aprisionando assim a morte e dela escapando. Em função disso as pessoas deixaram de morrer, provocando, com isso, Hades, deus dos mundos subterrâneos e Ares, deus da guerra. Hades libera Tânatos e pede que traga Sísifo que, ao saber, despede-se de sua mulher pedindo que não enterre seu corpo. Ao chegar ao mundo subterrâneo, reclama com Hades que sua mulher não o enterrara, pedindo mais um dia para vingar-se dela, pedido esse que lhe é concedido, e ele aproveita para retomar seu corpo e fugir com sua mulher, enganando a morte pela segunda vez. Com todas essas características, morre de velhice sendo levado por Hermes a Hades que

38 Da Paixão: sobre um fenômeno humano

finidamente, sem nenhum objetivo final. Isso porque, conforme refere Onfray (2000), o tempo passa e destrói tudo aquilo que toca, do desejo ao prazer, do amor à paixão. Ou, ainda, considerando-se a questão conjugal, cabe à esposa organizar o trabalho doméstico, proibir a lassidão, repartir os bens comuns, decidir os trabalhos necessários. Constrói, assim, sua existência em função do trabalho e da aquiescência, quase nunca percebendo que não decide ou escolhe. Pior: na maioria das vezes somente obedece regras, explícitas ou implícitas, e inquestionáveis. Encarna assim a própria relação senhor-escravo, apagando o desejo e o prazer, para evitar o risco. E, o que é muito pior, as pessoas se identificam com a própria existência, acreditando enxergar nela seu próprio desenvolvimento e satisfação, embora isso seja, em realidade, pura ilusão, que disfarça toda a alienação subjacente, estabelecendo-se um padrão de pensamento unidimensional (Marcuse, 2015).

"Ela era engolida então pela própria existência alienada, eufórica, muitas vezes, com a própria infelicidade".

Estabelece-se aqui um conflito, pois a identidade pessoal pressupõe a compreensão dos próprios valores, compromissos e desejos, inclusive aqueles de cunho sexual, de forma que possamos viver de acordo com a nossa própria natureza.

Entretanto, considerando-se essa maneira de viver, exatamente por isso, é que poderíamos lembrar Nietzsche (2012), quando refere que

> *uma boa esposa, que deve ser amiga, ajudante, genitora, mãe, cabeça de família, administradora, e talvez tenha de, separadamente do marido, cuidar até do seu próprio negócio ou ofício, não pode ser ao mesmo tempo concubina: em geral significaria exigir muito dela.*

O aborrecimento do cotidiano é um estado que favorece, em indivíduos criativos, o surgimento da paixão, pois esta estimula o aparecimento de fantasias, uma vez que o vínculo conjugal destrói a liberdade, não somente por seus controles explícitos mas, principalmente, por-

---

o considera um grande rebelde e o castiga, a exemplo de outros como Prometeu, Titio, Íxion e Tântalo, sendo condenado a rolar com suas mãos, por toda a eternidade, uma enorme pedra de mármore até o cume de uma alta montanha, e toda vez que estava alcançando o topo, a pedra rolava montanha abaixo até o ponto de partida devido a uma força irresistível. Por isso, tarefas que envolvem esforços inúteis são chamadas 'tarefas de Sísifo'. Caracteriza, assim, um trabalho cansativo e rotineiro com a finalidade de mostrar que os mortais, contrariamente aos deuses, não têm a mesma liberdade, embora tenham a liberdade de escolha, nos afazeres cotidianos, devendo vivê-los em plenitude, de maneira criativa nessa repetição e monotonia. A paixão talvez possa ser considerada uma dessas maneiras criativas de viver o cotidiano em plenitude.

que se institucionalizam as expectativas de que o outro vá satisfazer nossos desejos de posse e de reconhecimento, na maioria das vezes desenvolvidos por meio da educação, dos hábitos ou dos costumes. Como refere Muchembled (2007), os mecanismos de controle das paixões têm como finalidade colocar os indivíduos a serviço do grupo, não só familiar mas social, graças à sublimação desses afetos, que podem ser canalizados para uma atividade produtiva. É dessa maneira e com esses artifícios que se constrói a imagem de uma boa e casta esposa.

Ela é, ainda que se considerem todas as mudanças da modernidade, passiva, submissa, dócil, subordinada e até mesmo obediente, com a maternidade eternizando e legitimando essas condutas e regras, assim como a se sacrificar aos deuses da eficiência e da produtividade; ocupa parte da vida do parceiro como muitas outras coisas, embora, a princípio, tenha visualizado essa escolha como a própria declaração de independência, ligada inevitavelmente ao que vulgarmente, conforme detalhamos no capítulo anterior, chamamos de amor.

Esse papel limitado na vida, embora esperado por todos, não impede a infelicidade e o tédio. Em verdade, ela vive aqui um substituto da própria personalidade. Ela vive aquilo usualmente denominado 'persona', construída em obediência aos cânones, aos valores e às normas vigentes, decorrente da necessidade constante de segurança, na tentativa de evitar que o medo e a desorientação diante do desconhecido ocupem espaço em seu existir.

Entretanto, ao se curvar a essa prescrição social, ela abdica de si mesma, resvalando para uma existência impessoal, alienante e alienada, à qual se sente obrigada a satisfazer (Carotenuto, 2004). A proteção mais indicada para tentar evitar esse sofrimento passa a ser uma solidão voluntária, um distanciamento em relação aos outros, dominando suas vontades e necessidades, bem como renunciando aos seus projetos e atividades (Freud, 2010).

Confisca e permite que se confisque sua própria identidade, trocada por regras e papéis rigidamente observados, repetidos e reproduzidos à custa de sofrimento físico e psíquico. Esse exercício impessoal do cotidiano minimiza a responsabilidade individual pelas suas decisões, e as avaliações a que é submetida são também impessoais e sociais, o que facilita, nivela e superficializa tudo aquilo que vive (Roehe, 2014).

Com isso, aparentemente ela ganha segurança, embora tenha que se entregar à obediência e à despersonalização (Carotenuto, 2004), e seja induzida a um papel de receptora passiva do outro que, ao mesmo tempo que é seu protetor, é seu carcereiro, ainda que, na maioria das vezes, de maneira inconsciente.

Ela trai, assim, as possibilidades intrínsecas de sua própria natureza, colocando-se como mais um objeto (um ente) em uma relação de identidade. Isso porque o ser humano vive por aquilo que ainda não foi realizado, pelos sonhos que tem e que lhe permitem a possibilidade de ser. Assim, seu existir se localiza na abertura dessas possibilidades que, se eliminadas, tiram da existência seu próprio significado.

Qual seria, portanto, o sentido desse seu existir?

Isso só pode ser encontrado quando se retorna para algo ou alguém considerado a partir da própria liberdade de tomar qualquer decisão que lhe seja condizente com a vontade de buscar um sentido, diante da percepção de uma vida rápida e finita. É a busca desse sentido que permite que as experiências de convívio (esta em particular) possam (ou não) ser permeadas por valores criativos, embora estes gerem inequivocamente um sofrimento que faz com que a própria pessoa se modifique.

De maneira geral, tudo interdita o sensual e o erótico para que a ordem seja mantida, ainda que com o preço da desintegração da alteridade e da perda de identidade, tudo em função de uma aprovação social. Isso porque a ideia de amor se vincula diretamente a questão dos valores mais aprovados pela cristandade, entre eles o casamento monogâmico e eterno.

A identidade se estrutura de maneira quase exclusivamente funcional com papéis de mãe de família, administradora da casa e esposa modelo, sem desejos ou prazeres, com sexualidade regulamentada pelos papéis desempenhados e pela culpa subjacente. Tudo para que se garantam o eterno e o imutável, bases de qualquer regime autoritário. Como diz o próprio Novo Testamento em sua epístola aos Coríntios (7:1-9):

> "A mulher não tem poder sobre o seu próprio corpo, mas tem-no o marido; e, da mesma maneira, o marido não tem poder sobre o próprio corpo, mas tem-no a mulher".

Em nome da razão, adota-se uma moral que legitima os atos em conformidade com o institucional, dando a ilusão de que a paixão existe porque é legalizada, renovando-se quando assim se deseja. Este é o engano de muitos, apaixonados, casados e terapeutas. Mesmo nesta pós-modernidade, avaliza-se um modelo quase vitoriano de família o qual, conforme Muchembled (2007), abrange usualmente uma mulher sem desejos, protegida dos perigos do mundo, que educa os filhos e zela pelo bem-estar da família, ao passo que o marido, ao seu lado, deve encontrar a quietude e o conforto. A mudança de costumes até o presente, embora com maior liberação da mulher, que foi obrigada a entrar no mercado de trabalho, não alterou significativamente, a meu ver, essa situação. Assim, em nossa personagem, a impessoalidade cotidiana faz com que ela exista conforme características gerais que são de todos e, ao mesmo tempo, de ninguém, retirando grande parte de suas possibilidades de escolha.

Esse fazer cotidiano se apresenta como única possibilidade de ser: ela não existindo autentica e existencialmente. Entretanto, se essa identificação com o impessoal diminui a angústia, não permite que se conclua o projeto pessoal que objetiva a realização do ser. Assim, quanto mais ela luta pela eficiência, mais se aproxima do fracasso e esse leva, inevitavelmente, à recriminação. Ela passa então a ser dominada todo o tempo por seus escrúpulos.

Considerando-se a questão da conjugalidade, Eros pode ser espontâneo ou, mais frequentemente, responsivo, porém essa responsividade fica quase sempre próxima à rotina e às obrigações, o que faz com que suas manifestações se deem habitualmente pela repressão e pela exclusão, visualizada por mecanismos de confronto. Isso porque essas relações, com grande frequência, passam a ser relações de poder e, se há poder, não cresce o amor pois 'se amo, me entrego e não tenho poder'; a paixão e o amor se constituem basicamente na entrega ao outro. Fica o prazer pleno associado à entrega plena, que leva ao êxtase e constitui o próprio orgasmo. Em uma relação do tipo paixão amorosa (conforme a estamos pensando) não cabe o poder de um sobre o outro. Isso então já exclui, a princípio e como falamos anteriormente, a conjugalidade institucionalizada, pois nesta, também conforme dissemos antes, encontramos a disputa pelo poder, e paixão e poder são atitudes incompatíveis, pois a relação de intimidade apaixonada leva em conta obrigatoriamente as necessidades de cada uma das partes (Lins, 2015).

Na maioria das vezes não é a paixão que leva a mulher a institucionalizar seus sentimentos mas a legitimidade social, o estádio ético kierkegaardiano, que lhe permite viver conforme a norma, o que a leva a renunciar à aventura existencial individual (Vilain, 2010).

Essa atitude habitualmente favorece o aparecimento de um homem mais rígido e dominador, menos flexível e capaz de compreendê-la. Assim, ele habitualmente é incapaz também de criar alternativas e, mesmo sem querer e de maneira quase despótica, tritura o outro, uma vez que não admite particularidades e caráter individual, só conseguindo gostar daquilo que determina de maneira total, uma vez que a singularidade do outro representa a refutação de seu próprio poder, origem do controle, do afastamento do individual e da rejeição da singularidade. Claro que, embora esse papel seja mais frequentemente observado no homem (e por isso escolhemos este delineamento em nosso caso hipotético), pode ser observado, principalmente em nossa pós-modernidade, também na mulher que, ao copiar cada vez mais o papel masculino, adquire junto dele todas sua problemática.

Isso era claramente identificável quando ela, referindo-se ao marido dizia:

> – É como se aqui dentro (e apontava sua linda cabeça) não pudesse haver um ser pensante...".

Considerando-se que apenas entre 5 a 10% dos homem chegam a aceitar as mulheres como iguais (Lins, 2015), é interessante se pensar que essa simples frase delineava um fenômeno que Miller (1999), descreve como abuso psicológico, caracterizado pelo enfraquecimento da mulher com a finalidade de fortalecimento do parceiro e, consequentemente, de poder exercer o controle sobre ela. Assim, a ridicularização ou a anulação das opiniões, desqualificando-as com a assunção do papel de 'saber tudo', faz com que o outro se habitue a viver como um verdadeiro ninguém, com a autoestima diminuída e, o que é sempre pior, fazendo com que ela se ache errada uma vez que se institui a ideia de que ele tem sempre razão. Isso porque, conforme refere Lins (2015), não existe nada mais ameaçador em uma mulher do que a combinação de competência com sexualidade. Deve, então, a mulher desempenhar o papel de uma boneca bonita, mas não muito ativa intelectualmente, para que, por sua desqualificação, possa se consolidar a relação de poder. O relacionamento, embora de intimidade aparente, pode carecer de intimidade emocional, pois esta necessita que se mostre a própria fraqueza, de modo a que o outro possa nos ver desprotegido sem que, por isso, nos invada, contamine ou controle.

Dessa maneira, dentro do 'castelo encantado' da segurança institucionalizada, o psiquismo existe pouco ou tem que ser pouco desenvolvido, pois a antecâmara da Paixão (πάθος) é cuidada pelo Costume (έθιμο), uma das escravas mais cruéis de Afrodite, que tem o hábito de escravizar, petrificar e bloquear a espontaneidade (Lopes-Pedraza, 2010).

O parceiro amoroso, ao contrário, muito mais tarde, lhe diria:
– Acredito na tua cor e no teu brilho. Você é capaz de iluminar o teu próprio caminho.
Nem sempre porém, ela acreditaria naquilo que ouvia em consequência do próprio peso da desvalia aprendida e, há tanto tempo, aceita.

É aí que a paixão se estabelece de maneira maior. Na luta contra o esvaziamento da cabeça, contra a 'nadificação' do próprio ser, contra a posse da vontade e do pensamento (Vilain, 2010).

Novamente, retornamos a Miller (1999), quando diz que a mulher vive em um estado de medo permanente, cedendo o controle de sua vida e vendo maximizados quaisquer erros ou deslizes que eventualmente ocorram.

Pensar é perigoso, uma vez que significa poder ser livre e escolher os rumos da própria vida, o que, para essa mulher, conforme cita Muchembled (2007), já é um risco, que observamos até enquanto lição metafórica do teatro elizabeteano, uma vez que "*só se pode existir por meio do homem*". Para ela, perceber isso é perigoso e assustador.

Isso porque, em muitas relações institucionalizadas e dominadoras, a dificuldade é em se lidar com a individualidade do outro, mesmo que essa tenha se constituído antes que a relação formal se estabelecesse. O medo é que o outro não esteja sob controle (Giddens, 1993) e, assim, corra o hipotético risco de se perdê-lo. Digo hipotético, pois nunca se tem ninguém, uma vez que ao menos a cabeça é livre para poder viajar por todos os recantos e possibilidades ainda que, sob o ponto de vista concreto, estas sejam interditadas.

44 Da Paixão: sobre um fenômeno humano

Cabe lembrar que alguém plenamente satisfeito não se apaixona, porque são o tédio e o vazio, elementos da própria rotina cotidiana, que apontam para a insatisfação, terreno propício para aqueles que, por suas características criativas e afetivas, dispõem-se (e podem) se apaixonar, propiciando a possibilidade de encontrar algo de valor no dia a dia, alterando e diferenciando um cotidiano, no mais das vezes, enfadonho.

Em nosso caso, a relação com ela mesma é difícil, prejudicando o viver de sua própria vida a partir da falha na intersecção entre sua vida concreta e seu mundo pessoal, constituído pelos anseios, desilusões, expectativas e malogros.

Constitui-se assim uma limitação das suas próprias potencialidades, o que caracteriza uma vida inautêntica, que possibilita o aparecimento daquilo que chamamos crise[4], enquanto tempo de renovação de uma vida vivida de modo imperfeito (Lopes, 2006) e, principalmente, inautêntico.

Na questão conjugal, cabe ainda considerarmos mais um aspecto. Diferentemente da abordagem platônica[5] ou mesmo do amor cortês, o casamento e a família representarão, desde Rosseau até a modernidade, o lugar teórico onde ocorrem o nascimento e o apogeu do amor, com a exaltação do parceiro, sua ligação única com o aspecto sensível do desejo, e com a sexualidade relegada a um segundo plano e, principalmente, na concordância (teórica) entre o individual e o social. Assim, a carne transformada em sexo, tornava-se dócil e dispensava as agonias místicas e as renúncias trovadorescas do amor de cortesia. O sexo e a família por fim, davam plausibilidade à ideia de uma felicidade mundana feita de paixão e espírito; bem estar individual e bem estar coletivo. A figura de parceria sexual amarrada ao contrato conjugal feliz é a súmula do ideário amoroso. (Freire Costa, 1997).

Acorrenta-se assim todo o imperativo da paixão às regras institucionalizadas da conjugalidade sem que, sequer, questione-se o paradoxo. A família se consolida, e a dúvida desaparece. Em contrapartida, a paixão fenece e morre, pois, conforme já falamos, só medra a paixão onde inexiste o poder e impera a liberdade; mesmo que

---

4 De *kairos* (Καιρός), oportuno.
5 Eros vulgar ou pandêmio.

não seja particularmente compensador, a família se sustenta sobre a própria divisão de trabalho (Giddens, 2011).

Imagine-se, entretanto, o tédio de uma vida conjugal de Romeu e Julieta, de Tristão e Isolda, ou mesmo do jovem Werther quando o vendaval furioso da paixão cedesse lugar à mesmice do cotidiano. É exatamente por isso que as histórias de fadas terminam com o 'casaram-se e viveram felizes para sempre'. Para que ninguém se questione sobre a incoerência e a incompatibilidade do discurso.

Como refere Russel (2013), a rigidez das convenções sociais tende a impedir o que se chama de casamento infeliz. Por conta dessa rigidez, a imaginação não se solta, nem para que algo melhor seja possível, e a única finalidade é assegurar a tranquilidade doméstica e institucional.

A promessa do amor eterno não suporta o tempo, uma vez que os indivíduos mudam e, aqueles que se contrapõem hoje, são muito diferentes daqueles que ontem definiram o compromisso.

Estabelece-se uma chantagem emocional que sabota sistematicamente qualquer atitude ou movimento, que se dirija para fora do sistema familiar. Nega-se que o outro já não corresponde nem a um desejo nem a uma necessidade. Muito menos se aceita a emoção, representativa do trágico da existência, preferindo-se o tédio e o vazio das alternativas sociais.

Esse discurso é somente teórico, pertencente a um mundo impessoal e massificado que, na maioria das vezes, é vivido sem questionamento, originando, no indivíduo, o tédio e a insatisfação.

É ainda curioso pensarmos que, em nosso Ocidente moderno, a ideia de se apaixonar tem a conotação de uma regra única e verdadeira, ligando-se de forma inequívoca à questão do casamento e ao sucesso pessoal, embora para muitos exista uma diferença marcada entre casamento e paixão, da forma como é muito bem descrita por Laclos em suas 'ligações perigosas'. Isso porque relações de paixão são, antes de qualquer coisa, verdadeiras ligações perigosas, porque transgridem o mito do casamento por amor, surgido a partir de uma burguesia que se vangloria de ser única classe que crê na liberdade e na subjetividade. Enquanto instituição, o casamento se opõe à paixão exatamente pela falta de liberdade que representa, pela obrigatoriedade da fidelidade, da constância, dos cuidados para com a prole e pela divisão de trabalho, características fundamentais para sua estabilidade social. Isso o opõe à paixão, fazendo com que se considerem como afronta, ou mesmo crime, o adultério, o concubinato e a prostituição – todos muito próximos daquilo que chamamos paixão e ligados à liberdade e à disponibilidade do corpo e dos afetos.

Nele, se inflige ao indivíduo uma dor intensa e intolerável, ao se pedir que se adapte ao sonho do outro. Ao se pedir que se esforce para 'ser como o outro quer que seja', que represente suas fantasias e desejos. Esquece-se de que existe, em todos nós, algo que nos impele a uma individualidade exclusiva e irreproduzível, só conseguida à custa da solidão e da exclusão (Carotenuto, 2004).

Observa-se aqui novamente o verdadeiro paradoxo. Só podemos falar em paixão amorosa enquanto oposição à instituição casamento se sua loucura e irracionalidade se contrapuserem a todas as regras comportamentais e relacionais do casamento (Ceccla, 2014), que tem, entre outras, uma finalidade de estabilização e ordenação sociais. Essa ameaça às relações sentimentais estabelecidas é vista com um peso muito maior do que as próprias situações de confronto social, atingindo diretamente uma questão de propriedade, arraigada no próprio psiquismo, principalmente, masculino.

A sedução surge em um terreno já preparado pela expectativa e pelo desejo, e os atores usualmente já se encontram em um estado de enamoramento, mesmo antes que este ocorra.

Sonham antes de se conhecerem (Liiceanu, 2014), o que estabelece uma relação não embasada em experiências anteriores, mas em projeções constantes de desejos escondidos (Liiceanu, 2014).

Assim, "somos feitos pela expectativa que vem do profundo e de longe. Existem em nós, assim como na proposição agostiniana, encontros que precedem nossa busca e que a tornam possível" (Liiceanu, 2014).

É exatamente este o cenário no qual nossa história se delineia, com ambos os personagens não insatisfeitos, mas abertos à perspectiva da criação de algo novo, e será a paixão que, conjuntamente ao medo a ela associado, permitirá que ambos repensem suas individualidades e existências, percebendo-se enquanto indivíduos próprios e diversos de seus ambientes. A partir dessa experiência, conseguirão (ou não) se apaixonarem por si mesmos por meio daquilo que conseguirem enxergar de si refletido no outro.

Ambos são seduzidos e sedutores[6] e, por isso, ambos devem se perguntar para onde querem ser conduzidos, o que os leva e o que os seduz nessa aproximação. A respostas à essas questões resultará em desfechos diferentes no processo aqui iniciado.

J'ai un amant pour le jour
Et un mari pour la nuit
J'ai un amant pour l'amour
Et un mari pour la vie
Si je le trompe le jour
Je suis fidèle la nuit
Ma vie se passe toujours
En ciel de lit.
J'ai pris l'amant pour mari
Et un amant pour amant
Qui deviendra mon mari
Aussi longtemps
Que je n'aurai pas envie
De prendre um nouvel amant
Qui remplacera mon mari
En attendant
Je suis belle pour mon amant
Je suis laide pour mon mari
Si douce pour mon amant
Méchante pour mon mari
L'um remplace mon mari
Lui ne vaut pas mon amant
C'est une chose établie depuis longtemps
J'ai pris l'amant pour mari
Et un amant pour amant
Qui deviendra mon mari
Aussi longtemps
Que je n'aurai pas envie
De prendre um nouvel amant
Qui remplacera mon mari
En attendant
J'ai um amant pour le jour
Et um mari pour La nuit
J'ai un amant pour l'amour

---

6 Seduzir, do latim *seduco*, significa levar à um caminho.

Et un mari pour la vie
Si je le trompe le jour
Je suis fidèle la nuit
Ma vie se passe toujours
En ciel de lit.
Ma vie se passe toujours
En ciel de lit.[7]

No Ocidente cristão, uma grande repressão se instalou a partir do século XVI, de forma a canalizar os desejos para que fossem colocados a serviço do grupo.

Assim, exige-se dos indivíduos autocontrole, com uma culpabilização cada vez maior em relação às condutas consideradas transgressoras e, por isso, estigmatizadas. Isso acarreta, de maneira muito intensa, uma relação indissociável entre o sofrimento e o prazer, uma vez que este se liga ao pecado e, muitas vezes, a questões judiciais.

No momento em que vivemos, e ao qual chamamos de maneira indiferenciada de pós-modernidade, a própria identidade advinda da estrutura institucional 'casamento' passa a ser fragmentada e descentrada.

Rompe-se (ou se altera) uma instituição que, em um passado próximo, forneceu bases sólidas para a construção de uma identidade social indiscutível (o homem ou a mulher casada), uma vez que era visualizada como algo fixo, coerente e estável e, neste momento, essa instituição é vista pela ótica das dúvidas, das incertezas e da fugacidade.

Embora as pessoas ainda se atenham a ideia de algo ligado a um 'núcleo interior', composto por valores 'inerentes à própria pessoa', a mudança social alterou as relações pessoais, acarretando a mudança dos símbolos e dos sentidos atribuídos a eles pela própria cultu-

---

7 Brigitte Bardot; Ciel de lit (trad. livre). Eu tenho um amante para o dia/ E um marido para a noite/ Eu tenho um amante para o amor/ E um marido para a vida/ Se eu o engano de dia/ Eu sou fiel à noite/ Minha vida está sempre acontecendo/ Em mar de rosas/ Eu já assumi o amante por marido/ E o amante por amante/ Que se tornará meu marido/ Também por muito tempo/ Que eu não terei desejo/ De ter um novo amante/ Para substituir meu marido/ Esperar.../ Eu sou bonita para o meu amante/ Eu sou simples para o meu marido/ Tão doce para o meu amante/ Perversa para o meu marido/ Um substitui meu marido/ Ele não vale o meu marido/ É uma coisa bem estabelecida/ Eu já assumi o amante por marido/ E o amante por amante/ Que se tornará meu marido/ Também por muito tempo/ Que eu não terei desejo/ De ter um novo amante/ Para substituir meu marido/ Esperar.../ Eu tenho um amante para o dia/ E um marido para a noite/ Eu tenho um amante para o amor/ E um marido para a vida/ Se eu o engano de dia/ Eu sou fiel à noite/ Minha vida está sempre acontecendo/ Em mar de rosas/ Minha vida está sempre acontecendo/ Em mar de rosas.

ra. Nesse diálogo constante entre o indivíduo e a cultura, foram se fragmentando e alterando estruturas aparentemente estáveis, como o matrimônio, que passa então a fornecer uma identidade pouco estável e, porque não dizer, contraditória, opondo o prazer a uma obrigação que, pela mudança do padrão valorativo, passa a ser discutível, posto que é desprazerosa.

Perde-se seu caráter fixo, essencial e permanente, dissolvendo-se gradualmente, uma vez que relacionamentos fixos e congelados se perdem nessa dinâmica pós-moderna, rápida e em constante mudança (Hall, 2014).

A questão do casamento propriamente dito pode ser pensada como uma concessão ao imanente que faz com que se perca o próprio projeto existencial em prol da redundância, da banalização e da massificação das ideias a partir da rotina desmotivadora e do desespero pela falta sentido.

Em nossa personagem, a sensação de vazio pode ser pensada como muito grande, com a vida se tornando um repetir de dias iguais nos quais a grande novidade e a grande emoção são o novo restaurante a ser conhecido, ou a nova recepção a ser organizada, ao final de tudo sobrando somente o Nada e o tédio, ambos descaracterizando e despersonalizando uma vida que, a princípio, estabeleceu-se para ser singular e característica. Isso, em última instância, caracteriza uma vida existencialmente inexistente, embora com consciência e vontade, uma vez que é correta e impecável, mas presa a valores inquestionáveis e imutáveis. Essa característica nos faz lembrar muito Agilulfo, o Cavaleiro Inexistente do romance de Calvino.[8] Atrás do fenômeno observado, encontra-se também a necessidade de liberdade, de independência e de plenitude, com o risco da renúncia ao conforto e à segurança (Persini, 2010), pois quanto mais restrito o relacionamento, maior é a vontade de liberdade (Scheinkeman, 2008).

---

8 Agilulfo é um cavaleiro que não existe corporalmente, mas somente enquanto armadura, com raciocínios determinados e sempre exatos, porém enrijecido e pouco vivo, com a armadura lhe garantindo o trânsito pelo social, por meio de uma postura normatizadora que lhe proíbe de se entregar ao desejo. Nada nele pode demonstrar ou tornar explícito o excesso, a paixão, o corpo e o desejo, ficando somente a norma, o código e os comportamentos predeterminados para os raciocínios convencionais, todos muito bem representado por sua armadura rija e imutável. Assim, ficam nele difíceis o amor e a paixão, uma vez que o cotidiano e o bom funcionamento são prioritários. Ele trabalha somente com o certo, excluindo de seu mundo e suas ações o que lhe parece diferente. É um sujeito em potencial, porém totalmente reprimido em seu agir, uma vez que corresponde somente a um ser racional e pouco afetivo. Fica, assim, somente na exterioridade.

50 Da Paixão: sobre um fenômeno humano

Esse fato traz também à tona uma questão arcaica expressa muito bem na frase de Capelão (2000), quando refere à regra do Amor, que diz que *"ninguém deve conscientemente seduzir uma mulher unida ao homem que lhe convém"*. Claro que, em pleno século XXI, deve--se pensar que ninguém seduz ninguém e que o ato de se apaixonar é mútuo e voluntário. É claro também que não existe a possibilidade de alguém se apaixonar por outra pessoa se não houver um terreno propício representado pela falta ou carência de algo (não necessariamente vindo do outro mas algo que falta na e para a própria pessoa. Um sentimento de ausência, de falta de preenchimento, de vazio). Uma necessidade de mudança, de inquietude, de cansaço (Macedo, 2006). Alguém aparentemente satisfeito e feliz, bem como conformado com seu cotidiano, não consegue se engajar em aventuras de risco como é a de se apaixonar, embora isso signifique sempre o enriquecimento desse mesmo cotidiano. Podemos dizer isso porque, para algumas pessoas, o cotidiano, pela segurança e pelas limitações, bem como pela própria limitação, faz com que fiquem felizes. Algumas pessoas, se não são apresentadas para paixão, não sofrem por sua falta ou pela pobreza de suas vidas.

Entretanto, essa busca da paixão também impede a aproximação total do outro, porque entram no jogo a idealização de um sentimento pessoal e, muitas vezes, a desqualificação da sexualidade enquanto fim último, fazendo-a, ao mesmo tempo que livre para ser exercida, dependente desse teórico amor institucional, enquanto pré-requisito. Estabelecem-se aqui todos os tabus decorrentes de uma educação moralizante judaico-cristã, que sistematicamente nega os prazeres decorrentes da própria vida (e, com isso, da paixão) em prol de uma eventual transcendência espiritual.

Temos ainda que lembrar que o homem é um ser temporal que se constitui em uma teia, a partir de elementos que se originam no passado e constituem sua história e memórias, e de fibras que vêm do futuro, enquanto projetos e expectativas. Assim, o tempo é parte constitutiva do indivíduo e, quando este se dá conta de ter sido lançado no mundo sem um motivo ou um porque, percebe sua própria perspectiva de finitude e morte, o que lhe faz perceber que não conseguirá realizar todos seus projetos e que nem mesmo conseguirá viver de maneira a ser feliz e se realizar. Isso lhe ocasiona angústia diante da própria vida, acarretando-lhe a perspectiva de não ser, estado subjetivo de que nada é estável e tudo, inclusive ele mesmo, pode ser destruído de maneira súbita e imprevisível. Essa visão lhe traz a necessidade de escolher seu projeto tentando se resgatar da vida impessoal do cotidiano, das tarefas banais e sem sentido que aumentam sua angústia e se fazem sempre presentes, enquanto condição de ser. Essa vivência da morte pode ser mais ou menos distante, conforme suas próprias escolhas, sendo que, quanto mais distanciado dela, maior será seu próprio medo, e quanto mais próximo, mais íntegro se verá, pois tudo que só remete ao futuro lhe envia, automaticamente ao Nada[9]. É isso que o faz se dimensionar no tempo, estabelecendo importâncias e prioridades que definirão seu projeto e, em consequência, sua própria existência explicitada no momento presente. Essa necessidade de escolher tudo, em todos os momentos, o inquieta e o leva, cada vez mais a uma vida mais autêntica. O contrário, o esquecer a si mesmo por meio do engajamento nas tarefas banais do cotidiano, o leva para a inautenticidade, sendo então dirigido pela tarefas diárias e pela massa. É essa reflexão que abre possibilidades e dá um significado para a própria vida a partir de sua relação com os outros e consigo mesmo, fazendo com que questione seu lugar no mundo, o que o faz enfrentar, de maneira mais satisfatória, o vazio e a falta de sentido que ninguém pode lhe preencher, uma vez que é uma tarefa pessoal, individual e intransferível. Quando não faz isso, queda desamparado, gerando uma angústia, muitas vezes insuportável, que ele tenta preencher com coisas, consumo, pessoas enquanto tarefas ou bens descartáveis. Viver uma vida sem sentido se torna uma dor quase insuportável, principalmente quando se dá conta de que o tempo passa de maneira inexorável e não pode se viver todas as possibilidades desejadas.

A ruptura com o cotidiano, muitas vezes de maneira apaixonada, proporciona um questionamento e um autoconhecimento que permitem a concepção de um novo projeto mais autêntico e, consequentemente, uma vida que, embora acessível à dor e ao sofrimento, é também mais rica e colorida. A paixão torna-se uma via para que, ao se romper a impessoalidade do cotidiano, seja possível entrar em contato consigo mesmo.

---

9 Nada tem o sentido de contrário ao Ser, ausência de realidade. O ser só se revela em si e não para si surgindo o nada na separação entre ambos.

Neste momento pós-moderno, o tempo se comprime maximizando o presente, remodelando a relação espaço-tempo em diferentes representações, que permitem e caracterizam diferentes identidades (a mulher esposa e mãe pode também ser a mulher apaixonada). Não existem mais espaços fechados e circunscritos totalizadores. Uma infinidade deles pode ser construída, interpenetrando-se, sem que um altere significativamente o outro.

Para isso criam-se geografias imaginárias a partir dessas representações, separando-se cada vez mais o espaço do lugar enquanto 'forma visível', ocultando-se as relações, o que acaba de certa forma determinando sua natureza contraditória (pois os mesmos papeis não podem existir em geografias semelhantes) (Hall, 2014), mas podem existir em tempos e espaços diferentes.

Com isso, os relacionamentos se desvinculam do tempo, do lugar, da história e das tradições, podendo flutuar em novos espaços e novas representações. O único empecilho a essa teórica liberdade é a culpa, inespecífica e atemporal, que cresce e se encorpa nos últimos séculos, sem que se faça qualquer questionamento sobre ela.

Dessa maneira, em nossa narrativa, os projetos existenciais que, teoricamente, constituíram-se a partir da adolescência dessa mulher, perderam-se e foram até mesmo esquecidos e desvalorizados, e uma vida pública e impessoal ocupou a maior parte de sua existência, demandando que correspondesse àquilo que a maioria das pessoas próximas exigia, ainda que de forma subliminar e não expressa claramente. Isso porque a maioria dos atos é realizada de maneira irrefletida, prematura e sem se perceber o real significado dos mesmos, acarretando uma prisão, no mais das vezes dolorosa, porém inquestionável, uma vez que nem mesmo é perceptível. Em função dessas experiências antigas é que se desenvolvem os contornos da paixão com todas suas características compulsivas que levam à superestimação do outro e uma identificação tal que se passa a uma irracionalidade com suas características, escapando ao comportamento normal, principalmente diante das oscilações por conta das reações conservadoras e limitantes com as quais as sociedades pós--modernas a encaram.

Na verdade, podemos ver aqui também a confissão de alguém que sofre. Sofre por suas forças e fraquezas, potências e impotências, todas decorrentes do jogo de paixões corporais construídas em sua

Da Questão da Vida Pública 53

biografia. Quando se jogar em uma relação apaixonada, ela decidirá, conforme Onfray (2000), que malogradas as interdições, vai se valer de sua liberdade para que, recusando a submissão, avance sua inteligência. Sua desobediência à Lei indiscutível que a confina a faz avançar no conhecimento de si mesma.

Partindo-se da concepção de 'eu' enquanto existente, em permanente mudança e modelagem, com a vivência existencial enquanto fonte de angústia, nós nos deparamos com um caminho que, em última instância, nos conduz à morte, à náusea, ao nada. Entretanto, enquanto liberdade e subjetividade, somos artífices de nosso projeto existencial, como uma realidade aberta aos outros e ao mundo – realidade esta que pode se encaminhar para a dissolução do dualismo sujeito-objeto por meio de vivências que podem se expressar por meio do amor ou da angústia, ambas consequentes à própria finitude, à falta de sentido prévio de sua existência e do seu ser para a morte. A paixão enquanto fonte de energia viabiliza o projeto do encontro e do amor frequentemente tolhidos pela miséria do cotidiano. Liberta assim do Nada e da angústia da morte, embora sua perspectiva final seja também esta, associada à perda e à dor da separação. Mesmo essa perda e essa dor passam a ter um significado tal que são diluídas. Isso porque quanto mais intensa é a vivência, maior é a percepção da possibilidade da perda.

Pode-se pensar nisso enquanto uma visão pessimista, que ressalta a falta de significado da vida, porém é exatamente essa forma de ver a vida que responsabiliza o homem por seus atos, sejam eles quais forem, deixando seu destino em suas próprias mãos. Isso, na maioria das vezes, assusta e afasta a paixão, que passa a ser responsabilidade individual. Da mesma forma, essa maneira de pensar considera o homem livre para fazer o que quiser, o que implica regulação dos próprios atos e sua colocação acima de uma moral geral, não existindo regras absolutas que orientem suas opções. Assim, «*o homem primeiramente existe se descobre, surge no mundo e só depois se define*" (Sartre, 1972). O homem se define por um projeto humano, concedido em sua subjetividade individual, projeto cuja realização plasmará o tipo de homem que ele livremente escolhe e se propõe ser. Um homem capaz de se apaixonar e de cuidar do outro, ou de se voltar somente para si e para as realizações mundanas e cotidianas que o aniquilam.

54 Da Paixão: sobre um fenômeno humano

Esse projeto humano não se contém nos limites da própria subjetividade mas, 'como não há outro universo senão o universo humano', o projeto existencial transcende os limites da subjetividade' adquirindo um caráter de escolha universal e fazendo com que nos comprometamos e nos responsabilizemos com a humanidade pois *"ao escolher-se a si próprio o homem escolhe todos os homens"*[10]. Isso implica uma responsabilidade muito grande, pois envolve toda a humanidade. Apaixonar-se por alguém é, por isso e antes de tudo, apaixonar-se pela própria vida humana.

Em nosso caso, os papéis de esposa, mãe, profissional, filho e outros, com valores e desempenhos estabelecidos previamente e socialmente avaliados e validados, roubaram aquilo que seria sua oportunidade de realização, sua manifestação individual que passava longe da maioria deles e não lhe demandava aparência ou desempenho social, mas um ser pessoal que foi, gradualmente, perdendo-se no dia a dia. Em última instância, essas exigências deturparam seu próprio projeto existencial, que foi impedido de se realizar, uma vez que ele era dependente da própria paixão por algo ou alguém.

Ser vista somente como aparência ou função esvazia a própria individualidade e traz, como consequência, o afastamento dela de si mesma tornando-se mais fria, com dificuldades em expressar seus afetos e transformando-se em algo bem próximo daquilo que lhe exigiam: uma boneca, obediente às normas e convenções, as quais consegue desempenhar correta e eficazmente, conforme os papeis exigidos[11]. Dessa maneira, ela desaparece enquanto indivíduo e passa a viver uma não vida, inautêntica e massificada. É a percepção da

---

10 SARTRE, J. P. O Existencialismo é um Humanismo. *Apud.* Os Pensadores. Vol. XLV, Abril Cultural, São Paulo, 1972.

11 É difícil falarmos em vida autêntica constantemente, uma vez que, na maioria das vezes e dos relacionamentos, permanecemos em um mundo público e impessoal, que nos protege e faz com que seja mais fácil nos relacionarmos com as pessoas no cotidiano. Aparentemente dessa maneira conseguimos prazer, porém esse é puramente sensorial e momentâneo, fruto daquilo que Kierkegaard chama de forma estética de existência, sem compromisso com a própria existência pessoal. Mesmo quando a questão torna-se ética, e uma boa parte das atividades diárias é embasada nesse conceito, como os papéis de mãe, esposa e profissional, isso é externo e maior que a existência pessoal justificando-a, porém nem sempre satisfazendo-a. Somente quando o ato é fruto da própria 'crença' pessoal, sem explicações ou justificativas, eminentemente por sair do âmago da própria pessoa, é que a existência torna-se autêntica e satisfatória, não sob o ponto de vista do prazer puro, mas do ponto de vista da realização pessoal. E aqui fica um dos pontos de importância a ser pensado, pois a questão da paixão transita entre esses dois polos, o do prazer, basicamente ligado à questão daquilo que chamamos anteriormente de forma estética de existência, e o da dedicação, decorrente do que aproximaríamos daquilo que o mesmo Kierkegaard denomina estádio religioso, derivado do estético, porém relacionado com aquilo que existe de mais íntimo e pessoal, vinculado ao próprio projeto de vida e, consequentemente, à própria existência.

coisificação, da arbitrariedade da falta de vontade própria, do se ver enquanto posse.

Ela enfrenta aqui um 'matrimônio externo', não integrado aos seus processos psíquicos inconscientes, o que a leva a investir todo seu esforço na manutenção das ambiguidades e na falta de coerência, o que a conduz ao sofrimento vivido à sombra do silêncio que a distancia, cada vez mais, da realidade de seu desejo.

Estabelece-se a sujeição recíproca, a partir de uma distribuição complementar e, muitas vezes, irreversível de papéis (Carotenuto, 2004) com um vampirizando e se nutrindo a partir do sangue do outro, existindo uma verdadeira simbiose. Nesse processo de dor, a segurança institucional anestesia o sofrimento.

Necessitará, então, que se desperte para si mesma, de forma a compreender e se defrontar com a eventualidade do fracasso. Deve se perceber enquanto possibilidade, independente da inquietude e do medo que essa favorece. Defrontar-se com o impessoal em sua vida é ficar frente a frente com seus próprios limites, dos quais o formal se mostra somente como apoio (Heidegger, 2013).

Nesse contexto, a paixão amorosa se contrapõe, no mito do vampiro, quando este, a partir do encantamento pelo outro, perde-se no próprio tempo e, por isso, é destruído pelo sol da paixão, que o faz perder o poder e a necessidade de subjugar e dilacerar o outro. Aqui se dá um matrimonio espiritual, no qual se unem duas singularidades e solidões. Isso porque Ser é abertura, onde os entes e ele próprio se mostram para si mesmo. Só então é possível projetar quem se quer ser.

Esse é o desafio dela: dar-se em um relacionamento no qual pode ser 'queimada' pelo sol da paixão, que pode destruir a vida de segurança e de valores, ou persistir sendo vampirizada, tendo suas forças sugadas sistematicamente pelo poder esmagador do relacionamento institucional?

O que se mostra nessa abertura já tem uma tonalidade afetiva, porque mesmo que pensemos o modelo teórico da *philia* (Φιλία) aristotélica, embasada na consideração entre iguais, no prazer da convivência e no desejo de fazer o bem ao outro, isso se torna muito difícil dentro de nosso modelo de casamento baseado nas noções de propriedade e poder. É esse afeto que fará com que ela se aproxime ou se distancie da paixão anunciada.

56 Da Paixão: sobre um fenômeno humano

Essa consideração parece de importância, uma vez que, ao discutirmos a paixão amorosa, sua base consiste no mero regozijo pela existência e presença do outro, independentemente de sua posse. Como diria o poeta,

tende muita piedade do mocinho franzino, três cruzes, poeta
que só tem de seu as costeletas e a namorada pequenina
mas tende mais piedade ainda do impávido colosso do esporte
e que se encaminha lutando, remando, nadando para a morte.[12]

Claro que todas essas questões representativas de uma morte existencial não podiam ser claras em seu consciente, mas permeavam sua vida e, portanto, suas ideias, fazendo com que o mal-estar se estabelecesse cotidianamente, ainda que oculto pelas fórmulas tradicionais da angústia e do 'não sei o que quero fazer...'.

E tudo o que ela queria era ser exatamente o oposto, ainda que por um curto período de tempo, da poesia que falava que

nós somos as inorgânicas
frias estátuas de talco
com hálito de champagne
e pernas de salto alto
Nossa pele fluorescente
É doce e refrigerada
E em nossa conversa ausente
Tudo não quer dizer nada[13].

E tudo isso nos fazendo lembrar Machado[14], quando diz *"caminante no hay caminos, se hace el camino al andar...".*

Para ela, o difícil era estabelecer um caminho. Seu caminho. Próprio, solitário, individual, que desse sentido à sua própria existência, uma vez que sempre existem vínculos que influenciam e que estão além da própria vontade. Compreender tudo isso é que a fará lidar com a própria existência, vivendo-a (Roehe, 2014).

Ele era um homem que, podia se dizer, bem-sucedido.
Mais velho que ela, profissional respeitado, independente social e economicamente, casado e com filhos adultos, teoricamente se encaminhan-

---

12 Vinícius de Moraes, O Desespero da Piedade, parte de Elegia Desesperada.
13 As mulheres ocas, Vinícius de Moraes.
14 "Cantares" de Antonio Machado, poeta espanhol.

do para um final de vida tranquilo, com as pessoas lhe exigindo papéis familiares respeitáveis e profissionais de passagem de poder.

O processo de envelhecimento para o homem significa, entre outras coisas, a perda do poder, tanto do ponto de vista social e profissional, como erótico e pessoal. Entretanto, nas situações de corte, a idade superior do homem é, frequentemente, apontada como um dos fatores de atratividade, uma vez que se associa à realização e ao poder. A frustração é ainda mais cruel quando o homem se vê confrontado com uma finitude irremediável, com o sentimento de vaidade. Vai então em busca do outro para desejar e, a princípio, para buscar a potência que começa a lhe faltar (Dumoulié, 2005).

Exatamente por tudo isso, a velhice é constantemente seduzida e frequentemente apaixona-se pela juventude que redefine e revive o presente.

Resumidamente poderíamos dizer que ele se preparava para o final da existência da maneira exigida, digna e respeitável lembrando os antigos 'santinhos' das missas de sétimo dia que, de maneira regular descreviam o morto como 'marido amantíssimo e pai exemplar', ou seja, o mesmo papel público e impessoal que deveria satisfazer a todos mesmo que com o prejuízo da satisfação pessoal que, raramente, é levada em consideração.

Geralmente, as pessoas se trancam em seus próprios mundos e fica difícil para elas saírem de si mesmas e se abrirem às novas experiências que, *a priori* criticadas, alteram o panorama de segurança e equilíbrio de suas vidas, categorias essas que, em verdade, não passam de meras ilusões, uma vez que o existir consiste primordialmente em se arriscar.

Entretanto, o homem "é a intenção e o gesto da transcendência mesmo" (Heidegger, 2007) e, como tal, deve poder entrar em contato com o que lhe é fático, para que possa se ver e se compreender.

A estabilidade nas relações pessoais e sociais, principalmente naquilo que se refere aos relacionamentos afetivos, é vista como de fundamental importância para que organismos e sistemas se mantenham sem serem questionados, uma vez que esses questionamentos funcionam como peças de dominó que, quando uma é derrubada, desencadeia movimentos que fazem com que inúmeras outras peças do mesmo jogo também caiam. Entretanto, a aceitação desse destino preestabelecido, no qual a satisfação consiste em pagar as contas,

58 Da Paixão: sobre um fenômeno humano

assistir a novela das oito horas e visitar os filhos e netos, consiste em aceitar, de maneira inequívoca a morte por antecipação, o que a traz cada vez mais perto pelo apagar do desejo, dos projetos pessoais e, principalmente, da própria existência[15]. Ou, como diria o trecho literário, supostamente atribuído a Gabriel Garcia Marques: *"aos homens, provar-lhes-ia como estão enganados ao pensarem que deixam de apaixonar-se quando envelhecem, sem saber que envelhecem quando deixam de apaixonar-se"*[16].

Hoje, sob uma camada pública de mudança de costumes, persistem lógicas de vinte séculos atrás, que ainda impregnam o pensamento, mesmo que com formulações diferentes.

É esse o sentimento valorativo, imutável e, principalmente, inquestionável, o adversário, localizado na consciência individual e construído por transmissões sociais totalmente irracionais, injetadas na identidade pessoal construída ao longo de toda uma vida. Isso porque se opta por uma Lei de sacrifício e ascetismo, que origina uma desqualificação da vida com a opção pela morte a partir de sua própria anestesia, privilegiando-se o espírito em detrimento do corpo.

A experiência emocional de estar caindo em pecado, derivada de toda uma consciência cristã de existência, é de extrema importância, influenciando de maneira marcante no desenrolar da nossa história.

Ganhar ou perder essa luta é que irá permitir a construção de um projeto no qual se buscam a imanência, e não a transcendência; a vitalidade, e não a ascese; Eros, e não Tânatos; a terra, e não o céu; o homem, e não o santo.

Mesmo assim, a prestação de contas é ética, a si mesmo e a seus semelhantes, não direcionada pelo princípio da Lei, mas pelo da coerência consigo mesmo. Não pelo medo de uma Lei imanente ou

---

15 Estamos aqui naquilo que Freud chamaria de uma maior presença do impulso de morte, sobrepondo-se ao próprio impulso de vida. Mitologicamente, Tânatos era a personificação da morte, diferentemente de Hades, que reinava sobre os mortos no mundo subterrâneo. Ele era irmão gêmeo de Hipnos, o Sono e filho da noite (Nix) e das trevas (Érebo). Era inimigo dos homens e dos deuses, habitando a porta do mundo subterrâneo. Tinha o coração de ferro e as entranhas de bronze, sendo representado como uma criança negra com pés tortos, acariciada pela noite ou com um rosto emagrecido, coberto por um véu, olhos fechados e uma foice nas mãos, dando o significado de que os homens são ceifados em massa, da mesma maneira que as flores efêmeras. Suas asas lhe permitiam se aproximar velozmente, seu facho a extinção das realizações, sua urna os resíduos da vida e do corpo. Psicanaliticamente, foi considerado um conjunto de impulsos inconscientes de morte que se contrapõe a Eros, o instinto de vida. Em Roma, com o nome de Orco castigava os perjuros e assassinava os moribundos. Assim, nesse momento de vida, a paixão é a própria contraposição entre Eros e Tânatos.

16 Só envelhece quem deixa de apaixonar-se. A Página da Educação, número 100, acessada através do site http://www.apagina.pt/?aba=7&cat=100&doc=8346&mid=2 em 28/01/2015.

transcendente, mas pela honestidade consigo mesmo e com o outro. A partir de uma perspectiva dupla, opta-se pelas forças construtivas, em contraposição às de destruição e aniquilamento, que passa a ser o sentido da ética e o consentimento à própria vida.

Diante dele, estabeleceu-se o grande oceano desconhecido do não ser, uma vez que o que se quer não é a mera tentação, que ocorre cotidianamente. O que se quer verdadeiramente é poder se perder no outro, mesmo que não se possa ou não se deva estar com ele.

Ainda que tenhamos a tendência explicativa de tentar imaginar futuras vidas, a grande certeza (e consequentemente o grande medo) é o fim daquela que conhecemos e a que demos significado até então. Ao se chegar a determinada idade, inicia-se um "balanço" do já vivido, não somente considerando-se qualitativamente o que fizemos, mas, talvez, – e até principalmente, quantitativamente. Quanto vivemos? Quanto amamos? Quanto nos apaixonamos?

> *Nunca morrer assim! Nunca morrer num dia*
> *Assim! De um sol assim!*
> *Tu, desgrenhada e fria,*
> *Fria! postos nos meus os teus olhos molhados,*
> *E apertando nos teus os meus dedos gelados...*
> *E um dia assim! De um sol assim! E assim a esfera*
> *Toda azul, no esplendor do fim da primavera!*
> *Asas, tontas de luz, cortando o firmamento!*
> *Ninhos cantando! Em flor a terra toda! O vento*
> *Despencando os rosais, sacudindo o arvoredo...*
> *E, aqui dentro, o silêncio... E este espanto! E este medo!*
> *Nós dois... e, entre nós dois, implacável e forte,*
> *A arredar-me de ti, cada vez mais, a morte...*
> *Eu, com o frio a crescer no coração, – tão cheio*
> *De ti, até no horror do derradeiro anseio!*
> *Tu, vendo retorce-se amarguradamente,*
> *A boca que beijava a tua boca ardente,*
> *A boca que foi tua!*
> *E eu morrendo! E eu morrendo*
> *Vendo-te, e vendo o sol, e vendo o céu, e vendo*
> *Tão bela palpitar nos teus olhos, querida,*
> *A delícia da vida! A delícia da vida!*[17]

---

17 Olavo Bilac, In Extremis, Poesia no Metrô, http://www.metro.sp.gov.br/cultura/poesia-metro/olavo-bilac.aspx, acessado em 28/01/2015.

Perguntas que, para alguns, antes, poderiam ser consideradas inúteis e sem sentido, adquirem nessa hora, extrema relevância e passam a dar um significado (ainda que muitas vezes teórico) ao valor da própria existência. Lutar a boa luta, como diria São Paulo, não corresponde somente aos grandes ideais ou as grandes ideias. Corresponde também ao viver o cotidiano de maneira criativa e intensa, para que se tenha a sensação de que toda a seiva que a vida oferece em seu desenrolar foi sorvida. Nada foi desperdiçado, nem deixado de se viver. Isso porque a proximidade do final só nos traz a vontade do querer mais.

Nesse cotidiano, é o amor, ou como propomos aqui, a paixão amorosa que, ligada essencialmente ao humano, afasta (ainda que provisoriamente) a presença da morte e do Nada. Essa paixão, porém, é sempre uma paixão pelo outro, no sentido de se dar e de se cuidar dele, mais do que se receber ou se apoderar desse outro. Nisso ela se diferencia imensamente do 'amor posse', tão presente e frequente nas relações institucionalizadas e também na paixão dita narcísica. A paixão afasta, portanto, a solidão, facilitando a coexistência e fazendo com que um existir, já descortinando seu final, possa se manifestar de maneira singular, criando-se um novo ser por meio de sua influência.

Enfrenta-se, assim, o grande medo da perda da individualidade, que se contrapõe, durante todo o existir, ao desejo constante da imortalidade buscada por meio dos filhos e das realizações supostamente perenes. Conforme falamos no capítulo anterior, o casamento institucionalizado, principalmente com investimentos comuns (filhos e outros), tenta transformar as realizações sociais em realizações perenes e imutáveis, porém, para isso, tolhe a individualidade e os projetos existenciais. Dessa forma, o surgimento da paixão ressignifica a própria vida, ainda que tal ressignificação se acompanhe de sofrimento, posto que a vida é desejo, inquietude e sofrimentos consequentes, na maior parte das vezes, à não realização desse desejo. A paixão, portanto, a nosso ver, permite a fé na própria vida, apesar de, na pós-modernidade, a fuga constante e disseminada da angústia, por meio da banalização e da descartabilidade dos afetos, levar frequentemente ao evitamento da paixão como tal e, consequentemente, da própria vida em prol de uma estabilidade e uma adequação social, manifestas em um consumismo desenfreado e em um tédio existencial.

Da Questão da Vida Pública 61

O ver a si mesmo de maneira mediana e pública faz com que o indivíduo seja absorvido pelo mundo, embora nessa absorção se minimizem as diferenças, vistas com total insensibilidade, uma vez que não dizem respeito a nada nem a ninguém, não se responsabilizam por nada e nem por ninguém, criando uma máscara que encobre para que não se consiga ver a si mesmo em toda sua plenitude, fato que, se constatado, assustaria nosso personagem.

Cada um é o responsável pelo seu próprio ser e devir, devendo construir a si mesmo, à revelia dos determinismos de qualquer espécie, para que a integridade pessoal se mantenha sem as distorções que as forças mundanas ocasionam em sua brutalidade.

O momento de vida de nosso personagem é aquele no qual é possível se dar a diferenciação e a revelação da própria identidade pessoal, uma identidade ontológica com um maior desapego aos cânones estabelecidos pelo ambiente e uma busca da própria totalidade. Pode buscar, assim, a realização do próprio potencial com a paixão, podendo ser o estruturante entre o Eu e o Outro, a partir de um encontro, no mais das vezes, espontâneo e imprevisível, revelador do próprio ser, embora algumas vezes com conteúdos até mesmo sombrios. Seu risco é a destruição de uma vida estruturada de forma convencional porém o não vivê-la é o negar-se a si mesmo e ao transcender (Byington, 2013)[18].

Esse é o momento em que se pode permitir falar em paixão amorosa com clareza e com sinceridade, pois não se tem mais o medo da entrega, da fragilidade, da vulnerabilidade – muito menos o receio de se poder ser usado ou dominado. Nem a vergonha de parecer romântico ao se exteriorizar o que se sente e o que se pensa.

Temos aqui, então, nossos dois personagens principais.

Ela, uma jovem mulher, construindo sua vida, embora essa já esteja amarrada por princípio rígidos e inquestionáveis que impedem

---

18 Como fala Aristófanes em *O Banquete*: "Ninguém se oponha ao comando de Eros. Resiste a Eros quem pratica atos odiosos à ordem divina. Se somos amigos de Eros, se vivermos em paz com ele, encontraremos os desejados que nos pertencem e nos relacionaremos com eles. Poucos alcançam hoje esse benefício". E, como fala Sócrates: "Eros do extravagante nos alivia e o aconchegante propicia; muitos encontros que tais promove, em festas, em cores, em oferendas sendo senhor; brandura incutindo, amargura excluindo; dadivoso na bondade, desdenhoso da maldade; patente nos sapientes, ridente nos potentes; invejado pelos excluídos, conquistado pelos incluídos; pai do prazer, da ternura, do requinte, da beleza, do ardor, do desejo; afeto ao bom, desafeito ao mau, nas lides, no medo; no gosto, na lábia, timoneiro, navegante, atacante, nobilíssimo salvador; dos deuses todos e dos homens joia, guia belíssimo e finíssimo".

62 Da Paixão: sobre um fenômeno humano

qualquer possibilidade de criação e de transcendência, esmagada que se encontra pelo cotidiano e pelas obrigações impessoais.

Ele, um homem com uma vida já escrita que, ao se defrontar com a própria finitude, tem que avaliar e significar o que fez e, principalmente, o que e como fará os próximos e derradeiros tempos, tendo que escolher entre o sentar-se e esperar, placidamente, a morte e o Nada, ou jogar-se no desconhecido e no risco da perda e da dor.

Até o momento em questão, cada um deles é preso em um jogo do qual não se conhece o objetivo, ambos reagindo de modo difuso e procurando pretextos que justifiquem suas atitudes embora tentem salvar a norma a qualquer custo, sem a coragem de se submeterem à crítica, preservando os valores por meio dos quais foram educados e que os vão levar a se defrontarem, sozinhos, diante do dilema que se lhes impõe.

Ambos enfrentarão dilemas diferentes e construirão, ou não, um caminho de crescimento em relação às suas próprias individualidades e incompletudes. O caminho é árduo e difícil, pois possibilita poucas alternativas: seguir a trilha pessoal, coerente com uma ética individual que implica trair alguém, bem como os valores coletivos, com riscos reais e culpas consequentes. Entretanto, isso é a abertura que, compreendendo a afetividade do outro, poderá tentar dar vida a algo novo e criativo (Carotenuto, 2004).

Por outro lado, privilegiar o coletivo significa trair a si mesmo, negando a própria existência, e privilegiando o tédio e o vazio, uma vez que a perspectiva ascética ocasiona o aumento da angústia pela própria renúncia à vida.

Fica aqui a rigidez e a inacessibilidade, visando fugir da dor inerente, sem que se perceba que, com isso, desperdiça-se a riqueza da vida, pois amadurecer e viver correspondem a deixar que o afeto flua nos distanciando do coletivo, para que se possa vislumbrar uma identidade real a partir desse processo de apaixonamento que, se bem conduzido, leva ao abandono da própria imagem, confrontando-nos com as experiências de perda, separação e da própria morte, em uma transformação individual, dilacerante e inexorável.

Essa dualidade proporciona a escolha entre o questionamento e a significação de um caminho individual e próprio, com a angústia consequente à escolha ou o caminho mais fácil, institucionalizado, que leva invariavelmente à insatisfação, ao tédio e ao Nada. Como

diz Onfray (2006), "*a alternativa é simples: consentir ou não à potência em si. Deixar a vida falar ou intimá-la a se calar. Liberar as forças ou contê-las, custe o que custar*".
Este será o dilema existencial de nossos personagens.

A maior riqueza
do homem
é sua incompletude.
Nesse ponto
sou abastado.
Palavras que me aceitam
como sou
— eu não aceito.
Não aguento ser apenas
um sujeito que abre
portas, que puxa
válvulas, que olha o
relógio, que compra pão
às 6 da tarde, que vai
lá fora, que aponta lápis,
que vê a uva etc. etc.
Perdoai. Mas eu
preciso ser Outros.
Eu penso
renovar o homem
usando borboletas.[19]

---

19 Manoel de Barros, Retrato do Artista quando coisa, http://www.revistabula.com/2680-os-10-melhores-poemas-de-manoel-de-barros/ acessado em 28/01/2015.

Capítulo

3

Do encontro

66 Da Paixão: sobre um fenômeno humano

"Animae duae, animus unus"[1]

Para André Capelão, em seu célebre "Tratado do amor cortês", existem quatro graus de amor, sendo o primeiro o dar esperanças, o segundo a oferta do beijo, o terceiro os prazeres das carícias e o quarto, finalmente, a entrega total da pessoa.[2] Mesmo tendo se passado mais de setecentos anos, em nossa história, as mesmas etapas são preenchidas, e os mesmos eventos ocorrem, sob novas roupagens e em novos ambientes, porém da forma imutável e eterna, que constitui os sentimentos e os afetos humanos em sua essência.

É exatamente isso que podemos, de maneira adaptada aos nossos tempos, observar em nossa história pois a vida é, felizmente, imponderável e incontrolável e, dessa maneira, por um desses acasos do destino, nossos dois personagens se encontraram em um compromisso profissional, desses que rotineiramente se tem que frequentar por questões de *noblesse oblige*, ou seja, tem-se que frequentar porque se é obrigado a participar como ator ou coadjuvante, uma vez que, no teatro da vida, os papéis que construímos passam a ter prioridade sobre aquilo que queremos ou que mesmo consideramos de maior importância. Dessa maneira, o personagem passa frequentemente a ocupar o lugar de ator que, gradativamente, passa a considerá-lo real, em detrimento daquilo que realmente ele é.

Eles se conheceram de forma que poderíamos considerar banal. Pela própria posição profissional que ocupava, ele se via mais preso às formalidades uma vez que seu papel nessa situação era de ator e não de assistente, o que não o impediu de ver, na plateia, alguém que ele considerou extremamente sensual e atraente. Repetidamente ficou olhando a figura graciosa e fascinante que se movia de maneira desembaraçada e, aparentemente, solta. Isso fez com que, em diferentes ocasiões nas quais teve que participar do teatro existencial estabelecido, ele gaguejasse ou se atrapalhasse uma vez que a atração (mais primitiva e básica) exercida

---

1 "Duas almas, um espírito". Citada em carta escrita por Sidonius Appolinarius (400-451) para o imperador Avito. Tenta aqui trazer a ideia de que, ao se encontrarem, duas almas têm o poder de tentar se construir em uma.

2 Na verdade, no período Medieval, conforme podemos observar, inclusive nas *Carmina Burana*, são cinco os modos a que nos submetemos ao amor: a visão, a conversação, o contato, a troca de beijos e aquilo que é chamado de 'os últimos prazeres'. Essas etapas são derivadas de Terêncio.

pela figura dela era mais poderosa que as elucubrações intelectuais (mais sofisticadas e conscientes) decorrentes de seu papel profissional.[3]

Embora o desejo se encontre sempre ligado a lei (Dumoulié, 2005) e ao interdito, de maneira geral deseja-se aquilo que ocorre de maneira que se dê um esplendor do acontecimento. Percebe-se uma incitação, uma agitação em querer algo (Santiago, 2011). Esse 'primeiro olhar' que implica atração instantânea é uma atitude comunicativa, uma apreensão intuitiva das qualidades eventuais do outro (Giddens, 2011). Misturam-se todos os elementos reais ou intencionais do fluxo de vivências de ambos os atores, abrindo-se o espaço para o questionamento das próprias vidas. Desperta-se o desejo ainda que com um objeto impreciso e pouco definido.

Tornar-se digno do que acontece, portanto querer o que acontece e dele destacar o acontecimento, tornar-se o filho de seus próprios acontecimentos e, deste modo, renascer, refazer para si um nascimento, romper com seu nascimento de carne. (*ap ud* Dumoulié, 2005)

Assim, duas questões se colocam agora: o que acontece em um súbito momento (conforme o que descreveremos a seguir), que faz com que a vida de duas pessoas se transforme de maneira tão radical, como se houvesse uma experiência mística?[4] O que faz com que, em um dado momento, pessoas diferentes abram-se aos acontecimen-

---

3 Para Jung, há, no inconsciente, um conteúdo emocional pronto para se projetar em um determinado momento. Essa parte feminina, corresponde àquilo que ele denomina *anima*, que supera os estímulos sensoriais e os organiza enquanto uma imagem anímica preexistente. Essa imagem, primitivamente acompanhada por um brilho imenso, desfaz-se gradualmente na banalidade do cotidiano, embora, a partir desse momento de desenvolvimento, esteja pronta a irromper e se projetar, na primeira oportunidade em que uma figura feminina o impressionar, mobilizando emoções e afetos, rompendo esse cotidiano. Surge assim uma fascinação ilimitada e supervalorizada. Envolvem-se aspectos característicos vinculados à nutrição e cuidados, a *emocionalidade orgiástica* e a obscuridade subterrânea. Na mulher, essa exacerbação propicia uma identificação com a própria mãe com maternidade, responsabilidade, vínculo pessoal e necessidade erótica, embora com impulsos de inferioridade voltada para uma superpersonalidade materna, o que a leva muitas vezes a viver na *sombra*. São capazes de captar todas as projeções masculinas. Emoção é a principal fonte de tomada de consciência.

4 Chamamos de sincronicidade, dentro da concepção de Jung, acontecimentos que se relacionam não por relações causais, mas de significado. Assim é chamada também de coincidência significativa, com significados iguais ou semelhantes. Corresponde a experiência de dois eventos ocorrerem de maneira significativa para pessoas que evidenciam um padrão sincrônico subjacente. Não se pode confundi-la com uma coincidência, uma vez que não é apenas aleatória, mas um padrão dinâmico expresso por eventos significativos, como a presença dos dois no mesmo local, no mesmo momento, desencadeando fatos específicos. Foi esse princípio que Jung considerou quando se uniu ao físico W. Pauli com quem estabelece pesquisas interdisciplinares. Essa sincronicidade é reveladora, demandando compreensão que se faz de maneira espontânea, sem raciocínio lógico que Jung denomina *insight*. Isso ocorre em função da aproximação das duas concepções de morte, existencial e física que, de maneira inconsciente, são compreendidas estabelecendo-se a ligação entre ambos. A paixão, como dissemos anteriormente, enquanto contraposição entre Eros e Tânatos, impõe-se nesse momento. Tânatos fica estabelecido a partir do cotidiano explícito e pelo risco do fim da paixão, decorrente desse mesmo cotidiano.

tos, admitindo a suprema liberdade de estar e poder se doar a outro sem qualquer contrato estabelecido?

Este é o instante atemporal em que ocorre a mudança na qual se dá a possibilidade de que aconteça um verdadeiro encontro, princípio básico da relação Eu-Outro e que tornará possível (ou não, dependendo de seu desenrolar) a comunhão de ideias e sentimentos que organizarão objetivos comuns, transformando o passado e permitindo que se veja realmente o presente e se construa o futuro (Lopes, 2006).

Falamos isso porque uma sedução bem-sucedida se inicia por meio de manobras ou estratégias óbvias e planejadas. Essas estratégias se estruturam a partir das próprias personalidades envolvidas e por suas características de atração e de 'mexer' com as emoções do outro. É esse exatamente o início do próprio processo em questão e que podemos, de modo simplista, denominar 'enchantement'.

Ao momento em que se processa esse encontro, ambos 'dizem' algo ao outro por meio de seus olhares, de sua postura corporal, de sua movimentação, enfim, da forma como se comportam um diante do outro. Tudo isso é realizado e percebido com uma sensação de harmonia e de compartilhamento misteriosos, como se já fosse do conhecimento de ambos e somente recordado nesse momento fugidio. Na verdade é aí, nessa clareira de possibilidades, que se descortina o que 'pode ser', dito de maneira silenciosa, oculta e misteriosa. A possibilidade apresenta, entretanto, um modo característico de se configurar, necessitando que seja assumida e verificada para que, apesar de seu velamento, possa ser percebida.

Muitas são as possibilidades existentes para que se avalie esse momento. Pode-se, a partir de modelos simplistas e mecanicistas, referirem-se mudanças neuroquímicas em tronco cerebral, do hipotálamo e do sistema límbico, com aumento de concentrações de difeniletilamina, dopamina e adrenalina. Dentro do mesmo raciocínio, poderíamos dizer que o hormônio luteinizante atuaria sobre a hipófise que, liberando hormônios sexuais, estimula ovário e testículos. A ocitocina, liberada na região superior da hipófise, também atuaria no tronco cerebral durante esse enamoramento. Bem como a testosterona jogaria papel importante no desejo sexual.

Se pensarmos assim, nossa história poderia se iniciar, de maneira resumida, dizendo-se que esse *enchantement*, esse enamoramento

Do Encontro 69

inicial, seria consequente a alguma molécula olorosa capaz de provocar o aumento de neurotransmissores e hormônios em tronco cerebral, hipotálamo, hipófise e sistema límbico (Orlandini, 1998).

Entretanto, essa visão me parece reducionista e linear, pois, embora reflita a neurofisiologia do fenômeno, não possibilita que se pense naquilo que ele possui de mais interessante: seu significado, característico da espécie humana.

Para Proust (*apud* Orlandini, 1998) não nos enamoramos de alguém, mas do próprio desejo de amar que se projeta sobre algum espírito. Temos, entretanto, que considerar que esse indivíduo específico nos atrai, inicialmente a partir de sinais olfativos, acústicos e visuais e que, ao provocar prazer, reforçam a atração inicial. Esses estímulos dependem do momento do enamoramento e do "mapa do amor" que cada um dos participantes construiu desde a infância até as experiências mais recentes.

A lucidez costuma ter um preço alto, pois, na ignorância, simplesmente cremos e com essa crença absoluta e irrefletida, desprezamos a vida por medo de assumirmos as nossas próprias vontades, definindo um futuro que é, *a priori*, em aberto e que não se encaminha obrigatoriamente em direção a nada. Em verdade, o grande pecado de Adão e Eva, mais do que a desobediência foi o terem optado por conhecerem o que poderiam ser e, a partir daí, terem que decidir, assumindo a responsabilidade e a culpa decorrente de suas resoluções.[5]

---

5 Ora, a serpente era mais astuta que todas as alimárias do campo que o Senhor Deus tinha feito. E esta disse à mulher: É assim que Deus disse: Não comereis de toda a árvore do jardim? E disse a mulher à serpente: Do fruto das árvores do jardim comeremos, mas do fruto da árvore que está no meio do jardim, disse Deus: Não comereis dele, nem nele tocareis para que não morrais. Então a serpente disse à mulher: Certamente não morrereis. Porque Deus sabe que no dia em que dele comerdes se abrirão os vossos olhos, e sereis como Deus, sabendo o bem e o mal. E viu a mulher que aquela árvore era boa para se comer, e agradável aos olhos, e árvore desejável para dar entendimento; tomou do seu fruto, e comeu, e deu também a seu marido, e ele comeu com ela. Então foram abertos os olhos de ambos, e conheceram que estavam nus; e coseram folhas de figueira, e fizeram para si aventais. E ouviram a voz do Senhor Deus, que passeava no jardim pela viração do dia; e esconderam-se Adão e sua mulher da presença do Senhor Deus, entre as árvores do jardim. E chamou o Senhor Deus a Adão, e disse-lhe: Onde estás? E ele disse: Ouvi a tua voz soar no jardim, e temi, porque estava nu, e escondi-me. E Deus disse: Quem te mostrou que estavas nu? Comeste tu da árvore de que te ordenei que não comesses? Então disse Adão: A mulher que me deste por companheira, ela me deu da árvore, e comi. E disse o Senhor Deus à mulher: Por que fizeste isto? E disse a mulher: A serpente me enganou, e eu comi. Então o Senhor Deus disse à serpente: Porquanto fizeste isto, maldita serás mais que toda a fera, e mais que todos os animais do campo; sobre o teu ventre andarás, e pó comerás todos os dias da tua vida. E porei inimizade entre ti e a mulher, e entre a tua semente e a sua semente; esta te ferirá a cabeça, e tu lhe ferirás o calcanhar. E à mulher disse: Multiplicarei grandemente a tua dor, e a tua conceição; com dor darás à luz filhos; e o teu desejo será para o teu marido, e ele te dominará. E a Adão disse: Porquanto deste ouvidos à voz de tua mulher, e comeste da árvore de que te ordenei, dizendo: Não comerás dela, maldita é a terra por causa de ti; com dor comerás dela todos os dias da tua vida. Espinhos, e cardos também, te produzirá; e comerás a erva do campo. No suor do teu rosto comerás o teu pão, até que te tornes à terra;

Exatamente por essas razões, já na Antiguidade tardia, a partir da própria epístola de Paulo aos Coríntios que refere que *"é um bom aviso para um homem, não tocar em mulher..."*, surge a condenação geral da sexualidade com vigorosa regulamentação de seu exercício sendo ideal a ausência total de sexo, mesmo dentro do ideal cristão do matrimônio. Tudo isso decorrente da ideia de pecado original e de que a mulher seria uma criação do próprio demônio. Opõe-se assim a carne ao espírito se justificando a repressão dos impulsos sexuais com o surgimento consequente de um imenso sentimento de culpa. A partir disso é que a monogamia se transforma em um contrato indissolúvel e na única forma aceitável de sexualidade, o que faz do adultério uma transgressão importante, não somente sob o ponto de vista social (enquanto roubo de uma propriedade), mas moral e religioso.

Em contrapartida, também poderia se pensar, considerando-se a filosofia chinesa, que é o significado que preenche o vazio (Jung, 1971) e, neste caso, o significado que ambos dão a esse encontro corresponde a uma condição primeira de preenchimento de um vazio existencial[6] que, em um é ocasionado pelo tédio e pelo vazio e, em outro, pela finitude e pela perspectiva de morte.

Claro que imagens estão presentes na cabeça de ambos, ainda que informes, porém constituídas por meio de seu imaginário e de sua formação. A identificação dessas imagens inconscientes com as figuras reais que se representam é que permite essa aproximação fundamentada em bases extremamente reais, a partir das necessidades e dos desejos individuais. Isso porque no decorrer do processo cada um falará de si e para si. Das características dessa aproximação dependerão a originalidade e a autenticidade do fenômeno.

---

porque dela foste tomado; porquanto és pó e em pó te tornarás. E chamou Adão o nome de sua mulher Eva; porquanto era a mãe de todos os viventes. E fez o Senhor Deus a Adão e à sua mulher túnicas de peles, e os vestiu. Então disse o Senhor Deus: Eis que o homem é como um de nós, sabendo o bem e o mal; ora, para que não estenda a sua mão, e tome também da árvore da vida, e coma e viva eternamente, O Senhor Deus, pois, o lançou fora do jardim do Éden, para lavrar a terra de que fora tomado. E havendo lançado fora o homem, pôs querubins ao oriente do jardim do Éden, e uma espada inflamada que andava ao redor, para guardar o caminho da árvore da vida. Gênesis 3:1-24; https://www.bibliaonline.com.br/acf/gn/3; acessado em 28/10/2015.

6 Jung, 1971 refere que não é, certamente, um conhecimento ligado ao eu, não é um conhecimento consciente, mas inconsciente e que consiste em imagens desprovidas de sujeito, equivalentes aos arquétipos. Assim as coisas nas quais essa imagem é suficientemente poderosa gera outras semelhantes tendendo a produzir correspondências ou coincidências significativas. Assim, as equivalências arquetípicas são contingentes a determinação causal, parecendo representar um acaso ou uma acidentalidade. Entretanto, trata-se de um fator constitutivo do próprio mundo, representando uma probabilidade psíquica.

Para os antigos gregos, o que ocorreria nesse momento de encanto seria uma troca de prazeres que provocaria o deslumbramento de um pelo outro. Uma atração irresistível por essa luz faiscante, por essa resplandescência que emana do outro. Isso porque cada um emitiria raios luminosos que, ao se encontrarem com os raios provenientes do olhar do outro, tornam-se visíveis e caracterizam, assim, a intensidade e a beleza da paixão, decorrentes da própria intensidade da luz emanada por ambos.

É essa completude e complementariedade que nossos dois personagens buscarão no decorrer do tempo; a ideia do amor apaixonado que completa o faltante em cada um deles.[7] Na verdade, esse amor, inicialmente fusional, sonhado, é o que, nesse momento, é despertado em nossos personagens. Assim, se um falta ao outro, a consequência óbvia é o surgimento do desejo.

Isso porque, até então, temos que considerar que nossos personagens se perdem nos discursos vazios, de tédio, de indivíduos perdidos vagando na busca de referências absolutas encontradas em aspectos formais, sejam eles de qualquer forma. Com isso, eles são meras aparências, inexistentes enquanto ser, são seres invisíveis que não precisam, em momento nenhum, prestar contas a si mesmos de sua existência, posto que seguem normas e *scripts* prévios e socialmente estabelecidos, tornando-se pequenos, modestos e mansos. Simplesmente bons animais domésticos dos outros homens. Perceberem-se a si mesmos significa transformarem a própria figura idealizada, atravancada e tolhida pela vigilância social constante e inquestionável, por um retrato fiel deles próprios. Entretanto, essa é uma tarefa difícil, embora possa representar um alívio diante dos limites impostos pelo existir.

Após a parte formal do evento, como muito bem exige a vida pública e impessoal das pessoas, ele foi convidado a participar da recepção, sempre elaborada como uma forma de se sair de um ambiente mais formal, profissional, para aquilo que, acreditamos ser, um ambiente mais

---

7 Platão, no Banquete, refere a história de que havia um tempo em que cada homem ou mulher era um duplo, com dois sexos, masculinos, femininos e andróginos. Sua força e poder (uma vez que eram duplos) eram maiores e, por isso, ansiavam ser deuses e, por isso, Zeus os corta em dois e, uma vez divididos, termina com a completude e eles passam a buscar a metade faltante para que se possa atingir essa completude novamente. Assim, quando a vislumbramos, nós nos entusiasmamos e nos vemos felizes. Essa seria a origem de Eros, o amor apaixonado que permite vencer a separação, a dualidade e, principalmente, a solidão.

informal e íntimo, sem nos darmos conta de que ambos os ambientes são semelhantes, embora um apresente regras mais claramente estabelecidas, enquanto o outro traz as mesmas regras, apresentadas de modo implícito e oculto. Entretanto, a participação é sempre, praticamente, inevitável e, o que é muito pior, inquestionável.

Assim, enquanto as rodas profissionais se estabeleciam e as conversas públicas e impessoais se construíam, sempre com a mesma função de não exposição, de defesa e de manutenção dos esquemas e das regras preestabelecidas, ele não percebeu quando alguém, chegando por trás de seu campo visual, colocou a mão no braço e disse, com uma voz atraente:
– Que bom que você veio para o evento. As meninas sabem que sou apaixonada pelo seu trabalho. Eu falo sempre isso.

É importante observar que a voz feminina tem um poder notável de atratividade e sedução.

Ele só virou a cabeça para ficar de frente com a figura encantadora que ele tinha acompanhado com o olhar durante toda a manhã e que o tinha deixado em situações difíceis sem que ninguém, nem ele mesmo, quisesse se dar conta. Não lhe sobrou nenhuma alternativa melhor que um sorriso, meio amarelo, e responder:
– Vou ficar constrangido. Não é sempre que alguém me diz essas coisas.

A visão é outro *input* sensorial no processo de sedução. A cor e a forma dos olhos femininos, sua 'forma de olhar', permitem que se estabeleça um verdadeiro diálogo, não verbal, com elevação de sobrancelhas, abertura de pálpebras com fixação de olhar seguido por discreto fechamento das pálpebras e desvio do olhar. Essa é a linguagem sedutora dos olhos.

Os lábios e a boca também, úmidos e carnudos, sorrindo e mostrando os dentes brancos e regulares, em uma atitude que expressa todas as manobras da conquista.

Da mesma forma o vestido, realçando seios e pernas, sapatos de salto alto, valorizando a curva lombar e o balanceio do corpo ao andar acentuando, mais ainda, todo esse ritual de conquista.

Finalmente, toda a gesticulação do corpo, com movimentos de cabeça, balanceio de cabelos, elevação de ombros e gesticulação de mãos, tornando clara a sedução que se corporifica mais intensamente pelo suave e discreto toque da mão, sobre seu braço.

Como em uma boa parte das espécies, é a mulher quem escolhe primeiro, dando os sinais de corte para o escolhido e se comportando, muitas vezes, de maneira ativa (Ferraz, 2011), apesar de essas questões cotidianas trazerem, de maneira geral, uma impessoalidade que encobre as singularidades de ambos os participantes. Foram exatamente esses sinais que ela explicitou de forma clara.

Temos que considerar ainda que nenhum indivíduo escolhe suas paixões entretanto ele é sempre responsável pela maneira como essas conduzem suas ações (Lebrun,1987) e aqui, elas são controladas e adequadas socialmente de maneira que não produzam sofrimento nem em seus participantes nem em nenhum dos eventuais atores envolvidos embora exista, desde o início, a perspectiva de uma transgressão marcada das regras sociais. Isso porque, o objetivo do indivíduo não consiste na renúncia das paixões nem no seu abrandamento mas sim no controle das mesmas para que possa existir harmoniosamente com elas (Lebrun, 1987), tendo sua cognição e afetos integrados.

> *- De jeito nenhum. Já falei pras meninas, algumas vezes, que quando vejo você falar, eu tenho vontade até de levá-lo para a minha casa.*[8]

O sexual mortifica aqui o psíquico, aprofundando uma confusão inicial, e a sedução aqui se processa por meio da palavra, do intelecto e da própria alma, deixando-se de lado o fascínio mundano da juventude, da beleza, do poder e do dinheiro. Experimenta-se, em ambos, o prazer em ver, escutar e estar perto do objeto capaz de encarnar as fantasias anteriores.

O movimento aqui efetuado não envolve falta ou carência; ao contrário, ele é positivo e expressa o poder e a potência de agir e pensar, indicada mental e corporalmente. A ação, impulsionada pela paixão, é direcionada para uma finalidade que se estabelece gradual-

---

8 Uma aproximação dessas já traz, em seu bojo, a diminuição do espaço pessoal de defesa, tão arraigado nas pessoas, principalmente nas mulheres que dificilmente estabelecem a aproximação e, quando o fazem, é mais difícil ainda que expressem, de maneira tão clara, um desejo de conhecer o outro. Conforme refere Zwang, 1987, comportamentos de territorialidade perissomáticos correspondem, na espécie humana, a desde vestimentas até a artefatos de dissuasão ou até mesmo ofensivos, que preservam a hostilidade ou mesmo o desejo inadequado. Assim, cada indivíduo possui pessoas íntimas que, conforme um grau, podem avançar nesta intimidade, até que se atinja a conjunção sexual Na vida social, comportamentos de contenção se efetuam de maneiras diversas, que restringem o espaço em territórios que, obrigatoriamente, são compartilhados. Assim, tanto a fala como o convite de compartilhamento de espaço pessoal mostram a disponibilidade individual de ambos os participantes do relacionamento, ainda em fase inicial. Isso porque o local de trabalho se reveste também de características pessoais que o demarcam e o personalizam, e seu compartilhamento traz um significado de intimidade e de convite. Assim, o convite e sua aceitação (efetuada de forma ativa e deliberada) apresentam um significado inequívoco.

mente. É o próprio mundo que vem ao encontro de ambos, de forma banal e cotidiana, compreendido como um ato isolado e configurado dentro de um espaço-tempo limitado, controlado e banalizado. Transforma-se o ocorrido de algo com valor em algo simples e natural, aparentemente sem significado.

Isso leva ao fato que, mesmo um homem amadurecido, pode ser irracional, diante de uma espontaneidade que mostra um inconsciente traindo a própria fonte do discurso, uma vez que ela permite que se manifestem afetos não conscientes que, do ponto de vista social, seriam francamente reprováveis. Entretanto, nessa situação, eles passam a ser toleráveis e até mesmo interessantes, uma vez que impedem a automutilação que se apresenta na constante renúncia e na recusa cotidiana à vida. Tudo isso só ocorre porque o indivíduo quase nunca tem consciência das poderosas forças que o governam.

Por todo, o insólito da situação, uma vez que se tratava da mesma mulher atraente que lhe tinha chamado a atenção na plateia, ele não pode dizer nada muito diferente daquilo que publicamente se espera, embora se esforçasse para prender sua atenção na tentativa de prolongar esse momento de prazer pelo mais longo período de tempo e de forma socialmente inquestionável.

Isso porque, diante de uma situação dessas, restam somente duas alternativas: ou se mantém a atitude esperada, eticamente defensável, socialmente aceita e aparentemente sem consequências, que não sejam a insatisfação e o tédio constantes; ou se aceita a possibilidade do prazer, correndo-se o risco da reprovação social e de si mesmo, a partir de modelos educacionais e éticos construídos no decorrer de toda a vida. Entretanto, conforme refere Schopenhauer (s/d), quando se encontra alguém que corresponde a uma natureza individual semelhante à sua, o indivíduo *"procura-a com tão denodado zelo que, para conseguir seu objetivo, menospreza toda a razão e sacrifica amiúde a felicidade de sua vida".*

> *Assim, ele não sabia mais o que falar embora pensasse sorrindo, que, era só questão de combinarem que ele iria, tranquilamente, visitá-la, mas, como era de bom tom, só riu, mais sem jeito ainda, desconversou um pouquinho e, enquanto isso, teve tempo de olhar para mão dela e ver a aliança e um bonequinho na corrente do pescoço. Claro que percebeu imediatamente a situação. A moça era casada e com um filho. Assim, pensar que ela era mãe se constituía em mais um fator que ele sempre*

tinha considerado difícil. Filhos são muito complicados. Criam problemas operacionais e conceituais uma vez que têm necessidades que devem ser satisfeitas e trazem culpas que, nem sempre, são passíveis de serem encaradas.

O ambiente desanuviou com as risadas que surgiram quando todos perceberam que ele tinha ficado sem graça, porém continuaram conversando sobre o trabalho e os mesmos assuntos insossos, só que, desta vez, com uma nova interlocutora no grupo.

A fantasia que lhe surgiu espontaneamente era de uma mulher extremamente sensual e atraente, que parecia acenar com uma quantidade infinita de prazeres associada a um pequeno risco, o que a distinguia das demais mulheres presentes, parecendo alguém raro, mítico e único, ou seja, um objeto de imenso valor e encantamento. Quando ela falava, ele, descaradamente, observava, uma vez que, como para qualquer mamífero, o jogo de corte e acasalamento se constitui em uma série de rituais envolvendo não somente sistemas básicos de afetividade, ligados diretamente a reações de ataque-fuga, como também sistemas mais refinados, envolvendo linguagem não verbal e mecanismos cognitivos claros.

Nesse momento ninguém chegou a ver o significado real da aproximação e ambos procuraram explicações simples que justificassem esse fato remetendo-o a algo mais banal, como se fosse fundamentado em um fenômeno natural.

Cabe frisar que se dá aqui um conhecimento difícil de ser encarado porque, como refere Nietzche, 2011, *"eu sei o que eu quero, o que fiz (ou quero fazer), sou livre e responsável por isso, torno o outro responsável, posso dar o nome de todas as possibilidades morais e de todos os movimentos internos que precedem um ato."* Acaba, assim, a heteronomia advinda das decisões regradas, bem como a crença nas forças incontroláveis do próprio corpo ou das situações.

Restam somente dois seres autônomos e com capacidade de dirigirem, de forma coerente (e, consequentemente, responsável), suas próprias vidas.

Considerando-se tudo isso, não foi difícil que ele percebesse que ela era, realmente, uma gracinha. Falava animada, mexia com as mãos, jogava a cabeça (e claro, os cabelos compridos) para trás, tudo como se quisesse hipnotizá-lo ou, mais vulgarmente falando, seduzi-lo, mesmo que, provavelmente, em sua cabeça, isso não passasse nem de longe.

A paixão prévia, existente em ambos, materializa-se enquanto um rosto ou um corpo que se movimenta (Santiago, 2011).

Ele, consequentemente, se sentia totalmente seduzido e, como se tivesse, novamente, voltado para a adolescência, uma vez que a motivação, o interesse e, porque não dizer, as descargas hormonais têm um poder rejuvenescedor.

Vive-se aqui o estado de paixão, a emoção...

A paixão delineia-se enquanto forma de relacionamento com o outro e se mostrava uma presença arisca e distante, embora se materializando como uma fantasia capaz de se realizar a ponto de levá-lo a querer correr atrás dela de tal forma a perder o próprio controle e entrar em um território perigoso, fato que, muito tempo depois, ele lhe revelou dizendo

– Você é o tipo de mulher por quem um homem faz loucuras...

Depois de flechado, pensa-se que Eros, da estirpe do dragão, assinala o demoníaco e, ao produzir a paixão, traz no objeto eleito algo semelhante, de maneira real ou imaginária, a algo ou alguém amado anteriormente. Assim, a história pessoal de cada um dos envolvidos joga um papel de extrema importância no desenrolar dos fatos. Poderia se pensar até mesmo na questão do aprendizado por *imprinting*, no qual o filhote macho imprime em seu cérebro a imagem da futura parceira sexual a partir das primeiras relações parentais (Ferraz, 2011). A partir dela, seu mundo é transformado; nada foi, anteriormente, tão verdadeiro, colorido, sonoro e harmonioso.

Entretanto, essa sedução se refere também a uma ética da confiança em seu próprio desejo, ainda que vivida de maneira inconsciente. É isso que faz com que se ultrapasse a própria culpabilidade e se encaminhe na direção da ternura e das possibilidades do próprio corpo, que, por sua vez, deseja descobrir e escutar o próprio corpo e o desejo do outro, na busca do êxtase; poderíamos falar mesmo de uma ética da doçura.

Como referiu Jung (2006) *"a ela eu reconheci como a mulher que existe no coração de todas as mulheres".* Com a paixão, cria-se o objeto com todo seu significado, porém essa criação é mais difícil e longa quanto maiores forem as individualidades e a distância interpessoal que estabelecem.

Esse encontro representa a possibilidade de uma experiência capaz de conectar o pessoal com o que se encontra além dele, o que pode permitir que se crie algo novo em meio a toda desorganização, que esse demoníaco habitualmente proporciona (Lopez-Pedraza, 2010).

Assim se passou toda a recepção.

Na hora de se despedirem, da maneira formal, como todos se despediram, ela ainda falou que gostaria de continuar a conversa sobre esse tema tão importante (ele nem se lembrava do que se tinha falado, tanto que tinha se perdido nos olhos, na voz e, principalmente, nas pernas da presença sedutora). Sem perder a deixa, mas também sem nenhuma ilusão quanto às suas reais possibilidades de se aproximar dela, deu-lhe seu cartão de visita dizendo que esperava que ela lhe telefonasse e que ele estaria disponível para assessorá-la, esporadicamente, naqueles temas que tinham lhe parecido importantes.

Configura-se uma formulação empática que propõe, inconscientemente, o reencontro com um elo afetivo perdido e ligado à própria essência do Ser. Intenta-se, então, no Outro, o afeto idealizado, buscado e faltante em sua completude. Essa é a perspectiva do recomeço e da própria renovação, que podem (ou não) levar a um existir que possa cumprir o projeto de gostar e ser gostado em sua amplitude, o que permite o se tornar uma pessoa autêntica, apesar das contingências. É um movimento pessoal, íntimo e autêntico, que deve levar cada um dos participantes a importantes mudanças interiores (Lopes, 2006).

Ela agradeceu e, ao saírem juntos, com ele a acompanhando, ela entrou em um pequeno carro preto que combinava e destacava mais ainda a sua sensualidade e, assim, ele não pode deixar de reparar nas pernas brancas que, ao sentarem contrastaram, admiravelmente, com o banco de couro negro.

Ah! Ele pensou naquelas pernas, naqueles olhos e naquela voz durante toda a semana que se seguiu, mesmo sabendo que ela não telefonaria e que ele, consequentemente, se acharia um idiota se alimentasse qualquer esperança a esse respeito. Isso porque além dela ser muito mais nova que ele, era casada e, pior que tudo, tinha um filho pequeno de quem tinha falado muito. Tudo isso ela mesma havia contado no decorrer da conversa que tinham tido e que tinha se encaminhado, cada vez mais, para uma conversa particular, confirmando aquilo que ele já tinha deduzido a partir de suas primeiras observações.

A aparência sedutora estimulava o desejo generalizado; a voz, cálida e insinuante, rescendia a erotismo; a presença carregada de

78 Da Paixão: sobre um fenômeno humano

energia e francamente irreal levava a se pensar na concretização das fantasias eróticas. Tudo isso realçado pelas roupas sugestivas, embora pouco reveladoras.

Os movimentos graciosos e lentos sugeriam prazeres não vividos, e os gestos, lânguidos e ambíguos, faziam com que se percebesse uma parte sua extremamente sensual, enquanto outra se contrapunha de maneira dengosa e ingênua.

Tudo isso o faria ir até o fim do mundo atrás dela, uma vez que, em sua cabeça, ela representava todas as mulheres e, sem que ele soubesse, aquela mulher interiorizada de quem ele não conseguia, sequer, lembrar.

> *Não me deixes partir...*
> *– as viagens remontam a vida!...*
> *e porque eu partiria se és a vida,*
> *se há em ti a viagem muito pura*
> *a viagem do amor que não volta,*
> *a que me faz sonhar do mais fundo da minha poesia...*[9]

Como refere Bauman (2003), em uma cultura de consumo, favorecedora do produto para uso imediato (e os relacionamentos podem ser encarados dessa maneira), prazeres passageiros com satisfação imediata, sem grandes esforços, poderiam ter sido o destino dessa aproximação, pois obviamente a situação de sedução já se tinha instalado da parte de ambos. Se considerarmos também o que cita Lipovetski (*apud* Costa, 2007), quando diz que, na modernidade, o amor foi equiparado a uma mercadoria que todos desejam obter rapidamente e a bom preço, essa situação de sedução apresentada é mais facilmente compreensível. Da parte dela, a partir da aproximação e da explicitação de que gostaria de levá-lo para casa, ainda que falado de maneira metafórica; e, da dele, pelo convite implicitamente feito de que gostaria que ela lhe telefonasse, se quisesse, ainda que disfarçado sob o papel público profissional.

> *Claro que, pelas circunstâncias e pelas próprias histórias, ele pensou que nada mais aconteceria, uma vez que os papéis eram muito claros. Ela era uma mulher jovem, atraente, bem casada e, consequentemente, feliz e realizada sob uma ótica social pública e impessoal.*

---

9 Invocação à mulher única, Vinícius de Moraes.

Ele era um profissional de sucesso, bem estabelecido e organizado, laboral e familiarmente na vida, já se encaminhando para o ocaso da existência e, portanto, sem nenhuma outra expectativa que não uma morte digna.[10]

Isso porque o mundo espera que representemos papéis considerados normais, estereotipados e de conformidade com aquilo que se espera do limite aparente das convenções.

Com todas as dificuldades inerentes a essa situação formal e inespecífica, cabe se tentar pensar no que aconteceu.

Um casamento e um relacionamento estável não oferecem romance e dedicação, mas rotina cotidiana e um companheiro ou companheira, no mais das vezes distraído. Delineia-se a possibilidade de um momento eminentemente sensual, no qual passado e futuro perdem qualquer significado diante do risco e do mistério que, pelo exagero incontrolável e perigoso, inflamam o desejo que delineia o presente.

Esse desejo reflete os sonhos que se desgastam desde a juventude, refletindo uma fantasia ideal, que se sintoniza com algo que falta interiormente. Essa aproximação é predominantemente uma experiência estética, pois a maioria das pessoas fica tão absorvida por si mesma e por seus próprios desejos que se torna incapaz de se apaixonar, pois tem dificuldades em olhar o outro que se apresenta.

Hatfield e Berscheld (1969) sugerem que uma relação romântica se inicia a partir de muito desejo, sendo nesse momento caracterizada como amor apaixonado. Nessa relação, buscam-se fantasias diversas, nas quais se podem viver aspectos sóbrios e controlados, deixando-se tudo (ou quase tudo) para que se viva o prazer, o que faz mais resiliente aquele que consegue tornar o amor possível, independentemente da obediência social. Cria-se, em consequência, uma entidade original. Dessa maneira, a resiliência favorece a paixão, podendo funcionar enquanto mecanismo de defesa que se contrapõe à morte e ao tédio existencial.

---

10 Cabe aqui frisar que uma discussão atual naquilo que se refere a uma morte digna refere ao fato de que o homem deve ter o poder de opinar sobre como e em que circunstâncias ele deve morrer, não somente considerando-se a doença terminal – foco da maioria dos debates –, mas considerando-se que ela não deve fazer parte de um mundo público e impessoal, que impõe regras e limites para todo o desenrolar da vida, inclusive seu final. Talvez não caiba aqui a fala de Agatão em *O Banquete*, quando refere que *"é da natureza de Eros odiar a velhice, deixá-la distante. Eros costuma viver e conviver com jovens. O fato confirma o adágio antigo: o semelhante o semelhante busca"*. Abole-se aqui a possibilidade da paixão a partir da idade respeitável. É contra essa morte digna, porém tediosa e estereotipada, que a paixão se opõe, posto que essa morte digna é, em realidade, uma morte impessoal e pública e, portanto, não digna.

Não se obedece uma Lei, uma vez que, em função desta, só podemos pensar na repressão dessa paixão que será vista como desvario, deslize, perigo e afronta. A paixão será representada por meio da fantasia, que transformará o evento psíquico na tendência caracterizadora da paixão. Essa tendência pode levar a caminhos diversos, na medida em que os atos por ela desencadeados não se harmonizarem com o próprio existir de ambos. Os dois atores desta nossa representação serão os únicos responsáveis por seus atos bem como pelo mau uso de suas ações bem como pelas suas consequências pois se não são responsáveis pela irrupção da paixão inicial o serão pelo seu desenrolar e por suas consequências. Será isso que determinará a condição ética e não patológica do fenômeno paixão, conferindo-lhe características libertadoras ou escravizantes.

Um pequenino grão de areia
Que era um pobre sonhador
Olhando o céu viu uma estrela
E imaginou coisas se amor

Passaram anos, muitos anos
Ela no céu e ele no mar
Dizem que nunca o pobrezinho
Pode com ela encontrar

Se houve ou se não houve
Alguma coisa entre eles dois
Ninguém soube até hoje explicar
O que há de verdade
É que depois, muito depois
Apareceu a estrela do mar[11]

Com o tempo e com a convivência, esse tipo de relacionamento se transforma em companheirismo, que pode ser conceituado como "*a afeição que sentimos por alguém com quem nossa vida está profundamente entrelaçada*" (Hatfield, 1988), mas que por se perder em atividades obrigatórias e cotidianas, afasta-se daquele fenômeno que chamamos paixão. Assim, mais uma vez, destacamos que a paixão amorosa não evolui obrigatoriamente para o companheirismo, nem este depende dela com aquilo que denominamos de 'amor conjugal', não englobando necessariamente ambos, uma vez que a institucionalização desse sentimento inibe e termina com o fenômeno paixão.

---

11 Estrela do mar, composição de Marino Pinto e Paulo Soledade, gravada por Dalva de Oliveira.

Parce qu'elle avait revé
Je ne sais quel' amour
Absolu, éternel,
Ol faudrait ne penser
N'exister que pour elle
Chaque nuit, chaque jour
Voilà ce qu'elle voudrait,
Seulement y'a la vie
Seulement y'a les temps,
Et le moment fatal
Où le villain mari
Tue le prince charmant.[12]

A presença constante e o tédio do cotidiano matam príncipes e princesas idealizados, dando lugar a interdições, deveres e regras que inevitavelmente originam insatisfação, raiva e tédio.

Assim, neste momento, ambos os nossos personagens se encontram em um momento, podemos talvez pensar, de companheirismo com seus parceiros, mas que se encontra longe daquilo que podemos considerar amor apaixonado.

O amor apaixonado, aqui em um momento inicial, é descrito por Hatfield (2010), como um estado intenso de união com o outro. Um todo complexo funcional, incluindo estimativa ou apreciações, sentimentos subjetivos, processos fisiológicos padronizados, tendência a ação e comportamentos instrumentais. O amor recíproco (união com o outro) está associado ao preenchimento e ao êxtase. O amor não correspondido está associado ao vazio, à ansiedade e ao desespero.

Como a união, neste caso, é socialmente interdita, a angústia alimenta o desejo e a paixão que são, automaticamente, fortalecidos a partir dessa proibição.

Assim, seu foco é limitado a somente essa pessoa na procura de uma relação de exclusividade, com o investimento de toda a carga libidinal no objeto que, por isso, transforma-se em um objeto ideal. Busca-se uma união biológica, psicológica e social, embora inicialmente o fenômeno esteja muito vinculado a características físicas, traços de personalidade e inteligência.

---

12 C. Nougaro: *"Une petite fille em pleurs dans une ville em pluie"*. Em tradução livre: Porque ela havia sonhado/ Eu não sei que amor? Absoluto, eterno,/ Ele não desejava pensar/ Nem existir a não ser por ela/ Cada noite, cada dia/ Era isso o que ele queria/ Somente haver a vida/ Somente haver o tempo/ E o momento fatal/ No qual o marido vilão/ mata o príncipe charmoso.

82 Da Paixão: sobre um fenômeno humano

Pode ser considerada *"um estado motivacional orientado para alcançar o objetivo de preservar e promover o bem-estar físico e psicológico"* (Fisher, 2004) faltante em grande parte das relações estáveis e rotineiras que, por seu objetivo diferente e mais pragmático (cuidado da prole e manutenção da estabilidade social), evolui de maneira diversa. Contrapõe-se de maneira inequívoca ao ressentimento constante e ao vazio do homem cotidiano.

A paixão está assim profundamente vinculada a emoções intensas que desembocam em situações de estresse físico e psicológico, resultando em sintomatologia de linha ansiosa, o que ocasiona sua interpretação como associada a um período de turbulência, o que, por sua vez, faz com que nossos personagens, *a priori*, tenham medo do envolvimento inicial, disfarçando-o sob aspectos e atitudes formais.

Quem já passou
Por esta vida e não viveu
Pode ser mais, mas sabe menos do que eu
Porque a vida só se dá
Pra quem se deu
Pra quem amou, pra quem chorou
Pra quem sofreu, ai

Quem nunca curtiu uma paixão
Nunca vai ter nada, não

Não há mal pior
Do que a descrença
Mesmo o amor que não compensa
É melhor que a solidão

Abre os teus braços, meu irmão, deixa cair
Pra que somar se a gente pode dividir?
Eu francamente já não quero nem saber
De quem não vai porque tem medo de sofrer

Ai de quem não rasga o coração
Esse não vai ter perdão[13]

São essas emoções intensas que se observam ao momento do encontro do casal. Nenhum dos dois percebe, porém ambos se sentem atraídos e, principalmente, motivados a buscar esse estado de bem-

---

13 Como Dizia o Poeta, Vinicius de Moraes.

Do Encontro 83

-estar, que já se mostra subjacente em todo o diálogo que se estabelece entre eles. Isso porque, pior do que sofrer por amor é não ter a quem amar. Opta-se, assim, inicialmente, por uma ilusão narcísica de completude, com a alegria de se estar vivo, amando-se e sentindo-se amado. Esse amor é livre, não subjugado, e se encontram sob o signo de Afrodite, deusa da beleza e do amor, uma vez que quem se submete aos ritos e deveres do casamento é simplesmente Hera. Podemos, metaforicamente, dizer que se ambos os nossos personagens se encontram inicialmente sob a proteção de Hera, ao se conhecerem rompem esse vínculo para se colocarem sob a proteção (menor e mais arriscada) de Afrodite que não consegue nem mesmo salvar Troia da destruição decorrente da paixão de Páris por Helena.[14]

Todos os obstáculos que impedem sua realização os estimulam, fazendo com que cada um deles se concentre nas qualidades do objeto de desejo, idealizando-o, e, com os pensamentos referentes à paixão, ocasionam sentimentos de euforia – algo similares ao que é observado em indivíduos sob a influência de euforizantes, inclusive com crises de abstinência quando sob privação do objeto amado (Fisher *et al.*, 2010).

Exatamente por isso é que a percepção do *status* social de ambos, longe de afastá-los, torna-se mais um fator que propicia sua aproximação, uma vez que cria dificuldades que permitem a ambos valorizar ainda mais o objeto desse desejo. Isso porque a paixão constitui uma força, na maior parte das vezes, dominada por

---

14 Os deuses eram presentes ao casamento de Tétis com Peleu e, ao meio das festividades Éris, a deusa da discórdia, levanta-se e lança, na mesa dos convidados, um pomo de ouro que ela anuncia: "Esse pomo de ouro é destinado para a mais bonita". Na assembleia se fala de três deusas, Hera, Atena e Afrodite porém ninguém quer provocar a cólera das deusas dando um veredito. Sugere-se então a solução que "só um homem que não as conhecesse seria capaz de escolher a mais bela". As três comparecem juntas diante de Páris, um jovem pastor, herdeiro de Príamo, rei de Troia.

As três deusas vão às encostas do monte Ida e para convencerem o juiz, cada uma se veste de maneira mais bonita e faz-lhe promessas tentadoras.

Hera começa dizendo: Você está destinado a subir ao trono de Troia. Se me escolher como a mais bela prometo-lhe o domínio de toda a Ásia.

O poder sem sabedoria não é nada, contrapõe Atena. Em troca do pomo eu lhe ofereço as artes políticas e militares que lhe permitirão reinar e conquistar as cidades.

Finalmente Afrodite foi a última a falar dizendo: Você é bonito Páris e seria justo que obtivesse o amor da mais bela de todas as mulheres. Escolha-me e te darei Helena.

As palavras de Afrodite foram as que mais lhe tocaram e correspondendo ao desejo da deusa fala: Belas damas vocês são majestosas e divinas e nada tem a invejar uma da outra. Mas à força e à glória, prefiro o amor. Com essas palavras entrega o pomo a Afrodite como prêmio para sua beleza e, esse julgamento lhe granjeia dela a eterna gratidão embora, em contrapartida, traga para si e para Troia, a hostilidade das outras duas deusas e, consequentemente, a sua destruição. http://mitoshistoricos. blogspot.com.br/2008/10/o-julgamento-de-pris-atena.html, acessado em 27/10/2015.

84 Da Paixão: sobre um fenômeno humano

aquilo que nossa cultura acusa a partir de 'má consciência', derivada de aspectos religiosos e morais embasados na doutrina do *"quando sou fraco é que me sinto forte"* (Souza, 2014). Ao se sacrificar essa consciência, afaga-se o Ego, dizendo-lhe de sua força como forma compensatória à sua insatisfação.

Como a paixão constitui um fenômeno individual, único e não frequente, quanto mais estabilizada for a vida, mais ela é desvaloriza-da a partir daquilo que tem de força. Transforma-se de qualidade em defeito para que aqueles que não a possuem e que, por isso, sentem--se fracos, mas que passam a ser valorizados a partir de sua incapa-cidade de a vivenciarem.

Dessa maneira, é na inversão de sua concepção e, consequente-mente, de sua força, que as culpas e os medos que permearão esse relacionamento no decorrer do tempo e de seu desenvolvimento po-derão ser compreendidos.

A paixão questiona o valor intrínseco das relações estáveis e aprovadas socialmente. Constitui uma transgressão às amarras que, a nível inconsciente, foram estabelecidas, porém, é a partir dessa transgressão que se estabelece a própria vida que, caso contrário, fica domesticada e entediante.[15]

Isso porque, como diria Sócrates, *"o amor é desejo e desejo é falta. O que não temos, o que nos falta, eis os objetos do desejo e do amor"*.[16] O que faltaria a nossos ambos personagens? Para ele, a vida que se esvaía é trazida novamente quando a deseja profundamente. Para ela, são os projetos perdidos e abandonados, que fazem com que o tédio permeie sua existência em troca da segurança e de um mundo público e impessoal. Em verdade, ao se apaixonar, sabe-se por quem e como se dá esse apaixonamento; entretanto, o porquê dele perma-nece sempre oculto e desconhecido.

Nem passado, com todo o ressentimento que o acompanha pelo deixado e pelo não vivido; nem futuro, ocupado pelos projetos e perspectivas a serem realizados. Somente o presente, sem hesitação, com a perspectiva que seja aquilo que se gostaria de conhecer sem-pre, com o fruir dionisíaco do mundo considerando-se que a escolha

---

15 La Rochefoucauld (*apud* Santos, 2014) refere que *"aquilo que o mundo chama de virtude não é, habitualmente, que um fantasma constituído por nossas paixões, as quais damos um nome honesto para, impunemente, fazermos aquilo que quisermos".*
16 Platão, *O Banquete*. Porto Alegre; LPM; 2014.

evidente é a própria aceitação de se tornar aquilo que se é. Com isso, ama-se a vida sem restrições.

Começa a produção de algo fundamental na construção da paixão: uma história iniciada a partir da atração e do agrado que a presença de alguém desencadeia, ocasionando a vontade do retorno, que faz com que uma vivência momentânea leve ao início de uma convivência (real ou imaginária) que, assim, constrói a história do desejo que, ao persistir, elabora um novo universo de significados acessível somente aos dois envolvidos.

Capítulo
4

Da continuidade da Paixão

88 Da Paixão: sobre um fenômeno humano

"Carpe diem"[1]

Aquilo que denominamos amor conjugal, e que constitui um conceito, historicamente, bastante recente, é um comportamento que deve favorecer, pensando-se evolutivamente, mecanismos de vínculo com vistas a promover o investimento parental e, consequentemente, a sobrevivência da prole e da espécie (Hendrick e Hendrik, 1995). Encontram-se sobre ele narrativas diversas em várias épocas e períodos, embora sempre sob a forma de associação entre os cônjuges, não obrigatoriamente com as características afetivas da paixão. Isso faz com que a maioria das aproximações entre pessoas, considerando a questão conjugal, aconteça visando a uma eventual ligação com essa finalidade. Entretanto, a paixão é outro fenômeno, bastante diverso a meu ver, que se constitui como um sentimento eminentemente humano, carregado de significados extremamente elaborados e de cunho abstrato.

Assim, qual não foi sua surpresa quando, poucos dias depois, o telefone tocou e uma voz, do outro lado da linha, falou, de forma extremamente informal e animada:

– Alô! Lembra de mim? Estou lhe telefonando, conforme havia dito, para combinarmos um dia para conversarmos. Pode ser?

Quando ele desligou o telefone, seu rosto estava quente, as mãos molhadas e o baixo ventre doendo. Ele sorriu pensando que parecia um adolescente de quinze anos quando, na verdade, já tinha passado dos cinquenta, mas paixões se manifestam assim e, por isso e por se sentir vivo, ele ficou feliz pelo fato.

Uma pessoa apaixonada perde a cabeça e é capaz de loucuras (Santiago, 2011) e, como a vida adulta habitualmente é tediosa e de constantes concessões a serem feitas, para que se sobreviva, a paixão permite que se alimente a ilusão da adolescência e, pela insatisfação de um presente usualmente limitado, tenta-se voltar, por meio dela, para um passado imaginado e prazeroso, repleto de ousadia, improvisação e pouco restrito. Fundem-se, então, a paixão, a idealização, a ternura e o desejo (Lejarraga, 2003). Isso tudo porque esperamos que a paixão surja repentinamente e, com ela, venha o sofrimento con-

---

1 "Aproveita o dia". Citação do poeta romano Horácio (*"Carpe dien quam minimum crédula posterum"* – "Aproveita o dia e confia o mínimo nos dias posteriores") tem aqui a intenção de trazer o significado presentificado da paixão. Ela existe sempre no hoje. Sem passado nem futuro. Ela simplesmente é.

sequente. É esse entretanto que arranca a vida de sua mediocridade rotineira, confrontando-a com a morte e a perda.

Obviamente esse era o aspecto consciente, público e impessoal do caso e, por isso, marcaram assim um encontro, no escritório dele, para que pudessem conversar.

Na sexta-feira, conforme o combinado, às nove horas ela entrou em sua sala acompanhada pela secretária que, após introduzi-la fechou a porta.

Ele ofereceu uma poltrona e ela sentou-se, cruzando novamente as pernas de uma maneira tal que o vestido, já curto a princípio, subiu deixando a mostra aquelas pernas que o tinham perseguido durante toda a semana.

Era difícil para ele, se fixar na conversa, principalmente porque ele a olhava e via duas pernas que imaginava passando ao balanço do mar que, na sua imaginação, regia o andar dela suavizando seus movimentos.

Desejo é a vontade de consumo imediato e, se não existe um cuidado, a necessidade de absorver, devorar, consumir, instala-se abolindo a individualidade e a manifestação pessoal.

Como era o esperado e o possível, os dois conversaram sobre amenidades profissionais e pessoais, ele não entendendo muito bem o que ela, realmente, queria; e ela, dentro de um vestido negro, extremamente sedutora, falando sobre o que queria aprender ou fazer. Sedutora a tal ponto, que pela cabeça dele passaram mil vontades de agarrá-la e devorá-la, na mais pura acepção do termo.

Namorados, conforme refere Orlandini (1998), costumam adornar um ao outro com os mais belos cristais que extraem de sua própria imaginação e que são fundamentais para que se fuja desse cotidiano público e cristalizado.

Essas vontades dele, muito mais tarde, ela disse que tinha percebido embora falasse que ele a havia observado de uma maneira diferente e sensual.

Entretanto, se contendo a custo (afinal ele era um profissional de respeito), conseguiram combinar somente que poderiam se encontrar, talvez com uma periodicidade semanal ou mensal, para discutirem assuntos profissionais.

Olhar-se no espelho com a consequente perspectiva do autoconhecimento, ou pelo menos do que significavam todos aqueles sentimentos momentâneos, remete à questão das máscaras, fascinante e aterrorizadora, uma vez que o 'eu' inverte a imagem do espelho e,

90 Da Paixão: sobre um fenômeno humano

assim, o que se vê é, muitas vezes, a estrutura do confronto, do perverso e do transgressor. Neste momento, ao se perceberem os afetos e os impulsos, o risco começa aumentar uma vez que se abandona a confusão entre o sujeito e sua imagem idealizada, perdendo-se a confortável experiência do não se ver e não se ser visto, fato que abole a culpa em relação ao outro e em relação a si mesmo.

Isso porque o tributo que se tem que pagar para que o indivíduo possa abandonar os compromissos e ilusões é sempre carregado de sofrimento. É esse sofrimento que se constitui na possibilidade de mudança ao se entregar ao outro, o que inclui, obrigatoriamente, os riscos de perda e abandono.

Dessa maneira, eles se encontraram outra vez, portanto, com o mesmo fascínio dele (agora muito mais explícito, de forma que seria quase impossível que ela não percebesse) e com as mesmas características sedutoras que ela mostrara desde o início.

Estabelece-se aqui um início de fenômeno no qual ambos se colocam um diante do outro, procurando perceberem-se e relacionarem-se (Souza, 2011). Constrói-se uma rede característica de referências que será perpassada pelo cotidiano cada vez mais. Foca-se a atenção no outro, excluindo-se do campo de consciência todo o restante, para que todo o sensório fique, por assim dizer, 'tomado pelo outro'.

Claro que todas essas manifestações foram de caráter não verbal e, portanto, expressas por olhares, tonalidade de voz, postura corporal, todas perceptíveis de maneira não consciente. Entretanto elas forneceram pistas que permitiram a percepção da disponibilidade mútua e da atração recíproca.

Como em qualquer diálogo de proteção, as primeiras conversas foram inespecíficas, profissionais, com pequena exposição e um compartilhamento de espaço distante e impessoal, porém, na medida em que os encontros se repetiram, a proximidade aumentou e os mecanismos defensivos diminuíram.

Na verdade, isso aconteceu mais algumas vezes e, em todas elas, ela aparecia vestida de um modo cada vez mais provocante, sentava cruzando (e mostrando) aquele par de pernas, para ele, cada vez mais perturbador e permanecia ouvindo tudo aquilo que ele dizia, quase sem falar nada. Só ouvindo e olhando, com aqueles dois olhos imensos e sedutores.

Da Continuidade da Paixão 91

Em um dos encontros que tiveram, ele não resistiu e, pouco antes dela
sair perguntou, meio que a queima-roupa, se contendo para não tomar
nenhuma atitude da qual mais tarde poderia se arrepender:
– Posso fazer uma pergunta indiscreta?
– Claro! Fique à vontade.
– Porque você continua a vir aqui? Quero dizer, não me parece que
você tenha a menor vontade de aprender sobre o que eu faço ou que queira
trabalhar com o que eu trabalho. Assim, fica a questão, porque você vem?
Ela sorriu, encantadoramente e, sem titubear respondeu:
– Porque eu quero conhecer você. Eu quero saber de você, conhecer
você e ficar perto de você. Só isso.

A partir daqui começa a se fugir do impessoal, colocando-se manifesto o fenômeno que determina a questão: o que é isso? É isso que possibilita a abertura existencial que possibilita a percepção do significado do evento.

O amor quando se revela,
Não sabe se revelar.
Sabe bem olhar pra ela,
Mas não sabe lhe falar.

Quem quer dizer o que sente
Não sabe o que há de dizer.
Fala: parece que mente.
Cala: parece esquecer.

Ah, mas se ela adivinhasse,
Se pudesse ouvir o olhar,
E se um olhar lhe bastasse
Pra saber que a estão a amar!

Mas quem sente muito, cala;
Quem quer dizer quanto sente
Fica sem alma nem fala,
Fica só, inteiramente.

Mas se isto puder contar-lhe
O que não lhe ouso contar,
Já não terei que falar-lhe,
Porque lhe estou a falar.[2]

---

2   Pessoa, F. O amor quando se revela IN O livro do desassossego, São Paulo, Cia. Bolso, 2010.

Esse é um comprometimento diante da própria vida com um objetivo inicial não consciente de reflexão, embora se apresente aqui uma característica sedutora indescritível representada pela capacidade em não se retardar mais a sedução, estabelecendo-se um movimento que oscila entre a esperança e a frustração. É essa perspectiva ilusória e imaginada de prazer que constitui o puro objeto da paixão em seu início.

Entretanto, essa abertura para a presença da outra pessoa aumenta a vulnerabilidade e o risco, lançando cada um dos envolvidos em um mundo próprio e incontrolável, que se tem que explorar para que ele se torne consciente, e os atores possam se enraizar nele. No que o outro é importante? Isso já é praticamente determinado a partir do próprio cotidiano.

Quando se está apaixonado se é capaz de se interessar por qualquer tema ou assunto, não somente enquanto artefato de sedução e conquista mas por verdadeira atenção e por desejo de se ser contagiado por tudo aquilo que o outro sente ou pensa. Assim, torna--se também objeto de paixão tudo aquilo que é ligado ao outro ou que possa lembrá-lo. O outro assume assim um lugar privilegiado na idolatria da paixão que, de *per si*, é totalmente desvinculada do amor conjugal no qual os interesses comuns são ligados, principalmente, a questões adaptativas e de sobrevivência do núcleo familiar.

A paixão é, então, um movimento psíquico que busca a compreensão de si mesmo com a disponibilização de cada um, colorida pelos próprios sentimentos e atmosfera. Inicia-se, assim, o encontro (Lopes, 2006).

A paixão justifica tudo e seu culto, longe de aviltar o indivíduo e seu corpo, como supõe muitas vezes a moral cristã que estabelece o privilégio da alma sobre o corpo, envolve Eros, com todo seu desejo de intimidade, amizade devota e recíproca e, principalmente, autodoação altruísta para com o outro, uma vez que envolve e constrói a relação do eu com esse outro.

Nessa relação apaixonada, podemos dizer que existe mesmo uma verdadeira submissão, não ao poder do outro, mas à própria decisão de se dar à alguém que se considera importante mesmo que, nem sempre, compreendamos as razões.

Ao se fazer isso, suspendem-se a moralidade e a consciência cotidianas em função de algo mais elevado, construído a partir da relação entre ambos, sem qualquer tipo de negociação ou interesse, e sem benefícios previsíveis ou mensuráveis.

Mesmo com o sofrimento muitas vezes dela decorrente, a paixão fundamenta o ser que, por meio dela, passa a ser ancorado e sustentado em seu cotidiano, ainda que sem nenhuma garantia de sucesso. Tem, assim, um poder incrível sobre a vida e a morte, pois envolve a fé em si e no outro e, com isso, sem nenhuma justificativa ou razão, permite o florescimento da própria existência (May, 2012).

Ele não sabia o que dizer diante de uma afirmação tão contundente. A cabeça dele girou e, mesmo sem saber muito bem o que estava fazendo, fez a única coisa que cabia naquele momento. Enlaçou-a pela cintura e beijando-a num impulso, disse:

– Então é melhor passarmos a nos encontrar em outros lugares que, acredito, sejam mais divertidos do que meu escritório. O que você acha?

Ela concordou com a cabeça e, ao sair, pediu que ele continuasse a telefonar.

Exatamente por isso é que Benavente (*apud* Orlandini, 1998) diz que "quando um homem se apaixona de verdade, é difícil de se distinguir o burro do inteligente", uma vez que a conduta de ambos se equivale. No entanto, o beijo, enquanto primeiro oferecimento do próprio corpo ao outro (e não existe maior oferecimento que o próprio corpo) sempre apresenta um caráter eminentemente erótico que permeia a paixão durante sua existência.

Para cada um de nossos atores esse momento provavelmente difere, pois se, para ele representa a aquisição, o triunfo e a satisfação do desejo e, consequentemente, da vida sobre a morte, para ela a representação é muito mais complexa, uma vez que envolve um começo e um final interiorizados, fato esse que implica em profundas mudanças de consciência com o consequente enfrentamento de medos antigos e, muitas vezes, inquestionáveis.

Isso porque a partir da sedução se cria um mundo a parte que sai da ordem habitual e transporta ambos para um novo mundo de novidade e mistério. Deixam-se o repouso e a tranquilidade para um estado de emoções irracionais, involuntárias e incontroláveis.

Despertou-se aqui o desejo por meio da supervalorização da falta de algo para ambos. Assim, após todos os sinais trocados e a percepção, ainda que pouco consciente da atração e da disponibilidade

94 Da Paixão: sobre um fenômeno humano

mútua, a abordagem foi feita, de maneira direta, seguindo todas as normas usuais, sendo realizada a partir dele em direção a ela, que simplesmente, como era óbvio em nossa cultura mais tradicional, esperava que fosse. Assim, dele era o risco da exposição e dela, a problemática questão da aceitação ou não do jogo de sedução que ambos iniciaram tempos antes. A satisfação começa a ser obtida a partir de ilusões, principalmente a esperança de se satisfazer a partir do poder amar e ser amado (Freud, 2010).

A partir daí, o desenrolar de ambas as existências começa a se constituir, de maneira que elas se imbricam e os dois passaram gradualmente a se absorverem em cada momento por meio dos olhares, da voz e do próprio corpo, tudo estendido no tempo e no espaço, pois a realidade impedia o desenrolar espontâneo do relacionamento[3]. A intensidade dessa paixão só poderia aumentar na medida em que ela se individualizasse cada vez mais. Esse 'não familiar' dentro do mundo cotidiano e impessoal de ambos poderia ter assumido um caráter perturbador e inconveniente, o que, de início, não ocorreu e, aqui, podemos considerar que temos o real nascimento da paixão amorosa, com os dois atores saindo do genérico e impessoal rumo ao território exclusivo e pessoal da paixão, que dará peso ao mundo por eles criado. Essa paixão irrompe na vida enquanto algo único e incomum, individualizando o existir massificado e transportando-o para além da rotina. É algo peculiar, que não ocorre a todo instante e, exatamente por isso, ela se 'sacraliza' com os por ela atingidos se encantando de maneira incomum. O desejo deixa aqui o território do sonho e adentra o do real, imediato à sensualidade.

Estabelece-se aqui, no dizer de Bowman (2003), um meio termo entre a liberdade de um encontro casual e um relacionamento significativo que somente o projeto existencial de ambos definirá como e se ocorrerá. Assim, um fato causa o evento (aparentemente de forma

---

3 Habitualmente consideramos paixão como o sentimento exacerbado entre duas pessoas, palavra essa derivada do latim *passio*, particípio passado de *pati*, sofrer. Por suas próprias características independe de idade, sexo, características sociais ou diferenças de formação. Quando correspondida ocasiona sentimentos de felicidade e satisfação, porém as dificuldades na sua realização ocasionam tristeza pela ausência e/ou perda. Corresponde a um superlativo da realidade a respeito do outro fazendo com que, habitualmente, o apaixonado se funda (ou busque se fundir) com o outro perdendo sua individualidade, só resgatada na presença daquele. Aos poucos, habitualmente, essa fusão se esvai pelas próprias dificuldades e pela percepção da idealização, o que gera intensa frustração e irritabilidade pela apreensão de quem o outro realmente é e pelo eventual equívoco. Dessa maneira, ela é, muitas vezes, um sentimento passageiro, que costuma envolver mais adolescentes pela própria dificuldade e desconhecimento da própria vida.

casual) em função de duas histórias e características totalmente diferentes, desencadeia uma alteração significativa e aleatória em um sistema existencial previamente em equilíbrio e daí em diante inicia-se uma nova situação, em equilíbrio instável, que dirigirá (e porque não dizer, definirá) a história desses dois sistemas pessoais em um futuro próximo, pois a relação que se estabelece é de extrema intensidade e importância.

O evento inicial, aparentemente aleatório, do encontro social, em função da história e do momento de vida de ambos, altera significativamente o evoluir das duas existências, que passarão a se constituir de maneira diversa daquilo que vinham fazendo. É, portanto, um momento de ruptura, no qual o sistema prévio se desequilibra, forçando que atitudes novas sejam pensadas para que ele volte ao equilíbrio, embora esse não seja mais semelhante ao equilíbrio inicial, uma vez que se incluiu um novo elemento que altera, significativamente, o estado anterior.

Nunca como neste início de século, a questão da solidão, da massificação e do tédio foram tão atuais. Talvez por isso seja interessante rever a aproximação de ambos, uma fábula incrível que apresenta uma série de temas atuais e constantes porém que, principalmente, apresenta a questão da própria humanidade, representada pela solidão e pelo desespero decorrentes de sua facticidade.

A pergunta que permanece é: 'Qual seria a motivação que levaria um homem e uma mulher, bem estabelecidos e com vidas que, ao serem olhadas externamente, seriam consideradas como bem-sucedidas, a se engajarem em uma jornada de risco, cruel e dolorosa?'.

Talvez a resposta esteja na vida cotidiana e impessoal, pois nas relações de paixão, aqueles que se apaixonam se concedem tudo, mutuamente, de maneira livre e sem compromissos ou obrigações, coisas não passíveis de realização em um cotidiano escravizador e cheio de regras, compromissos e tarefas a serem cumpridas – tarefas estas que, inevitavelmente, levam à monotonia e ao tédio. Isso porque, paralelamente a ideia de sacralidade do casamento, estabelece-se também o mito do amor eterno ligado a outra ideia: a do casamento bem-sucedido. Tudo isso acompanhado por um discurso moralizador e pode ser que causa culpa que tolhe não somente a liberdade real de ação mas, pior que tudo, a própria liberdade e criatividade de pensar e sonhar. Pode-se dizer que a transgressão é feita a partir do significado que o outro possui, e ela é feita de maneira consciente e não por impulso, sendo muito mais um controle desse significado com total consciência do limite e do risco corridos.

O tédio (do latim *taedium*, significando fastio, desgosto, aborrecimento, dissabor, enjoo) é um fenômeno que apresenta tudo aquilo que enfada, cansa, enjoa e estagna a existência. Corresponde, se pensando de maneira existencial, na própria Náusea sartreana, ao se defrontar com o Nada. Isso porque ele exclui a ideia de satisfação psíquica e de reciprocidade, uma vez que o mais importante passa a ser o cumprimento às normas que impedem, com o controle da paixão, a liberdade, o fascínio, a sedução e, consequentemente, o próprio crescimento sexual, emocional e relacional.

Todos nós desfrutamos desse sentimento em determinados momentos, porém, em alguns indivíduos, ele se instala e domina, escravizando o Ser em toda sua totalidade. A partir dele o tempo vivencial se estagna e o espaço se reduz. É exatamente essa a dificuldade de nossos personagens. Ela, diante de uma vida fática e tediosa; ele, da perspectiva de fim e da necessidade de dar à vida um significado um pouco maior do que a mera expectativa de seu término. Com toda sua complexidade e sucesso, ambos até então perderam o que há de mais peculiar e simples no existir humano: a capacidade de estarem junto aos outros, dando significados a isso, pois, como diz Boss[4], somente se conseguir se libertar da massificação e da alienação, encontrando a si mesmo, é que o ser humano pode mobilizar afeto, entrar em um relacionamento autêntico do eu, tu, nós e se tornar capaz de propor algum significado para a própria vida.

Aqui estabelece-se outro paradoxo, uma vez que, sem saber gostar, eu não estou com os outros, entretanto, ao me permitir gostar, sou sancionado por esses próprios outros. Este é outro dos dilemas impostos pelo se vivenciar a paixão.

Essa carência que observamos em nossos personagens é também aquela que faz falta neste momento histórico, e eles representam somente algo que buscam e que também nos falta, porém que não temos coragem de considerar. Por isso a paixão desperta a inveja. Ela é única e aponta diretamente para a vida e para o prazer e, com isso, transgride normas no enfrentamento do tédio. Ela é, por isso, facilmente recriminada e, até mesmo, incompreendida. Essa é a pu-

---

4 M.Boss. Neurose de Tédio. Daseinanalyse. 2:50;1976.

Da Continuidade da Paixão 97

nição que os outros fazem, pois, pelo medo de se entregarem, mesmo gostando, não o fazem, pelo risco que passam a correr ao desobedecerem às regras de controle sobre seus próprios afetos.

Os telefonemas começaram. Primeiro eram semanais, tornaram-se diários, depois duas vezes e finalmente, três vezes ao dia. Ela foi ficando, para ele, um vício. Não se passava um dia sem que ele não pensasse nela ou que não sonhasse com quando iria vê-la e, quando isso, por algum de seus muitos motivos, não acontecia, ele se desesperava, ficava irritadiço e não conseguia compreender o porquê da dificuldade

Entretanto, embora os contatos sejam sempre calculados (uma vez que o cotidiano é rico em regras e prescrições), o afastamento entre os dois não apagava o outro mas permitia, ao contrário, que ele se revelasse e se presentificasse em ambas as vidas de maneira que sempre indica um caminho não preestabelecido, mas possível. Assim, essa percepção, embora pudesse aumentar a dor, evitava o pensamento de cunho repetitivo e obsessivo.

Esse fato gradualmente ocasionava um nível de pressão bastante alto em ambos os participantes, posto que era pequena a presença física e era grande a expectativa alimentada pelos contatos à distância. É esse fato que leva alguns autores referirem que "um caso parece envolver um pouco de sexo ruim e um monte de tempo no telefone" (Macedo, 2006). Mesmo assim, era como se algo perdido em um passado remoto se reestabelecesse e se reconstruísse, permitindo loucuras e ideais há muito esquecidos ou não considerados.

Já se estruturou aqui o encanto, e o foco foi para a atenção, a compreensão e a autoestima. No entanto, pelas dificuldades existentes, habitualmente se foge da sexualidade que, em muitas ocasiões, pode ser extremamente destruidora em relação às normas e estruturas estabelecidas e solidificadas. Busca-se o estabelecimento de um encontro no qual, por meio do diálogo, tenta-se construir um espaço de abertura ao outro (Souza, 2011).

Mesmo assim, existe uma provocação sexual, uma possibilidade que se insinua no relacionamento e que encanta de maneira mágica e fascinante, oferecendo prazer a partir da possibilidade em se compartilharem valores e gostos, se conhecendo assim o espírito (e o corpo) do outro.

Tem-se, entretanto, que pensar que figuras parentais autoritárias, entranhadas no psiquismo sob a forma de imagens internas tirânicas, dificultam o vivenciar dessa situação de modo autônomo e criativo, transformando-o em um processo difícil e doloroso, muitas vezes racionalizado e, consequentemente, descaracterizado afetivamente.

O caminho do conhecimento pessoal e do outro é difícil, pois, partindo-se da 'queima' de valores e padrões sociofamiliares, só se vislumbra um tênue projeto existencial solitário e em vias (ou não) de ser consolidado. Consequentemente, há o medo constante da perda da segurança derivada da mesmice na contraposição com o 'jogar-se em si mesmo' para que se viva a experiência dessa paixão de maneira profunda e, consequentemente, criativa.

Isso porque a presença mútua estrutura cada uma das existências, sistematizando e compartilhando sonhos até o momento em que o despertar para a realidade os transforma em dor e agonia. Essa presença mútua, de dor e de prazer, constitui a vida e, sem ela, o resto é morto, pois em um relacionamento apaixonado o 'eu' se expande para se entregar ao outro, cuidando e preservando as duas individualidades. Quando ocorre o contrário, tem-se uma relação de posse, na qual se busca, a partir da incorporação do outro, a própria constituição do Eu e, em consequência, aniquila-se e destrói o próprio relacionamento e, assim, o outro em questão. Isso porque ao se efetuar essa ligação intensa é ela que passa a dar o significado à vida de maneira tal que todo o restante, gradualmente, perde seu valor e, assim, ela não recua diante de nenhum obstáculo ou sacrifício podendo, como diz Schopenhauer (s/d), "levar à loucura ou ao suicídio".

Essa ocorrência se dá porque, como refere Capelão (2000), desde o século XIII, a fidelidade e a sinceridade de um amante são reconhecidas pela constância com que ele procura o ser amado. Esse aumento constante da procura e do contato são inevitáveis, uma vez que a paixão existe, pois ela demanda a proximidade cada vez maior entre aqueles que se encontram apaixonados. Tem-se então um novo paradoxo, pois se sua evolução pressupõe cada vez um maior contato, tal contato, ao ser estabelecido de forma cada vez mais frequente, corre o risco de desembocar na rotina, no tédio e na impessoalidade.

Nessa aproximação ele costumava dizer-lhe sempre:
– O importante em um relacionamento não é se ter o corpo de uma mulher, é se ter sua cabeça. Isso é o mais difícil.

Isso porque o importante é se ser 'especial' para o outro, na medida em que, ao se transgredir o social, ambos questionam-se e libera-

Da Continuidade da Paixão 99

-se da prisão e do isolamento. Estabelece-se a responsabilidade do cuidar dentro de uma ética de reciprocidade desde que ambos considerem a relação da mesma forma e se encontrem em um mesmo momento evolutivo. É um relacionamento opcional e construído. Evocam-se assim, por meio da nova pessoa, sensações que um relacionamento anterior já não consegue evocar, uma vez que a distância pessoal e os rancores estabelecidos, pelo próprio sufocamento que causam, a partir dessa relação impedem de se sentir. É isso que leva ao desencanto e possibilita o crescimento desse novo (e especial) relacionamento, desde que os aspectos sombrios de cada um dos participantes possam ser elaborados.

Tenho observado nestes últimos tempos um fenômeno estranho: as mulheres morreram. Creio que houve epidemia entre elas. Depois de Dezembro foram desaparecendo, desaparecendo, e agora não há nenhuma. Vejo, é verdade, pessoas vestidas de saia pelas ruas, mas tenho certeza de que não são mulheres. Esta observação vai como resposta à censura que me fazes de "pensar meninices". Quero ver se me vais acusar depois de uma declaração tão importante. Morreram todas. E aí está explicada a razão porque tenho tanto apego à única sobrevivente.[5]

O estado de paixão é um estado no qual o ser é invadido pelo outro, e o pensar de cada um reflete essa invasão e ocupação.

O pensar de alguém, sua cabeça, é a parte mais nobre, uma vez que envolve sem censura seus significados e projetos. Quando isso, a 'posse da cabeça do outro' realmente ocorre, a paixão já se estabeleceu e, embora possa ser negada ou sufocada, ela permanecerá no mais recôndito de cada um dos envolvidos, surgindo no pensamento quando menos se espera ou se deseja, sob a forma de nostalgia, de uma lembrança antiga ou de uma fantasia incontrolável. Assim, o relacionamento apaixonado é um relacionamento ético por si só, uma vez que é responsável para consigo mesmo e para com o outro envolvido, o que o faz transgredir as convenções e a impessoalidade. É por isso que ele gera criação, uma vez que não anula o outro nem tenta prendê-lo ou ultrapassá-lo, bem como não se prende ao cotidiano ou ao impessoal e genérico.

Ama-se aquilo que não se tem e se sofre com essa falta. Esse é exatamente o tormento amoroso que ocupa o lugar do tédio que,

---

5 Ramos, G. Cartas; Rio de Janeiro, Record, 1980.

100 Da Paixão: sobre um fenômeno humano

quando se constitui, estabelece a relação estável observada na maior parte dos casamentos[6] o que faz com que Comte Sponville (2012) refira que "a vida oscila pois, como um pêndulo, da direita para a esquerda, do sofrimento para o tédio". Frustração ou tédio, eis enfim a grande escolha existencial para a questão do se apaixonar. Se o faço loucamente, sofro pelas dificuldades que tenho em possuir (ou de forma mais madura, estar próximo) aquilo que desejo e que me é negado pelas características do objeto. Se o alcanço, o desejo se esvai e resta o cotidiano, pobre e frustrante da vida pública e impessoal, sem poesia e, porque não, sem alegria, tediosa porém cômoda e, muitas vezes, confortável e acomodada. Dá-se aqui o fim da própria existência.

Assim, durante a vivência da paixão, é possível pensá-la como a própria espada de Dâmocles[7] que pende a todo momento sobre a cabeça daquele por ela ameaçado, independentemente do prazer vivido no momento presente.

É na tentativa de solucionar esse conflito que os modelos teóricos propõem que a paixão deve dar lugar ao companheirismo o que daria ao casamento o prazer ao lado da cobiçada estabilidade. Trata-se, a meu ver, no entanto, de uma burla intelectual uma vez que falamos de fenômenos que se constituem a partir de diferentes objetivos. Em um, os motes são a segurança e a estabilidade, fundamentais para a criação da prole e o controle social.

No outro, os objetivos são o prazer e a vida. Ambos são assim incompatíveis, posto que vida implica em ausência de estabilidade e segurança com a presença constante de prazer e dor, compondo um sistema em equilíbrio instável, visto que aqueles sistemas que se encontram em equilíbrio estável e previsível são sistemas mortos.

Dessa maneira, o esforço da continuidade se dá nesse processo de atração mútua pela procura da fusão, do poder se perder um no

---

6 Comte-Sponville, A.; A felicidade desesperadamente; São Paulo, Martins Fontes, 2012.
7 Dâmocles era um cortesão da corte do tirano Dionísio, de Siracusa. Este, em dado momento, ofereceu-se para trocar de lugar com ele por um dia, para que ele também pudesse sentir o sabor de sua sorte ao poder ser servido em ouro e prata com as melhores comidas e por belas mulheres. Entretanto, no meio de todo o luxo e prazer, Dionísio ordenou que uma espada fosse pendurada sobre o pescoço de Dâmocles, presa apenas por um fio de rabo de cavalo. Ao ver a espada afiada suspensa diretamente sobre sua cabeça, perdeu o interesse pela excelente comida e pelas belas mulheres, abdicando de seu posto. A história é uma alusão usada para remeter a insegurança daqueles com grande poder ou que desfrutam de grandes prazeres (devido à possibilidade de perda dessas possibilidades).

Da Continuidade da Paixão 101

outro na luta contra a mesmice da massificação cotidiana, valorizando-se a individualidade e a própria autopercepção.

Quais as possibilidades que nossos amantes[8] teriam?

A primeira delas seria o não se envolver, o se esquecer do que aconteceu e o voltar ao cotidiano pobre, porém seguro. Encontram-se, nessa opção, a submissão à Lei, a passividade e a fraqueza, que fazem com que a vida seja sacrificada ao ideal ascético e à ideologia. Estabelece-se, então, a renúncia, que originará a raiva e o desprezo, ainda que mascarados sob o rótulo do correto, do legal e o direito. Neste ponto, nunca se está só, embora o indivíduo se perca na maioria das vezes e se aterrorize quando isolado. Estabelece-se, então, uma moral utilitária.

Se quisermos, a analogia com a paixão aqui é simples, pois é exatamente aqui que Adão e Eva saem do Paraíso, a partir do conhecimento que adquirem de si mesmos, ao comerem do fruto do conhecimento. Perdem a felicidade pela autonomia e pelo livre arbítrio e, em troca, ainda ganham o medo, a angústia, a culpa e a vergonha.

Pelos motivos que já esclarecemos, nenhum dos nossos dois personagens optou pela escolha segura e acomodada tentando, de formas e com intensidades diferentes, arriscar-se nos caminhos da paixão[9].

Assim, a segunda opção, escolhida por ambos, foi a de levar adiante aquilo que faziam, mitigando as culpas e minimizando as dificuldades, procurando se aproveitar o que o momento, por mais fugidio que fosse, oferecesse, sem perspectivas de futuro e sem expectativas que ameaçassem o estabelecido.

Neste ponto, criam-se valores próprios, porém solitários e não compartilháveis. Ao estabelecê-los, dá-se um sentido à própria vida, que passa a ser própria. Com a presença dessa vida, com novos e pessoais significados, evitam-se a raiva e o ressentimento, bem como se afastam todos os ideais de renúncia.

A relação entre os dois envolvidos é de cumplicidade e inteligência, ambos se reconhecendo e se preocupando com as próprias singularidades. Entretanto, a consequência é o afastamento da massa

---

8 'Amantes' têm aqui a conotação de aqueles que se amam.

9 Isso é difícil. Ovídio, em sua *Arte de Amar*, já diz que "enquanto for possível, e quando são leves os movimentos que agitam seu coração, se sentir algum desgosto, detenha seus passos logo na entrada. Mate os germes malignos no nascedouro, e que, desde a partida, seu cavalo se recuse a avançar". "Todavia, se você deixou passar o momento favorável para aplicar os primeiros remédios, e, já antigo, o amor se estabeleceu em seu coração, que dele se apossou, mais difícil é a tarefa; mas, por ter sido chamado muito tarde para atender ao doente, eu não devo abandoná-lo."

e da Lei com uma vida mais singular, mas não compartilhável socialmente e, consequentemente, arriscada e sofrida.

Temos que considerar que um amor sem inquietude, sem desejo, sem preocupações é somente passível no território do idealizado; a paixão amorosa é violenta, não natural e mesmo irracional. Fica mais fácil considerá-la inconsequente e ilusória (Silva, 2008) embora, em uma verdadeira paixão, os vínculos se estreitem gradualmente e se torna cada vez mais difícil, uma vez que ela une os dois indivíduos de tal maneira que um não vê mais nada além do outro. Surge o ciúme, e um pensa todo o tempo no outro, o que leva a esquecer tarefas cotidianas esperadas pelos contratos de todo tipo e estabelecidas no decorrer de nossa história pessoal. Tudo isso acarreta exigências, impossibilidades e transgressões. Entretanto, é aqui que o indivíduo se engaja na aventura (*ad* = 'em direção a' e *ventura* = 'felicidade') da paixão. Nessa aventura, pensando-se ao modo junguiano, os arquétipos da *anima* no homem e do *animus* na mulher estabelecem um com o outro um relacionamento simétrico, não hierárquico, a partir do qual essas instâncias, não podendo ser controladas pela consciência, permitem que, gradualmente, seja possível identificar entre a figura real da amada tudo aquilo que ela mobiliza no apaixonado, retirando-se as projeções que um coloca sobre o outro. É o arquétipo da *anima* (no homem) que, por meio da figura amada, permite que o inconsciente se manifeste das mais diferentes maneiras (Guerra, 2012). Isso se concretiza na ajuda amorosa que um dá ao outro, livremente, para que cada um se torne mais livre e independente, de forma a se tornar senhor de si mesmo.

A terceira possibilidade, inicialmente assustadora para ambos, seria o salto na expectativa de uma vida diversa da atual, embora com um destino traçado previamente de banalização e mesmice. Seriam simplesmente o investimento ilusório, a aposta na esperança de outra vida, mais rica e apaixonante que, na maioria das vezes, esbarra no cotidiano e no tédio. Seria abandonado assim aquilo que é belo, a ligação do mortal corpóreo com o imortal idealizado, do belo inventado por aquele contemplado na figura do outro e que permanecerá na memória do apaixonado por toda sua vida. Isso porque a paixão é desinteressada e, ao mesmo tempo, anárquica e caprichosa, pertencendo sempre ao espaço privado e não ao público, como o é o casamento.

Talvez aqui tenha se estabelecido a grande característica da nossa história. Esperar com a característica de desejar sem gozar[10]. Por isso que a própria entrega, embora inicialmente realizada, passa a ser cada vez mais virtual (porque se torna mais fácil tanto sob o ponto de vista de encontros formais mais arriscados do que os telefônicos ou informáticos, como do ponto de vista sexual, uma vez que a entrega sexual constitui um momento que, quando vivido de maneira completa, faz com que uma individualidade se perca na outra, fundindo-se ambos os seres, em um momento orgástico)[11]. Misturam-se assim a 'aphrodisia' (Αφροδίσια), ligada aos prazeres sensuais com o próprio Eros, e a paixão, o que caracteriza o fato de que apaixonar-se não implica necessariamente com o se fazer amor.

O que ambos procuram e desejam é bastante simples: querem a felicidade, aqui e agora, na terra e não no céu. Uma felicidade real, material, viva, imanente. Presente, e não futura. Real, e não imaginária.

Para obterem essa felicidade, ainda que momentânea, terão que desconstruir valores e histórias, reduzir medos e angústias, domesticar o impulso, elaborar o limite e a finitude. Escolher o caminho individual e se responsabilizar por ele, uma vez que cada um passa a ser responsável pelo outro envolvido.

Tudo isso com a perspectiva de se fazer uma proposição simples, acessível, material e palpável, que permita a construção de um projeto caracterizado pelo puro prazer de existir. A fusão não é predominantemente corporal, mas uma tentativa de união de existências,

---

10 A esperança se refere ao futuro, porque ele nunca está próximo e, por isso, a partir dele não temos um gozo específico. Fica-se no mero desejo referente ao que não temos, ao que não é, ao que falta. Comte-Sponville.

11 Esta é a história da paixão entre Marte e Vênus. Marte, tomado de louca paixão por Vênus, de guerreiro incrível se tornara melancólico. E a deusa não se mostrou nem violenta nem cruel às preces do deus que preside os combates; nenhuma deusa era tão terna. Mas no início eles tinham o hábito de esconder seus encontros amorosos: sua paixão culpada era cheia de reserva e de pudor. Uma denúncia do Sol (quem poderia escapar aos olhares do Sol?) fez Vulcano tomar conhecimento da conduta de sua esposa. Que exemplo desagradável você deu, Sol! Peça uma recompensa à Vênus. A você, também, ela teria de dar alguma coisa como recompensa pelo seu silêncio. Vulcano coloca redes imperceptíveis em torno e embaixo do leito; os olhos não conseguem ver a sua obra; ele finge que está em Lemnos; os amantes comparecem ao encontro; ambos nus, são presos na rede, Vulcano convoca os deuses; os prisioneiros lhes servem de espetáculo; achamos que Vênus teve dificuldade em conter as lágrimas. Os amantes não puderam esconder nem o rosto, nem mesmo colocar as mãos na frente das partes que não devem ser vistas. Então, um dos deuses falou rindo: "Se essas correntes o incomodam, Marte, o mais corajoso dos deuses, dê-me-as". Foram suas súplicas, Netuno, que fizeram com que Vulcano soltasse os corpos cativos. Marte se retirou na Trácia, Vênus em Pafos. Após sua bela proeza, Vulcano, o que eles ocultavam antes o fazem agora mas abertamente, pois baniram o acanhamento. (Ovídio, "A arte de amar").

projetos, pensamentos e, principalmente, significados, que constroem essa paixão, como a idealizamos e queremos.

Aqui se observa o que denominamos de compreensão empática, que permite que um perceba o outro. Aqui também se inicia o processo de autoconhecimento de ambos, que permitirá (ou não) que um verdadeiro encontro se realize, viabilizando que sejam o que realmente querem ser, sem nada de absoluto que estabeleça fronteiras ou limites na relação entre ambos. Os dois tentarão se conhecer a partir desse contato direto, estar juntos, sofrer juntos, caminhar juntos e se ajudarem mutuamente dentro de uma mesma dimensão de diálogo e de existência sem usos ou manipulações (Souza, 2011).

Quand vous serez bien vieille, au soir a la chandelle,
Assise au près du feu, dévidant et filant,
Direz chantant mes vers, em vous émerveillant:
"Ronsard me célébrait Du temps que j' étais belle."

Lors vous n´aurez servant e oyantt elle nouvelle,
Déjà sous le labeur à demi sommeillant,
Qui au bruit de mon nom ne s´aille réveillant,
Bénissant votre nom, de louange immortelle.

Je serais sous la terre et, fantôme sans os,
Par les ombres morteux je prendrai mon repos;
Vous seres au foyer une vieille accroupie,

Regrettant mon amour et votre fier dédain.
Vivez, si m´encroyez, n´attendez à demain:
Cueillez des aujourd´hui les roses della vie.[12]

---

12 "Quando Fores Bem Velha". Poema de P. Ronsard IN PoèmespourHélène, IN Allen, M.; Anthologie poétique française, XVI siècle; Paris; Garnier-Flammarion; 1965.Trad. Guilherme de Almeida.
  Quando fores bem velha, à noite, à luz da vela/Junto ao fogo do lar, dobrando o fio e fiando,/Dirás, ao recitar meus versos e pasmando:/Ronsard me celebrou no tempo em que fui bela.
  E entre as servas então não há de haver aquela/Que, já sob o labor do dia dormitando,/Se o meu nome escutar não vá logo acordando/E abençoando o esplendor que o teu nome revela.
  Sob a terra eu irei, fantasma silencioso,/Entre as sombras sem fim procurando repouso:/E em tua casa irás, velhinha combalida.
  Chorando o meu amor e o teu cruel desdém./Vive sem esperar pelo dia que vem;/Colhe hoje, desde já, colhe as rosas da vida.

Capítulo
5

Do significado da Paixão

106   Da Paixão: sobre um fenômeno humano

"Creatio ex nihilo"[1]

Para viver uma paixão, é preciso um mínimo de coragem. Assim, torna-se necessária a pergunta que já esboçamos anteriormente: por que se apaixonar se a maioria das pessoas sabe que a paixão é igual ao sofrimento? Muito mais ligada à cultura que à natureza, podemos considerar que a paixão, em última instância, remete-se ao prazer e a uma relação apoiada na dignidade humana, e no desenvolvimento de ambos os envolvidos. Nasce de um afeto saudável, valorizado e vital, não passível de ser corrompido facilmente – embora envolva aspectos de transgressão indiscutíveis – mesmo sendo fonte de alegria, ternura, desejo, admiração e companhia naqueles momentos passíveis de serem compartilhados. Entretanto, mesmo com todas essas características, a paixão pode se revestir de um aspecto relacionado à possessão – possessão essa que leva a uma metamorfose do indivíduo, e que se transforma em conhecimento sobre si mesmo. Isso porque, mais do que isolamento e proteção contra o mundo, ela se constitui, quando saudável, de uma abertura para que a percepção de si mesmo seja possível. Essa é uma das razões para que se compreenda o medo que acompanha a paixão.

A paixão tem, portanto, como consequência final, o próprio auto crescimento. O verdadeiro "apaixonar-se por alguém" é apaixonar-se, também, por si próprio, embora busquemos olhar o outro pelas suas aparentes qualidades, olhando-o como um "outro eu" de forma que se desenvolva uma relação simétrica e igualitária. Assim, um se espelha no outro o que permite segurança nesse mundo genérico e impessoal que consideramos. Ao mesmo tempo, permite que se compreenda, perceba, aprecie e, principalmente, se aceite o objeto da paixão. Dessa forma, se quer o outro pelo que ele é, apesar de sempre existir tensões e, consequentemente, dor.

Paralelamente, a auto-estima de cada um se eleva inspirando a tenacidade necessária para que se inicie a busca pelo auto-conhecimento a partir da exploração dos motivos que levam cada um a agir

---

1   "Criação do nada". Frase que expressa o conceito cristão do século II: tudo provém de Deus que criou o Universo a partir do Nada. Aqui tem o propósito de fazer pensar a paixão enquanto uma criação, também divina, criada, aparentemente a partir do Nada e que como tal pode frutificar gerando vida infinita (física ou mental) ou fenecer e morrer uma vez que se encaminha, novamente, em direção ao Nada.

da forma que age. Assim, pode-se compreender o que se faz abandonando a vida pública e impessoal cotidiana.

Aprende-se a partir do que se observa no outro, independentemente de regras, justificando a paixão por ela própria.

Aqui talvez se encontre a grande atratividade da paixão amorosa, pois através dela me torno o que realmente sou ou posso ser. Dessa maneira, mais do que me enamorar por um objeto específico, me enamoro pela própria paixão que permite o encontro comigo mesmo. Portanto, amar é um meio de se atingir a paixão e não o apaixonar-se é que leva ao amor. Com isso, se afirma a própria vida a partir dessa paixão, se amando o amor (Vilain, 2010). Dessa maneira, muito mais do que uma simples disposição racional, intelectual ou moral, ela é uma disposição afetiva que passa a fundamentar a própria vida.

Por tudo isso, a paixão não é algo completo, definido e definitivo uma vez que, por si só, permite a reinvenção constante do outro e do próprio relacionamento, embora ocasione uma agudeza de visão tal que leva ao enxergar e, consequentemente, ao conhecimento. Esse conhecimento sobre si mesmo e sobre o outro, deriva da paixão e de se conhecer, estabelecendo, assim, um círculo vicioso.

A paixão não é, portanto, uma entrave à abertura, ao mundo e ao outro, mas sim algo que se dá e não toma – parte da afirmação do próprio ser a partir de seu apetite de vida.

O conhecimento nos leva a uma relativização dos valores nos fazendo perceber que, sob uma tênue camada de modernidade, encontramos lógicas que nos acompanham há muitos séculos e que se proclamam valores universais que são, quando muito, regras sociais destinadas a um funcionamento utilitarista da sociedade. A partir disso se percebe que "a prestação de contas" não é a um Deus onipotente ou a uma lei punitiva, mas a si mesmo e ao outro, dentro de uma lógica de coerência entre ambos que ocasione uma intersubjetividade alegre e feliz, facilitando o relacionamento, refinando-o e respeitando-o.

Exatamente por tantas perspectivas e possibilidades que essa escolha passou a ser a encruzilhada do caminho para nossos personagens que se defrontam com a possibilidade da negação das evidências presentes nas próprias vidas em função de algo idealizado. Esse simples aparecimento da paixão em suas vidas ocasionou uma metamorfose, uma transformação em ambos que, sacudidos de sua vida cotidiana e pública, são obrigados a se olharem analisando a si

108 Da Paixão: sobre um fenômeno humano

mesmos naquilo que se refere aos desejos, afetos e vontades, considerando que a vida é, primeiramente, sentida, para, após isso, ser pensada, falada e, finalmente, vivida. Assim se estabelece a singularidade e a veracidade da própria existência individual. Essas transformações habitam, todo o tempo, a vida e o mundo dos apaixonados que se sentem oprimidos e aguilhoados pela necessidade de pensar e viver dentro do paradoxo de que possuir significa também ser possuído. Dessa coexistência se constrói um existir singular.

Quando Aristóteles fala da eudaimonia[2] (ευδαιμονία) (*apud* Calasso, 2010) ele distingue cinco possibilidades[3], uma das quais por inspiração de um ser divino que surge com caráter abrupto de maneira a transformar aqueles por ela atingidos. É exatamente nessa condição que pensamos a paixão que, após capturar os atingidos, por ela deve ser conhecida e vivida.

> *"Antes morrer mil vezes do que perder a felicidade da nossa união, pois estou loucamente apaixonada por você, sejas quem for, te amo tanto como a minha própria vida: nem o próprio Eros me parece comparável a ti."[4]*

Deixa-se aqui de amar só o amor introduzindo-se um estado depressivo com cada um dos atores percebendo que se encontra aprisionado em uma gaiola luxuosa, privado de uma conversação criativa.[5]

Isso, entretanto, só ocorre quando há o encontro com alguém muito particular e especial.

> *Assim, para ele, ela passou a ser, senão a única, a principal razão de ser e de se conduzir, não se imaginando sequer capaz de, sem ela, conseguir respirar ou viver mesmo que para desfrutar da sua companhia, o sofrimento da ausência e da perda (ainda que parcial) tivesse que ser enfrentado.*

---

2 Felicidade.
3 As outras formas de felicidade seriam a inata, característica do próprio indivíduo; a segunda como decorrente de um aprendizado, como se pudéssemos encontrar uma ciência da felicidade (embora quando pensamos a paixão e sua relação com a felicidade temos, obrigatoriamente, que pensar que ela também deve ser explorada para que se possa "aprender" a gostar e ser gostado); a terceira através do exercício e do hábito. O quarto tipo, introduzido pela inspiração divina e um quinto introduzido pela fortuna, em que pese alguns considerarem a mesma situação uma vez que ambas procedem do exterior do indivíduo.
4 APULEIO. *O Asno de Ouro*. Medei: Gredos, 1978.
5 "São essas promessas que me fizestes, querida Psiquê? Como vou contar contigo, mesmo sendo seu marido? Que posso esperar? De dia, de noite, e até entre os braços de teu esposo, não paras de atormentar-te. Basta, faça o que queiras, mesmo que seja para perder-te! Recorde tão somente minhas sérias advertências quando um dia comeces a se arrepender." (APULEIO. *O Asno de Ouro*. Medei: Gredos, 1978).

Isso porque, para o apaixonado, não existe nada mais importante no mundo do que possuir o amor de seu objeto de paixão.

A mulher que se ama é sempre só um sonho.
Nem sempre o que ao dormir, se pense querer tê-lo,
Pois, se alegre ele é fugaz, se longo ele é tristonho,
Às vezes é ilusão, às vezes pesadelo.

A mulher que se quer é sempre desejada,
Nem sempre sendo aquela com quem se pode estar.
É aquela que aparece quando menos é esperada
E que vai sempre embora quando a se quer amar.

A mulher que eu quero é a mesma que eu desejo,
Que sonho, que amo e vejo em pensamento
E por quem eu trocaria a vida num só beijo.

É ela por quem vivo se me encontro acordado
E quando estou dormindo, é sempre um só tormento
Embora eu sonhe sempre e queira tê-la ao lado.

Boa parte da paixão se passa no território mental do apaixonado, entre seu olhar e seus fantasmas, o que faz com que tudo seja possível e absoluto, com cada cena vivida podendo ser imaginada e modificada a partir de seu olhar interior. Isso porque, embora não possamos criá-la, temos forçosamente que alimentá-la. Só que ao fazer isso, corre-se o risco de destruir a própria estrutura real. O Eu real, interior, se digladia com o Eu social, exterior. Esse conflito, se não controlado, leva à destruição individual.

Entretanto, por ser talvez uma possibilidade riquíssima do existir humano, a paixão vai participar da constituição do próprio projeto existencial a partir da transformação individual de ambos os envolvidos. Para isso é necessário que "para te transformares no que amas, é necessário que o outro te apanhe na vida dele e tu o apanhes, a seu turno, na tua vida" (Liiceanu, 2014).

Ela, pelas próprias limitações da vida formal e pública, explicava
sempre que tinha muitas dificuldades para concretizarem algo (muito
mais justificando a si mesma através de explicações lógicas e racionais
para não ter que olhar e encarar, diante de si mesma, o que sentia ou
pensava). Um dia o filho estava doente. Em outro a empregada não tinha
ido e não havia com quem deixar a criança. Em outro, o marido tinha
cancelado o trabalho e estaria em casa. Esses fatos traziam a tona o dito

110 Da Paixão: sobre um fenômeno humano

por Capelão (2000), que referia que "se descobrires que a bem-amada procura pretextos vários ou alega falsos empecilhos para não te encontrar, já não te cabe esperar usufruir o amor dela". Mesmo não sendo verdade, uma vez que o relacionamento prosseguia, os medos da perda eram constantes originando tristeza e ciúme[6].

Casais, frequentemente, passam anos juntos num constante jogo de poder. A paixão, quando acontece, traz a consciência de sua vida e o conflito de conseguir ver o outro como ele é e não como se procura vê-lo no castelo encantado das relações institucionalizadas que pode, muitas vezes, explodir a qualquer momento.

Assim, se inicia a gestação de uma nova substância, assustadora, que se manifesta de maneira consciente e inconsciente. Um dia, após um dos encontros, aterrorizada, ela diz:

– Ontem fiquei preocupada porque sonhei que estava grávida de você e acordei e fiquei pensando no que faria se isso acontecesse!

– Ora, seria simples. Nós conversaríamos o que você gostaria de fazer e definiríamos qual seria o rumo que daríamos para nossas vidas.

– Não é tão fácil assim pois envolveria outras pessoas e muitas perdas.

O "parto" de algo novo, que desestrutura o antigo, é vivenciado por essa mulher num sonho, trazido ao cotidiano, e negado veementemente uma vez que a manutenção do "castelo" institucional é básica se mantendo a vida obscurecida, sem questionamentos, a partir da obediência às regras de uma mundo geral e inautêntico.

Dentro da visão platônica de que essa paixão amorosa deve extrair o melhor de cada um dos envolvidos, é essa "gestação da alma" que produzirá obras diversas a partir do grande alcance da criatividade de cada um (May, 2012).

Da mesma forma que a morte, a dor e a paixão são individuais. O sofrimento é também individual. A paixão amorosa imbrica-se com a capacidade e disposição em se dar, o que viabiliza as próprias possibilidades do existir que cada um impulsiona no outro, rumo ao seu próprio projeto.

---

6 Como refere Ovídio: "O amor, ainda jovem e pouco seguro de si, se fortifica com o uso; alimente-o bem, e, com o tempo, ele se tornará sólido. Este temido touro, você tinha o hábito de acariciá-lo quando era bezerro; esta árvore, à sombra da qual você se deita, não era no início senão uma fina haste; pequeno em sua nascente, o rio aumenta enquanto avança, e, durante seu curso, recebe a água de mil afluentes. Faça com que sua bela se habitue com você; nada é mais poderoso do que o costume; para criá-lo, não recue diante de nenhuma dificuldade. Que sua amiga o veja sempre; que ela o escute sempre; que a noite e o dia mostrem o seu rosto para ela."

Essas dificuldades, segundo Jung (*apud* Carotenuto, 1994), podem ser vistas em função de se ter que encarnar o filho idealizado pelos pais de modo que "o que age mais fortemente no psiquismo é aquela parte dos pais que eles não viveram". Isto, em nossa cultura, se reflete na antiga ideia de que cônjuges ideais são dóceis, confinados ao lar e com interesse moderado pelo apaixonamento. Isso se impõe desde os séculos XVIII e XIX com a implantação de uma moral burguesa rígida.

Isso aponta também para uma culpa impessoal e difusa, com dificuldades em vivenciar a própria vida deixando com que a impotência se mostra gigantesca. A possibilidade da pessoa se tornar ela mesma é sempre desencorajada pelo coletivo voltado à uniformidade, uma vez que essa diversidade é, imediatamente, avaliada como transgressora.

Caracteriza-se, ao mesmo tempo, a atitude humilde de perceber e aceitar os limites do outro. O objetivo, ao estar-com, é ajudar de maneira paciente, de forma que o outro possa ver para depois pensar e escolher com o valor emergindo da própria relação que se torna o ponto de referência, e faz com que ambos se retroalimentem e se façam ficar atentos (Lopes, 2006).

Enfim, era sempre muito difícil qualquer coisa que permitisse que aquela paixão, arrasadora, acontecesse de forma plena e satisfatória. Isso porque, paixões assustam pela sua tempestuosidade e, obviamente, pelas consequências possíveis.

Para superar os contrastes mediante a alegria, o amor não pode suprimi-los ou negá-los.

(Nietzsche, 2012)

Podemos pensar que, para ela, funcionava um "olho absoluto", sempre atento no diagnóstico de eventuais atos ou pensamentos suspeitos. A paixão, pela transgressão que sempre representa, traz antecipadamente a culpa e, consequentemente, uma resposta perversa que leva ao castigo real ou imaginado. A abolição do desejo não inibe sua presença só ocasionando a falta física e a ausência profunda. Corresponde não só a um prazer superficial, mas também a um prazer básico e profundo, que brota, espontaneamente, da própria natureza humana. É exatamente esse território que ela tem dificuldade em demarcar. Sem desejos se abolem males e dores e, teoricamente, a vida humana torna-se tranquila ao ponto de a morte ser suave. Isso

112 Da Paixão: sobre um fenômeno humano

é, entretanto, um engodo. Ser humano é exatamente a antítese dessa afirmação[7].

Observa-se aqui um conflito inevitável uma vez que não há prazer sem dor nem conhecimento sem sofrimento. O prazer é o próprio afastamento da morte, o que possibilita a vida. Reencontra-se, a partir desse prazer, o corpo e o mundo, porém contra ele se levanta, constantemente, o orgulho e a dominação que, sob a forma de consciência, traz a dúvida, o questionamento, o medo e a obediência. Todos mais fáceis de serem seguidos (uma vez que estabelecem caminhos gerais e, aparentemente indiscutíveis) enquanto perspectiva de correção e de felicidade.

Viver é estar lançado e perdido, sem fios ou mapas que nos conduzam a qualquer lugar determinado. A paixão, dentro dessa ideia, é uma tempestade em um oceano sem estradas, o que assusta e leva, facilmente, o viajante a procurar portos seguros ou mapas que definam a segurança. Por isso, essa paixão, e o desejo a ela ligado, repousam sob a ideia de uma felicidade eterna e infinita, bem como de uma dor inexprimível ao se pensar na ausência ou na perda do objeto amado. Segundo Schopenhauer, podemos pensar que tal tipo de sentimento não poderia expressar somente o efêmero, porém representaria o próprio transcendente.

Outra questão importante a ser considerada é a culpa. Porém, a culpa deriva, ao menos teoricamente, da intenção pela qual o ato é efetuado. Assim, quando o ato nos parece negativo, ela surge. Como pode surgir da paixão, um sentimento ruim como a culpa? Como pode viver algo bom a partir de algo que o mundo entende e classifica como ruim?

E aqui nos surge uma questão banal e cotidiana que é a aparência na qual se dá a ausência do Eu ao contrário da manifestação da existência e da autoconsciência. Assim, a intenção do ato é pensar a responsabilidade das ações que o viabilizam. As "desculpas" ou as "justificativas" morais e sociais descaracterizam e despersonificam

---

7 Vale lembrar que o mito prometeico, no qual o titã Prometeu divide um boi entre homens e deuses narra exatamente essa questão uma vez que ele dá aos deuses os ossos e a pele e aos homens a carne e as vísceras. Redistribuem-se assim os prazeres cabendo aos deuses os odores decorrentes da matéria queimada e a eles oferecida. São prazeres sofisticados e de excesso uma vez que não satisfazem a nenhum desejo. Por outro lado, cabe aos homens a carne e as vísceras, destinadas a saciedade do corpo e de seus desejos, revelando, concomitantemente, sua finitude. A paixão resulta de uma necessidade, inclusive corporal, característica da humanidade e, exatamente por isso, ligada à dor e a finitude.

esse eu que, visto sem o filtro do social, muitas vezes se torna insuportável[8].

Dessa maneira, como refere Bonder (2011), um casal (e nossa história se refere a um casal), nunca é composto por duas pessoas, mas sim por três, na verdade um terceiro que é representado de maneira real ou simbólica pelo externo. No caso descrito, esse terceiro se configura na figura de cônjuges, de relações estáveis e socialmente aceitas, bem como de outros problemas disso decorrentes[9], entre elas o ciúmes que, como referiam os adeptos do amor cortês, no marido tem um motivo grosseiro uma vez que se relaciona a possessividade.

Essas relações aprisionam o elemento que já é da posse desse social, com as garantias de que o impulso erótico e criativo já tem um compromisso e um dono, e, portanto, ele não é livre. Essa ideia subjacente constitui a moral que vai julgar o fato. Com isso, como refere Kierkegaard (1972), ao querer tornar-se outro, o vaidoso não o consegue e, além disso, perde-se enquanto indivíduo. Da mesma maneira, nessa paixão não se estabelece a entrega, pois ela se perde na relação anterior que nunca mais voltará a ser a mesma uma vez que passa a se constituir enquanto um ato de poder com concretude. Essa escuta do outro indefinido visto no parceiro social ou no próprio julgamento social torna-se a não escuta de si mesmo com a consequente perda da individualidade e do próprio eu. Isso porque não existem interditos definitivos e absolutos. O homem, em sua facticidade, é falível e passível de quedas e rearranjos embora nossa "moral social" veja a tentação ou a busca do prazer como algo que nos "desencaminha" e nos "faz perder". Dessa maneira, esse Eu enga-

---

8 Diz Jung, em seu livro vermelho: "Não a alegria secreta em seus pensamentos e em seu olhar, mas a estranha alegria do mundo que chega inesperadamente como um vento quente do sul, com ondas de perfumes e flores e a leveza da vida. Esta seriedade, você a conhece por seus poetas, que quando olham com expectativa para o que acontece nas profundezas, são primeiramente procurados pelo demônio devido a sua alegria primaveril. Quem experimenta essa alegria esquece de si próprio." Ou então: "Com esta alegria recém-conquistada saí para aventuras sem saber onde o caminho me conduziria. Deveria saber, no entanto, que o demônio sempre nos tenta primeiro através das mulheres. Embora eu pudesse ter, como um pensador, pensamentos inteligentes, não era assim na vida. Lá eu era mesmo tolo e preconceituoso."

9 Interessante se pensar que Páris é escolhido pelos deuses para julgar qual a deusa mais bela: Hera, Atena ou Afrodite. Ao dar o pomo de ouro de vencedora (fornecido por Éris, a discórdia) para Afrodite, a deusa do amor, do desejo e da beleza, motivado pela sua promessa de fazer Helena por ele se apaixonar, ele envolve outras três potestades: Eros, Éris e Ares, ou seja, a paixão, o conflito e a guerra. Estamos assim em plena guerra de Troia. É essa mesma relação conflituosa, ocorrida no interior de cada apaixonado, que revivemos em cada momento do mesmo fenômeno.

nador ora abusa de si mesmo, controlando a vida não em função do que ela é, mas sim do que, hipoteticamente, deveria ser, ora a manipula no respeito aos bons costumes com um intuito utilitário de não assumir a responsabilidade sobre o desejo.

O existir passa a ser censurado se tornando inautêntico, se submetendo a um policiamento que se impõe através do medo das punições e das recriminações, bem como das ameaças de catástrofes futuras que, também, se constituem em diferentes formas de castigo.

A tudo isso se soma a sensação de solidão e desamparo. Consequentemente, a paixão se oculta ou desaparece pelo medo da transgressão na qual ela se sustenta. A moral se apoia na legalidade com o olhar do outro, determinando o que é correto e, somente na intimidade, permitindo que se manifeste o próprio eu.

Assim, cabe uma nova pergunta: diante da riqueza da vida cabe qualquer escolha que a circunscreva e limite?

Mesmo com a resposta parecendo óbvia, nos acostumamos a nos perder em pensamentos, justificativas e desculpas que constituem uma verdadeira rede social e moral que nos impede de sermos nós mesmos, esquecendo que o eu real se manifesta através dos atos, e não das considerações teóricas.

Isso lembra a história do sacerdote que desenha algo sem esboço numa folha de papel de arroz umedecido, com tinta nanquim, justificando o desenhar como a representação da vida – que também não tem um esboço, e que deve ser vivida de maneira fluida. Quando paramos para pensar nessa reflexão teórica, borramos desenho.

Dentro dessa perspectiva, a visão moral cotidiana controla qualquer possibilidade de ruptura de um modelo pré-estabelecido e não pensado, não tendo, portanto, nenhum compromisso com a verdade do eu que é traído sistematicamente para que ela seja preservada.

A paixão amorosa não procura o que é seu nem seu próprio interesse ou, menos ainda, a pessoa do outro.

Nela se estabelece a troca, o intercâmbio de prazeres a partir da disposição de se retribuir o prazer recebido envolvendo até mesmo o conceito de beleza. Assim, para os apaixonados, o simples apaixonamento produz prazer, e esse prazer individual os banha de uma luminosidade que fascina o outro, deixando-o desamparado e indefeso diante de uma atração irresistível[10]. A alteração de consciência e a obstinação de pensamentos e tendências relativas à pessoa desejada são facilmente reconhecíveis ocupando um tão grande espaço interior do apaixonado, que esse aparenta carregar consigo algo exterior de origem sobre-humana revelando um mundo próprio e pessoal indivisível, intransferível e incompreensível para todos aqueles que dela não participam.

Desaparecem as distinções entre o meu e o teu e se constrói algo próprio e comum a ambos, porém não compartilhado com mais ninguém. Renuncia-se a muitas coisas sem uma troca contábil que justifique a essas renúncias.

Assim encontramos uma das raízes do ato transgressor. Na incompreensibilidade da paixão por qualquer outro que não seja o apaixonado. É um ato mais do que ético, com um caráter quase místico.

Em seu transcurso, o desejar corresponde a esperar e saber. Conhecer o que é, se entregar e viver o fato. Sábio é conseguir se viver aquilo que a vida oferece, embora com todas as dificuldades e os riscos a ela inerentes. Só a partir do conhecer é que se pode apreciar aquilo a que se tem acesso, pois a paixão é um remédio que expulsa os males e devolve as alegrias. Ela permite uma maneira superior de se ver os fenômenos, afastando o indivíduo dos problemas e do brilho ilusório do cotidiano. Percebe-se a perfeição do outro porque essa perfeição é dada pelo olhar do apaixonado e, esse perfeito, enquanto tal, brilha, irradia, ilumina, resplandece. Isso torna a vida colorida e significada pelo prazer.[11] Isso porque, partindo-se da ideia grega que já citamos, de que as coisas emitem luz, essa luz, ao se encontrar com os raios provenientes dos olhos do apaixonado, se torna visível e é essa intensidade que confere a beleza ao objeto de paixão.

Pena que nem todos são capazes de vivê-la. O medo monta nos poetas que mostram a dificuldade da decisão. Comete-se aqui uma injustiça ao não se corresponder à paixão do outro. A reciprocidade é uma questão essencial e, essa reciprocidade é uma concepção

---

10 Deve-se lembrar que Afrodite, deusa do amor e do desejo, faz com que Eros, o deus da paixão, nasça de seus passos seguindo-a sempre. Ela vai acompanhada além dele, por outros deuses como Húmeros (a atração) e Protos (à ânsia de rever a pessoa amada) bem como pelas Cárites que incentivam os prazeres e as alegrias coletivas potencializando o prazer.

11 Cabe lembrar que no cortejo de Afrodite estão também as Musas que favorecem os prazeres estéticos como a dança, o canto, a poesia e o teatro.

eminentemente feminina posto que exclui a competição mas, principalmente, a dominação e a submissão presentes na maior parte dos relacionamentos. Na paixão, o desejo circula entre ambos, as posições se alternam e a memória e a fantasia preenchem os espaços vazios. O tempo é essencialmente presente, um presente de prazeres, emoções e afetos, na maior parte das vezes com algumas lembranças de passado e ausência de futuro uma vez que esse representa a finitude. Essas são as sombras que acompanham a paixão e que a constituem sendo inconcebível pensá-la distante dessa dualidade vida-morte, luz-sombra, presença-ausência. É exatamente essa dualidade que leva ao desamparo dos apaixonados diante do delineamento de uma separação ou da impossibilidade da aproximação. Essa dor traz à mente a limitação e a morte enquanto fim, porém mesmo com tudo isso na memória, sempre resta a lembrança que permite que se reatualizem os desejos e a própria paixão. Dessa maneira ela se torna indestrutível e o passar do tempo não tira da vida seu sentido e seu prazer. Ao contrário, a paixão amorosa eleva o senso do Eu acarretando um estado eufórico constante. O ignorá-la, omiti-la ou distorcê-la cobra um alto preço sobre a própria autenticidade.

À QUOI ÇA SERT ?[12]

Comme toi j'ai um cœur qui ne peut rien promettre
Àquil'amour fait peur mais qui t'aime peut-être
À quoi ça sert de le cacher
À quoi ça sert d'y échapper?
je n'ai rien à t'offrir que ce que mes yeux voient
tu ne veux pás souffrir mais qui ne souffre pas?
À quoi ça sert de l'éviter
À quoi ça sert de t'em aller?
À rester dans ta tour d'ivoire
enbroyant du rose ou du noir
tout seul – tout seul
comme on n'est pas três malheureux

---

12 Em tradução livre: Para que serve? Como você, tenho um coração/Que não pode prometer nada./A quem o amor assusta/Mas que talvez te ame?/De que serve escondê-lo?/De que serve escapar dele?/Eu não tenho nada a te oferecer/Além do que meus olhos vêem/Você não quer sofrer/Mas quem não sofre?/ De que serve evitá-lo?/De que serve você ir?/Ficando em sua torre de marfim/Transitando entre o rosa e o preto/Sozinho – Sozinho/Como não estamos muito infelizes/Esquece-se que um não está feliz/Sozinho – Sozinho/Não tenho mais que as estrelas/E mais nada para você/Se fazemos mal um ao outro/Foi a vida que quis assim/De que serve ficar sozinho?/De que serve viver sozinho?/Sozinho. (Françoise Hardy).

> *on oublie qu'on n'est pas heureux*
> *tout seul – tout seul*
> *jen›ai que les étoiles et rien d›autre pour toi*
> *sil'on doit se faire mal c'est La vie qui veut ça*
> *à quoi ça sert de rester seul*
> *à quoi ça sert de vivre seul*
> *je n'ai que les étoiles et rien d'autre pour toi*
> *sil'on doit se faire mal c'est La vie qui veut ça*
> *à quoi ça sert de rester seul*
> *à quoi ça sert de vivre seul tout seul.*

Tudo isso é assustador, e significa sair das regras e dos limites previamente estabelecidos, designados enquanto verdades absolutas marcadas pela segurança e pela aprovação pública. Viver a paixão significa transgredir o imediato e o aprovado para se jogar na ilusão e na fantasia sem esperanças e sem nada aguardar para, nesse momento presente, se conseguir ser feliz uma vez que não se espera nada fechado ou "amarrado". Vive-se aquilo que se pode e, principalmente o efêmero que se pode ter. É isso que dá a potência para se viver plenamente naquele momento, dando significado ao próprio existir. É exatamente essa capacidade de sentir que, na prática dos prazeres recíprocos, dá plenitude a própria existência.

> *Era exatamente isso que ele tentava lhe dizer quando em alguns encontros lhe agradecia por existir considerando que sua presença preenchia a vida dele dando um significado atual, sem compromissos e, principalmente, sem que nada fosse pedido.*

O prazer é o grande protagonista do ato apaixonado, ainda que, em algumas ocasiões se misture com a dor. Conforme a concepção de vida individual, de acordo com o que se pensa, o indivíduo age conforme seu pensar e, com isso, consegue viver de maneira mais plena sem fazer mal ao outro ou a si mesmo. Quanto mais de acordo com o que se pensa e sente, menor é a dor presente. Ela permite, assim, um verdadeiro exame sobre a vida que vivemos uma vez que faz checar o banal e o regulamentado que, na maioria das vezes, se constitui de maneira inquestionável. Posso considerá-la mesmo como a própria busca da verdade, não da verdade absoluta, porém da "minha verdade" individual, intransferível e inenarrável uma vez que é ligada, da maneira mais estreita possível, com a minha própria vida o que faz que se questione as crenças e as regras gerais e estabelecidas na busca do significado pessoal incapaz de ser compreendido pelos demais.

Serão esses significados que vão assinalar, ou não, uma saída favorável e feliz ou, destrutiva e até mesmo mortal para o fenômeno. Não cabe, para tanto, que se construam discursos justificando-a. Cabe que a paixão se entranhe e se torne visível em ambas existências, sem a preocupação da construção absoluta. A partir dela não existem bem nem mal, nem verdadeiro nem falso, nem belo nem feio, nem justo nem injusto.

Nela, enquanto projeto claro, se pensa a ação visando-se o prazer de ambos e seus efeitos, conforme a concepção de Chamfort (*apud* Onfray, 2010) quando diz: "frua e faça fruir, sem fazer mal nem a você nem a ninguém." A fruição do outro é fundamental, não da forma como se pensa que seria melhor o prazer do outro mas sim como realmente o é, sem se deixar levar pela paralise ou pela agitação que o prazer, usualmente ocasiona.

Capítulo

6

Do erotismo

120 Da Paixão: sobre um fenômeno humano

"Hominem te esse memento!"[1]

O ser humano não existe só e é através de seu corpo e de sua sexualidade que ele se percebe construindo sua relação com o outro. De maneira contrária à essa ideia, o ideal ascético cristão se opõe a isso a partir de obrigações religiosas e relações familiares de caráter patriarcal. Assim une a paixão e o prazer do erotismo à ela ligado ao conceito de pecado – o que ocasiona que se pensar que se devem conter as paixões para que a salvação seja assegurada. Esses valores unificados e compartilhados pela maioria dos indivíduos se transformam em automatismos inquestionáveis que não se relacionam nem mesmo com as demandas afetivas individuais. São estruturas de morte que ocasionam sofrimento em função dos sacrifícios impostos. Sacrifícios esses decorrentes do controle e da busca por segurança (Muchembled, 2007). Ao se tentar sufocar o fogo da própria excitação sexual, se domestica uma força natural (Freud, 2010) – recompensa pobre pela renúncia ao impulso. A sexualidade se fecha em uma rede de proibições e castigos com total desprezo pelo mundo e pelo corpo.

A sexualidade se constitui em uma das modalidades de ligação do indivíduo com a natureza e, assim, o limite do erotismo é o mesmo limite do corpo e do psiquismo – embora a cultura e a sociedade tentem organizá-lo e discipliná-lo. Isso porque ele nos encanta e aguça nosso desejo, ameaçando as regras e normas que, derivadas de vinte séculos de cristianismo, nos levam frequentemente a uma pulsão de morte cultivada ininterruptamente pela própria cultura que cria uma ética universal e transcendental, voltada primordialmente para a ascese e para a morte (Onfray, 2010). O homem tem o poder de transmutar a sexualidade em erotismo, ou seja, transformar o instinto selvagem em ato elegante. Mais do que a mera expressão da sexualidade esse erotismo é manifestação desse instinto sob o encanto da paixão e do olhar apaixonado, aprimorando nele a percepção e o gosto pelo prazer associados a um imenso sentimento de liberdade.

---

1 "Lembra-te que és homem!" frase de Tertuliano, 150-230 para que não se caísse na megalomania e na angústia. Temos que nos lembrar que somos passíveis de sentimentos e paixões humanas e que são, exatamente essas, as que nos dão a humanidade que nos é característica. Privilegiarmos o espírito em detrimento do próprio corpo nada mais é do que manifestação megalomaníaca de que podemos ser "mais que homens".

Esse prazer é, portanto, ligado à própria ideia que o indivíduo tem de si mesmo (Muchembled, 2007).

No entanto, conforme refere Onfray (2002), a "rejeição do corpo produz, em nossa civilização, uma neurose sublimada historicamente: o ódio platônico pela carne, o culto prestado pelos cristãos à pulsão de morte, a desconsideração generalizada pela terra, o anátema lançado sobre os desejos e prazeres [...]" tudo isso produzindo um ideal ascético que não é percebido, mas que permeia as relações interpessoais que se estabelecem a partir dele. Isso porque o erotismo traz em seu bojo uma força vital de tal monta que, por si só, constitui a própria vontade de viver.

> *"Todos os instintos não liberados para o exterior se voltam para o interior. Essas muralhas aterrorizadoras que o Estado levantou para defender-se contra os velhos instintos de liberdade. A inimizade e a crueldade, o prazer de perseguir e atacar, de transformar e destruir: eis a origem da má consciência."*

> (Niestzche, 1971)

Desde muito cedo, a própria educação sexual torna a sexualidade mais dramática e complexa, carregada de culpas e de processos de normalização (Onfray, 2000). Assim, o corpo é educado e se abandona às formas socialmente aceitas de manifestação, fato esse que origina a hipocrisia e a mentira diante de si mesmo e dos outros acarretando uma frustração permanente carregada de culpa uma vez que essa sexualidade, embasada em regras rígidas de monogamia, procriação, fidelidade e coabitação, é francamente insatisfatória posto que se opõe ao desejo que é, naturalmente, polígamo, pouco preocupado com a descendência, infiel e nômade (Onfray, 2000). Nessa incoerência se estabelece uma violência contra a sexualidade em si e, como o autor refere, a lógica institucional não varia as respostas que se constituem somente em renúncias, recuos, resistência e repressão. Os sentimentos reais que são avaliados e julgados sob o signo da concupiscência, ao serem controlados, destroem e minimizam o prazer, organizando a vitória final da morte sobre a vida.

Considerada como "loucura do amor", a Antiguidade sugeria, para ela, enquanto remédio, a contemplação, o casamento e, em última instância, a promiscuidade (Lucrécio, *apud* May, 2012).

Para Engels (1974), a monogamia foi, de todas as formas de família conhecidas, aquela sob a qual se desenvolveu a questão sexual na modernidade. Entretanto, essa não se desenvolveu obrigatoriamente de forma exclusiva, embora seja assim disseminada a ideia dentro da concepção usual de amor. Isso porque o amor sob a forma de paixão, que envolve, necessariamente uma questão sexual, parte da forma do amor cortês observada já na Idade Média, envolvendo, quase de maneira constante, a questão do adultério de maneira implícita (Engels, 1974; Capelão, 2000) desvinculado, frequentemente, da sexualidade.

Enquanto na Modernidade, para Engels (1974) o casamento assume duas possibilidades, ele define:

> "Nos países católicos, agora, como antes, os pais são os que proporcionam ao jovem burguês a mulher que lhe convém, do que resulta o mais amplo desenvolvimento da contradição que a monogamia encerra: heterismo exuberante por parte do homem e adultério exuberante por parte da mulher. E se a Igreja Católica aboliu o divórcio, é provável que seja porque terá reconhecido que contra o adultério, como contra a morte, não há remédio que valha. Nos países protestantes, ao contrário, a regra geral é conceder ao filho do burguês mais ou menos liberdade para procurar mulher dentro da sua classe; por isso, o amor pode ser até certo ponto a base do matrimônio, e assim se supõe sempre que seja para guardar as aparências, o que está muito de acordo com a hipocrisia protestante. O marido já não pratica o heterismo tão frequentemente e a infidelidade da mulher é mais rara, mas, como em toda classe de matrimônio, os seres humanos continuam sendo o que eram antes, e como os burgueses dos países protestantes são, em sua maioria, filisteus, essa monogamia protestante vem a dar, mesmo tomando o termo médio dos melhores casos, em um aborrecimento mortal, sofrido em comum, e que se chama felicidade doméstica."

Para Ovídio (*apud* May, 2012), a instituição repressora do casamento não consegue promover nem a cortesia nem a consideração.

Nesse contexto, a paixão amorosa é substituída, sem que se perceba, pelo compromisso, pela afeição e até pela dependência às coisas materiais, dependência essa que permeia grande parte dos relacionamentos conjugais.

Tudo isso transforma a questão erótica numa questão racional presente quando insinuamos que "se investiu" muito em um relacionamento sem que se tenha "tido um retorno" (Rauter, 2007). Isso porque o erotismo pode ser considerado a sexualidade domesticada com o instinto sexual canalizado de modo a proteger a sociedade de seu transbordamento, se focando, durante a paixão amorosa, em uma pessoa específica (Liiceanu, 2014)

Como dissemos até agora, sendo a paixão uma forma de transgressão individual e coletiva, é óbvio que a nossa história tem um desenvolvimento erótico. Ou como diria Valéry (*apud* Cecla, 2014):

> *"C´e amore e amore. L´amore passionale è una malatta mentale che gli uomini onorano più o meno come um tempo onoravano la follia, che ritenevano sacra"*[2].

Dessa transgressão às regras estabelecidas é que se origina, basicamente, o termo libertino enquanto aquele que não abre mão da sua liberdade e não reconhece nenhuma autoridade que se estabeleça sobre a individualidade, nem sob o ponto de vista social, nem sob o ponto de vista religioso. Constitui-se, assim, em sua ideia original, na arte de ser si mesmo diante do outro.

Para esse exercício da liberdade se demanda, em primeiro lugar, a negação da teórica oposição entre corpo e alma. Ao se fazer isso, se renuncia a confusão entre amor, procriação, sexualidade, monogamia, fidelidade e coabitação que se constituem em fenômenos diferentes entre si; mesmo se tangenciando, não se interpenetram necessariamente.

Entretanto, esse erotismo presente em nossa narrativa é realçado pela própria ambivalência do relacionamento que, por suas características e limitações, nunca permite uma entrega total. Mesmo ilimitados em seu pensamento, os apaixonados possuem outros limites intransponíveis.

Assim, o adultério é visto enquanto o triunfo do amor. Pode ser considerado um ato nobre (Lins, 2015) pois permite que esse amor se desenrole às margens da instituição casamento que fica como fator excludente da paixão amorosa.

Como consequência, se troca o ascetismo, a austeridade e a imobilidade existencial pela alegria e pelo prazer de se estar vivo. Estabelece-se uma arte de viver e amar sem que, para isso, se sacrifique a autonomia e a independência. Torna-se a vida algo privado e não

---

2 Em tradução livre poderíamos dizer que "[...] existe amor e amor. O amor passional é uma doença mental que os homens honram mais ou menos como há um tempo honravam a loucura, que consideravam sagrada."

exposto à crítica dos semelhantes. Sacraliza-se o mundo a partir de todas as suas expressões.

"Nas primeiras vezes que saíram, foram a um motel, com muito medo dela de que alguém soubesse ou percebesse."

"As alegrias da carne são pecados graves na tradição monástica cristã" e a culpa e a punição trazem um sofrimento enorme associado ao prazer (Muchembled, 2007).

Dessa maneira, todo o modelo ideológico se reduz, nesse momento, a um território de macho dominante e fêmea dominada, ambos fazendo parte de uma horda enquanto membros não pensantes de um rebanho (Onfray, 2010) desfrutam do prazer obtido conjuntamente com o outro, não legalmente possuído, se constitui na violação e no "furto" de uma posse que é de outrem. O prazer, como momento a ser enfrentado, fora das normas conjugais, quase sempre visto como origem e motivo de castigos intensos uma vez que se desqualificam o corpo e o desejo, o que leva à punição da sensualidade acarretando a codificação da sexualidade. Entretanto, mesmo sem qualquer contrato estabelecido, permanece um certo formalismo sem o qual o sexo se empobrece e a liberdade se desnatura (Vargas Llosa, 2013).

Com isso, se tenta a erradicação do desejo e da sexualidade da forma como é muito bem exposta por São Paulo em sua primeira epístola aos Coríntios. Tudo isso para que, em um último estágio, se alcance uma hipotética perfeição espiritual ficando o prazer como impedimento da felicidade do outro se produzindo, consequentemente, ressentimento e culpa (Rauter, 2007).

Essa tentativa de erradicação do desejo remonta ao concílio de Trento que insiste no casamento enquanto sacramento monogâmico e indissolúvel com a própria lei civil proibindo as uniões clandestinas. O casamento assume também um papel importante ao final do século XVI sob os Valois e os Bourbons para que se controle o pecado capital da luxúria, latente na mulher, de forma que ela se transforme em boa esposa e mãe, "até o sacrifício" (Muchemblad, 2007).

Assim, o modelo racional que embasa a noção de posse e de casamento, propõe um contrato social seguro que minimiza a solidão existencial e sua dor. Ledo engano que o passar do tempo mostra ser ilusório e impraticável. Entretanto, entre nossos apaixonados, um

Do Erotismo 125

contrato não verbal e não escrito se estabeleceu: aquele relacionado ao próprio desejo e ao desejo do outro.

> "*A ele bastou somente um olhar para que percebesse que nunca mais conseguiria tirar de sua cabeça essa mulher feita de marfim e ouro. Seu corpo se enrijeceu e sua boca secou. Seu peito arfava e o coração batia em tal ritmo que parecia que lhe ia sair pela boca.*"

Embeleza-se aqui o prazer físico com a imaginação contribuindo para o seu enriquecimento e sofisticação. O prazer se envolve então com a própria criação, com a diferenciação e com a singularização (Rauter, 2007).

> "*Ela não parecia perceber nada. Vestia um vestido negro que destacava sua pele branca e os cabelos que, às vezes, em mechas, lhe caíam sobre o rosto.*
>
> *Surpreendeu-se ao entrar no quarto e sua culpa, projetada sob a forma de perigos reais, era tão grande que numa das vezes, dentro do próprio quarto, atendeu ao telefonema do marido, explicando-lhe que tinha saído para resolver problemas domésticos.*"

Na proibição se encontra um estímulo voluptuoso. O erotismo se liga diretamente à liberdade e à transgressão. Entra-se em um domínio secreto, privado e individualizado, no qual desaparecem os preconceitos, o formalismo e a própria discrição.

Torna-se patente a preocupação de ambos, um com o outro. O prazer nunca se justifica se custar o desprazer do outro. O medo dela define o respeito pela situação, concretamente inusitada. Concomitantemente, a autonomia, a independência, a construção de ambas as individualidades independentemente dos imperativos sociais, vinculado à busca da satisfação e do prazer, estabelecem uma clareira na existência, iluminada pela mesma luminosidade, coerência e adequação de si mesmo. E isso independe do mundo público e impessoal exigido pelos costumes e pela sociedade.

O gradativo desse medo que permitirá a ambos o poder de se lançar na paixão e no conhecimento de si mesmo e dos próprios limites. Esse autoconhecimento, apesar disso, leva ao difícil questionamento da quietude e da serenidade – que caracterizam mais a morte que a vida em sua plenitude, mas que também trazem a segurança e a imobilidade do desconhecimento e da impossibilidade de decisões próprias.

"Quando ele a desnudou, admirou seu corpo pequeno, as pernas compridas e delicadas, a cintura bem torneada, os dedos longos e elegantes, mas principalmente, os olhos grandes e amendoados."

A presença dela produzia um novo mundo no qual se misturavam os traços de todas as mulheres anteriormente conhecidas. Assim, o erótico presente na situação age como antídoto para uma sexualidade que poderia ser vista somente enquanto manifestação de animalidade (Onfray, 2010) sem que nenhum dos dois esteja, em momento algum, manifestando carências, mas sim transbordando de tensão e de prazer. É a matéria imanente que nutre o impulso de vida prazeroso e lúdico de ambos. É a sensualidade de ambos que permite que se conheçam e reconheçam pelas informações não idealizadas que ambos transmitem.

Esse erótico é que permite a coerência do ato. Essa é a sabedoria vivida e não pensada; sem memória de um passado nem medo de um futuro. Simplesmente vivida. Como na pintura realizada sobre o papel umedecido com pincel embebido em tinta nanquim, não existe esboço, o movimento flui num *continuum* perfeito sem que se pare para pensar a direção do traço, pois uma vez refletida, a tinta borra e a pintura se perde. A própria morte é esquecida no momento presente perdendo o seu significado e mostrando-se somente enquanto um epifenômeno do próprio existir. Nesta situação, o desejo é muito mais excesso do que falta. O afeto transborda em relação ao outro ultrapassando o próprio desejo permitindo a construção de si mesmo e do outro.

Voltando a Engels (1974), quando compara a questão do casamento com as novelas alemãs e francesas, "o clima de aborrecimento da novela alemã inspira aos leitores da burguesia francesa o mesmo horror que a 'imoralidade' da novela francesa inspira ao filisteu alemão". Isso porque, conforme Jankowiak (2003), a tensão entre os costumes e o desejo sexual é o verdadeiro contexto da paixão, esses costumes sendo relacionados ao trabalho e a produção e, em nosso momento, a tecnologia, a ciência e, principalmente, a uma visão utilitária (Rauter, 2007).

É dessas preocupações cotidianas, muito bem definidas pelos deveres impostos, que Aristipo fala (*apud* Onfray, 2002): "Ele ri das grades, das hierarquias e das coisas superficiais que preocupam a maior parte das pessoas: o dinheiro e o poder, a família e o trabalho, as honras e a riqueza, a reputação e a consideração". É exatamente essa regularização não repressiva da sexualidade, presente na paixão amorosa, que possibilita a criação (Rauter, 2007).

Projetado sob a forma de culpa, percebemos isso nas primeiras expressões eróticas de nossos personagens. A ansiedade e, principalmente, o medo dela em ser descoberta e castigada surgem como decorrentes dessa questão moral que, embora, historicamente seja extremamente recente, é poderosa uma vez que, voltando ao mesmo autor, o matrimônio se embasa na posição social dos contraentes envolvendo, portanto, não somente significados afetivos mas também e, porque não dizer, principalmente, significados sociais e econômicos que aparecem sob a forma de segurança, principalmente naquilo que se refere à segurança dos filhos. Esse tipo de comportamento age de maneira bastante organizada nas relações interpessoais, tolhendo-as (Rauter, 2007).

Essa ideia vai de encontro ao mito do hermafrodita que coexiste e coabita de forma única, imutável, autocentrada e abandonada pelo desejo, não podendo ver que nessa vida, teoricamente fusionada do casamento burguês, se perde a identidade, se renuncia ao Eu e, com isso, se dissolvem as singularidades (Onfray, 2000).

Neste encontro descrito isso não ocorre. Aqui se conserva a independência. Embora se sofra pela falta, se estabelece um "estar juntos" pelo prazer e pelo crescimento pessoal, independentemente das obrigações estabelecidas pela Lei.

O sofrimento presente é visto como decorrente dos próprios limites pessoais, trazidos pela existência em si em seu desenrolar. O prazer sensual, mesmo que à distância, ocasiona a satisfação decorrente do "estar com", mesmo na ausência física nem o espaço geográfico, nem o tempo cronológico se constituem em fatores essenciais na paixão. Nela se personifica a arte de ser si mesmo na relação com as próprias normas, sem que se incorra no castigo da desobediência, como seres autônomos que decidem os rumos da própria existência sem que um seja subjugado pelo outro. Constrói-se, assim, uma relação autêntica, sem considerações inúteis sobre um passado que é inexistente; ou predições hipotéticas sobre um futuro, quase sempre idealizado.

Com essas características se faz do presente um objeto de prazer coerente com aqueles que o vivem. "Carpe diem" talvez seja a expressão que melhor define o momento que é, habitualmente, borrado com

128 Da Paixão: sobre um fenômeno humano

culpas passadas ou medos futuros. Vive-se a generosidade, a espontaneidade e a alegria que caracterizam um existir menos controlado. Nossos dois personagens têm, nesse momento único, o prazer de existir pela única razão de que a existência é boa, delicada, elegante, sensual e prazerosa. Com isso afastam o peso do ascetismo, a culpa, a dor, as condenações, a angústia e o medo. Tudo em favor de um existir presente, compartilhado e com o consentimento mútuo. Como diz Onfray (2010), isso significa estar livre, viver o presente e recusar a culpa decorrente da formação imposta pelo social. Tudo de maneira clara e consciente para que se possa viver prazerosamente e de maneira coerente consigo mesmo e com o outro envolvido.

É assim o triunfo da vida sobre a morte se amando o próprio amor e fazendo da existência uma obra de arte. Luta-se contra o vácuo existencial dando-se ao erótico a potência ligada à própria vida.

Isso só ocorre porque a paixão se sobrepõe a razão e à insatisfação com a vida cotidiana arrebatada pela imaginação. É este estado de "louca paixão" que "enevoando a mente" faz com que os indivíduos se esqueçam até mesmo das atribuições cotidianas (Pittman, 1984). Contrapõe-se a isso o sofrimento, inevitável e até mesmo desejado. Dessa forma a paixão "salva" o indivíduo da rotina permitindo-lhe abstrair a realidade e viver o sonho (Cavalcanti, 2005). Essa paixão traz em si, também, um paradoxo que se concretiza e fica no plano do imaginário, ou se realiza. O indivíduo se frustra e se desespera pela impossibilidade da completude. Restam, dessa forma, o sofrimento e a dor. Não existe vida sem paixão, mas também não existe paixão sem sofrimento (Cavalcanti, 2005).

> *"Ele via o seu corpo, deitado sobre a cama, tão branco que seus contornos quase se confundiam com os lençóis e, ao observar os seios que palpitavam e as pernas que, preguiçosamente, se relaxavam na cama grande e impessoal, ele quase não acreditava que aquela mulher, que havia considerado fantástica, estava ali, ao seu alcance, ávida em ser desfrutada e em viver alguns momentos que a ele eram negados há muito tempo.*
>
> *Fechou os olhos e beijou-a saboreando o gosto que rescendia a alguma fruta enquanto percorria, com suas mãos, a suavidade de sua pele e a riqueza de seus cabelos.*
>
> *Fundiram-se assim seus corpos, cheiros e sabores com a sensação de terem se encontrado após muito tempo a deriva em um mar de nada cotidiano."*

No contato entre a pele de ambos se revelam energias que podem ser tanto positivas como negativas e que, ao serem acumuladas, participam da própria construção das suas identidades.

O erotismo é, assim, uma força que atrai a partir de um desejo latente, com ânsia louca dos corpos que se entregam embriagados pelo prazer sensual que se afasta daquelas normas socialmente aceitas, que rompe com suas leis, unindo os corpos de maneira indistinta. É uma necessidade natural, intensa, passional, ligada ao impulso e direcionada a um indivíduo em particular. Desfruta-se plenamente o presente vivendo-se o instante que é significado e que leva à constituição de forças de vida. É algo dúbio que não existe dentro do rebanho. Ele se constitui a partir de um contrato de dois seres que constroem sua sexualidade a partir de seus próprios desejos, e não de regras pré-estabelecidas. Isso permite um jogo, lúdico e terno, derivado da combinação amorosa sem que se apele para contratos, coações, posses ou outras manifestações de poder. A fidelidade é, portanto, derivada do prazer que um dá ao outro e não da obrigação contratual assumida. Entretanto, é usual condenarmos Eros em benefício de Ágape, pois é desse último que se originam os rituais de casamento que são a base da monogamia, do sexo triste e sua feudalização, bem como sua própria misoginia.

> "Assim, fizeram amor longamente, nos dias em que se encontravam, com o tempo escorrendo rápido, mas com o prazer dos momentos vividos sendo interminável.
>
> De sua boca entreaberta, a respiração arfava. Imóvel, ele sempre a admirava.
>
> Acariciava seu corpo delicadamente e seus lábios se entreabriam doce e lentamente. Dessa forma ele podia observar o ligeiro tremor em seu corpo e sua pele que se arrepiava ligeiramente enquanto suas pálpebras tremiam e suas pernas se abriam para que ele deitasse ao seu lado e a recobrisse totalmente.
>
> Seus seios eram pequenos, com mamilos acastanhados, quase negros, e ele parecia devorá-la enquanto ela sorria.
>
> Os olhos fechavam, como doentes da própria morte, e ela desfalecia em seus braços enquanto ele preenchia seus espaços e ela se abandonava enquanto ele acariciava seu corpo branco e macio.
>
> Era muito o desejo e, consequentemente, grande o prazer. Nele criava-se um mundo paralelo feito de cabelos desalinhados e mãos entrelaçadas. Pouco porém era o tempo e dura a realidade.

130 Da Paixão: sobre um fenômeno humano

> *'Il tuo odore è Il migliore*
> *resiste a non importa quale sapone*
> *lo respiro a ogni istante*
> *e non ho sentito niente di meglio.'*[3]

A canção Tuareg (*apud* Cecla, 2014) mostra a perenidade do prazer que se vislumbra na paixão. Essa surpresa aparece em todas as relações apaixonadas, como podemos ver na carta que Stieglitz se refere à Georgia O'Keeffe[4] dizendo:

> *"Por que eu não consigo acreditar que ela existe [...] eu nunca achei que ela pudesse realmente existir [...] ela é muito mais extraordinária do que até mesmo eu pude acreditar [...] eu não acredito que já tenha existido alguém como ela – mente e sentimentos muito claros – espontânea e incrivelmente linda [...] é para mim um motivo de espanto – como a própria Natureza [...] não consigo me acostumar a ideia de ter o privilégio de significar – ser – qualquer coisa para ela... é tudo tão intensamente lindo [...] por vezes a ponto de se tornar insuportável"* (Bullen, 2014).

Ou, de maneira mais simples, quando nosso personagem dizia à mulher que tinha diante de si:

> *"— Preciso de você. Se não te vejo ou se não sei de você, ainda que por pouco tempo, enlouqueço.*
> *— Mas, não pode ser assim..."*

O desejo cresce quando o objeto de paixão está fora do alcance e não respeita as diferenças idade, os casamentos ou os vínculos familiares. Isso porque o simples olhar de um para o outro alimenta a paixão e a faz crescer.

É sempre uma experiência de estranhamento e de sofrimento em função dos inúmeros mundos presentes naquele por quem se está apaixonado. Se encerra, nesse momento, tantas qualidades essenciais que, fazendo com que cada um dos envolvidos retorne à multidão indiferenciada (Rauter, 2007).

Mais do que a completude e o desejo de fusão, se presencia aqui uma incompletude individual e a pobreza do ser. Exatamente por isso é que podemos dizer que Eros é filho de Penia (pobreza) e Poros

---

3 Em uma tradução livre, diríamos que "[...] o teu cheiro é o melhor/resiste a não importa qual sabão/respiro a cada instante/e nunca senti nada melhor."
4 Fotógrafa e pintora americana entre os anos 20 e 40.

(abundância) cabendo aos apaixonados, através de seus recursos e força pessoais, contrabalançar a pobreza que decorre da ausência do outro. Dá-se assim a criação do novo embora a infelicidade caminhe par e passo com essa construção o que vai de encontro a ideia de que "não existe um amor feliz" (Comte-Sponville,2012). É essa alternância entre a dor e o prazer que constitui a existência uma vez que sem ambos, sobra somente o tédio.

A própria antecipação dos eventuais prazeres aventados propicia a vivência que é bem descrita também por Safo quando diz (*apud* Blackburn, 2005):

"Sempre que eu
vejo você, mesmo que por um momento,
minha voz me abandona
e minha língua é condenada ao silêncio em fogo delicado
repentinamente corre por baixo de minha pele,
meus olhos nada veem, meus ouvidos assobiam como o rodopio de um pião
e o suor jorra por mim e um tremor se insinua sobre
meu corpo inteiro, fico mais verde que a grama
nesses momentos, pareço estar a nada mais
que um passo da morte."

Esse erotismo está, portanto, no olhar, nos cheiros, na voz, nas mãos e nos pés, no próprio movimento, sempre ocupando todo o corpo e, consequentemente, invade a mente. Ele é desejo que parte em busca da própria plenitude. Portanto é algo bom que se quer preservar, embora também seja transitório e incompleto. Corresponde mesmo a um processo de absorção mútua, embora se obtenha somente uma sensação momentânea que proporciona a ilusão fugaz de totalidade. A união real é impossível pela própria possibilidade de destruição dos envolvidos, mas sempre existe o risco dessa experiência erótica se esgotar no ato sexual. Contrapõe-se, portanto, a vida presente em toda essa plenitude do desejo insaciado com a morte decorrente da impossibilidade de vivê-la, ou do esgotamento na pura sensualidade.

Esse estado que podemos considerar semelhante ao êxtase, é um sentimento oceânico com mente e corpo fundidos se identificando.

É uma experiência que traz consigo o desejo intenso diante da idealização do objeto amado, acompanhado da necessidade da exclusividade emocional, com a presença do ser amado invadindo o psiquismo do apaixonado que, em situação de dependência, redefine suas motivações e prioridades de vida em função da própria empatia e solicitude para com o amado (Harris *apud* Jankowiak, 2003). É interessante perceber que o mais próximo dessa expressão erótica não pode ser encontrado na nossa modernidade. Tudo isso é perfeitamente retratado em culturas antigas nas quais a representação da mulher, enquanto amante, expressa a sedução, a magia, a profundidade e, principalmente a vida. Vida essa que culmina no equilíbrio entre o masculino e o feminino, e desemboca no momento orgástico, milagroso e completo no qual se fundem as duas identidades. Nessas culturas, o desnudamento, a revelação e a contemplação do corpo feminino tem, até mesmo, um valor simbólico e iniciático (Feuga, 2012). Essa mulher amante é culpabilizada e, exatamente por isso, ela perde parte de sua possibilidade de realização em função do que poderíamos chamar de "sexofobia cristã" que esquece que, como dizia Évola (1968), "a força do sexo está na própria raiz do indivíduo vivo, e aquele que crê poder realmente suprimi-la se ilude." Quando represada ou reprimida, passa a ser a base de fenômenos ansiosos. Assim sendo, uma vez ela estando presente, as únicas possibilidades são a sua expressão ou a sua transformação.

Os amores paralelos, em culturas como a nossa, embora sempre tenham existido, são contrapostos. Muitas vezes complementam as ligações oficiais, o que faz com que pensemos que, na paixão, a única coisa que muda é a forma como a sociedade a vivencia. Na nossa cultura ela é vivida marginalmente. A sociedade não aceita esse critério individual, e a própria modernização social e o nascimento do individualismo moderno passaram a ser diretamente ligados a uma ideia de amor regulamentado, embora se procurando ignorar o papel do erotismo nas histórias sentimentais que não ocorrem dentro do casamento (Jankowiak, 2003).

Exatamente por isso esse relacionamento deve se manter discreto e oculto, posto ao juízo moralizador dos que, por falta de coragem de viver uma grande paixão, criticam aquilo que lhes é vedado viver (Onfray, 2010).

Essa falta de coragem para viver uma grande paixão pode ter várias origens que se estendem desde um padrão de personalidade próprio – que não permite que se conheça – até a falta de imaginação e de audácia que impedem que se a viva.

Entretanto, nada disso impede que a crítica pura e simples do fenômeno possa ser considerada como mero ressentimento e inveja, posto que a paixão é uma preciosidade.

"Depois disso, ela se levanta e olha as cortinas da janela entreaberta e ele quase morre de susto ao tocar o telefone e ouvir o diálogo familiar que entrava pelas paredes do quarto do motel trazendo a discussão subsequente sobre o supermercado permeando o clima de romance. Na sequencia ela ficou apavorada pensando que seu celular poderia servir para que fosse rastreada e localizada e assim, saberem o que fazia. Só a partir da percepção de que os medos tinham um caráter muito mais interno do que proveniente de situações externas é que o desespero diminuiu."

Os locais nos quais a paixão se desenrola são isolados e particulares exatamente porque permitem a expressão do desejo livre da impessoalidade e da massificação cotidianas.

Não há nenhum repúdio ou ocultamento do mundo, mas sim a possibilidade de, na ausência dele, podermos ver a nós mesmos, se colocando o outro na situação de, naquele momento, ser o maior de todos os bens, pois embora o desejo tenha um papel de suma importância, é o apaixonamento que funde os dois seres naquela situação. É isso que faz com que um encontro erótico seja belo e que permita que cada um goste de si mesmo a partir dele e que goste do outro, posto que, físico e mente se interpenetram e permitem a compreensão de quem, realmente, somos. Independentemente dos obstáculos mundanos que se apresentam e que são representados principalmente pela obediência cega às normas e às convenções, cabe lembrar que isso extrapola o mero encontro sexual que se perde nas mesmas normas e regras.

Como refere Miller (1999), alguns relacionamentos se estabelecem à custa do medo, do afastamento emocional e do isolamento, principalmente em função da vigilância constante do controle. Tudo isso era visível nos pensamentos paranoides que permeavam o próprio encontro.

São todos esses significados ligados à própria paixão que intensificam o interesse mútuo, estimulando-o a prosseguir. A ideia de que o amor corresponde a um estágio espiritual superior à sexualidade possibilitou que o mundo desenvolvesse a ideia da paixão amorosa relacionada ao pecado. O pecado é inimigo a ser vencido, perigoso e violento, que as pessoas puras e esforçadas tem por obrigação combater, uma vez que ele contrapõe os desejos humanos aos desejos divinos (ou da moral, da sociedade ou do que quer que seja). Cada cultura tenta disciplinar o comportamento sexual definindo o que é correto e o que não é, com os vínculos sociais relativos a essa expressão, mais ou menos explícitos por Jankowiak (2003).

Isso porque esse desejo erótico é a própria busca platônica e fusional do "ser único e inteiro". No erotismo é fácil se perder pelo próprio prazer sensorial. Tudo, porém, somente em um momento único e irreproduzível. O objeto desse desejo se encontra em uma realidade muito mais profunda do que a cotidiana. O erótico entre dois seres apaixonados é a própria ligação entre o humano e o divino, pois é exatamente nesse momento que ambos perdem a individualidade, ainda que por um só momento com algo maior e indefinível.

Nesse encontro erótico dos corpos, visível na paixão amorosa, ambos "se perdem" de maneira "não racional", comunicando-se sem palavras em um momento de êxtase. Esse fenômeno é muito diferente daquilo que, habitualmente, chamamos de amor, pois no amor envolve a posse e os direitos. Na paixão se observa o encontro entre duas pessoas que, no fluxo desse encontro, produzem um terceiro e momentâneo estado composto por ambos. Isso altera a estabilidade e a segurança das situações prévias e vazias, mas cobra um alto preço ao destruir a segurança do que é conhecido e habitual. Não há posse, há o usufruir o estar junto, desarmado e perdido (Marcondes Filho, 2008).

Tal turbilhão de desejos e afetos vai frontalmente contra a visão estoica da questão que propõe que, para viver bem, tem que evitar arroubos e explosões afetivas que turvam a própria razão. Assim, como vivemos sob o império da razão, essa visão é bem característica, embora dizer que alguém é incapaz de amar significa desumanizar a esse alguém.

Bataille (1980), em seu livro sobre o erotismo, o considera a aprovação da vida até na própria morte dando-lhe uma profundidade e um significado imensos que envolvem toda a vida interior e levam o indivíduo, em sua consciência, a colocar em questão todo o seu ser. Assim refere que "no erotismo eu perco-me". Dessa forma ele envolve toda a subjetividade dos indivíduos caracterizando seus universos, desejos e comportamentos. Vivê-lo significa ser forte. Não aquela força bruta que vê na sensualidade a simples satisfação dos prazeres, mas a força nietzschiana que considera o forte como aquele ser cuja vontade afirmativa procura dar a chance de se concretizar possibilidades de novas vidas e novas interpretações a si mesmo e ao outro (Dumoulié, 2005).

O momento amoroso passa da plenitude para a insatisfação, sendo desfeito pela insuficiência e refeito pelo desespero em refazê--lo. Nele se tornam visíveis a solidão, a transitoriedade e a angústia consequente, o que faz aproximar a paixão da própria morte. Mesmo assim, esse momento define a vida pela capacidade de afetar e ser afetado pelo outro impondo novas perspectivas, novos juízos e novos valores, integrando uma imensa quantidade de afetos que aumenta a própria potência de vida. Diferentemente do domínio dos afetos pela inteligência, dos desejos controlados pela moral e por um superego; a potência transgressora desse desejo que expressa toda a vontade de se viver (Dumoulié, 2005).

> *"Por breves instantes, somos realmente o próprio ser original, sentimos o seu incoercível desejo, o seu prazer de existir; as lutas e os tormentos, o aniquilamento dos fenômenos, tudo isto nos parece de súbito necessário, tendo em vista a superabundância das inumeráveis formas de existência que se acotovelam, e se precipitam na vida, a fecundidade transbordante do querer universal; o aguilhão furioso desses tormentos nos traspassa no momento mesmo em que constituímos uma só coisa com o incomensurável e original prazer de existir e em que, arrebatados no êxtase dionisíaco, pressentimos a indestrutível eternidade desse."*

> (Nietzsche *apud* Dumoullié, 2005).

Nesse momento vive-se o extremo. O êxtase, o encantamento, ultrapassar os limites do lógico e do racional criando-se interiormente no ser uma nova experiência que o altera e ressignifica. Não se trata, portanto, de uma relação aquisitiva, mas sim criativa, na medida em que promove crescimento na vida de ambos os participantes que nela se transformam e se ultrapassam a partir desse desejo inesgotável. Dirige-se, portanto, em direção ao bem e à beleza. A morte dos valores e dos significados prévios, ainda que acompanhados pela dor da destruição da segurança, representam

136 Da Paixão: sobre um fenômeno humano

a possibilidade do perpétuo renascimento que reafirma a possibilidade de existir[5].

Para esse momento poder ser vivido, deve-se remover os obstáculos derivados das falsas crenças e dos medos irracionais, valorizando o corpo e o desejo, intensificando a vida. Carregado de paixões e emoções, cerimonias e rituais, o erotismo enriquece intensamente a banalidade do existir, ainda que neste momento seja vivido enquanto um ato transgressor a todo o aprendizado social e a própria Lei.

Destroem-se os sistemas de valor, as ilusões de poder e de segurança, busca-se a totalidade e a potência de se existir naquele momento. Torna-se, dessa maneira, uma atividade ética que é coerente e harmônica com o ser, não sendo afetada pelas determinações mundanas, permitindo que a vida de cada um seja constituída dentro de limites humanos, sem garantias, transformando o próprio indivíduo que não precisa estar amarrado a deveres e obrigações. Esse indivíduo se esforça por se tornar quem deseja ser: o amante. Sem uma essência prévia, permitindo tudo aquilo que ser coerente consigo mesmo, reinventando-se em cada momento e vendo no outro sua própria finalidade de existir, concretizado na forma da qual se relaciona com ele. Define, portanto, a relação do sujeito com ele próprio e com o outro envolvido.

Fica claro, a partir dos nossos personagens, que esse erotismo apaixonado se situa fora da normalidade estatística, da norma cotidiana e da regularidade burocrática. Se liberado (e esse é o medo) ele atinge o ponto mais íntimo, quebrando a estabilidade do ser construída a partir dos referenciais sociais. Porém, é esse o núcleo da paixão. Perde-se o pé da situação e, embora ele traga a perspectiva da perda e da morte, traz também o significado da vida. É o "esquecimento" de tudo, aquilo que nos aproxima da morte (não é por acaso o nome dado de "petit mort") mas é esse "esquecimento" também

---

5 É interessante se perceber como a estrutura da paixão se encontra presente também na base das experiências místicas. É isso que refere Santa Tereza D'Ávila quando diz: "Digamos que esta união seja como se duas velas de cera se unissem a tal ponto que toda a sua luz se tornasse uma só, ou que o pavio, a luz e a cera fossem um todo único; mas depois pode perfeitamente separar uma vela da outra, ficando duas velas, ou separar o pavio da cer...

...porque se compreende com clareza, por certas aspirações secretas, que é Deus quem dá vida à nossa alma e muitas vezes elas são tão vivas que de maneira nenhuma se pode duvidar, pois a alma as sente muito bem, embora não consiga expressá-las – mas é um sentimento tão grande que algumas vezes produz umas palavras de gratidão, que não se podem deixar de ouvir: Ó, vida da minha vida! Ó, sustento que me sustentas! E outras semelhantes."

(Santa Tereza D'Ávila. As moradas do castelo interior; São Paulo; Realização; 2014.

que nos permite ressignificar a vida. É o verdadeiro desejo de se estar dentro do outro e de ter o outro dentro de si, numa entrega tão profunda que, naquele momento, desintegra o próprio ser possibilitando a sua transformação.

Assim, "faz parte da natureza do amor (e aqui consideramos da paixão amorosa) que, muitas vezes os amantes finjam desejar carícias novas para por à prova a fidelidade e a constância do parceiro" (Capelão,2000). Sonhos, fantasias e desejos fazem parte, portanto, da entrega que a paixão demanda e que, a partir disso, transgride a norma e o estabelecido. Essa situação torna ainda mais difícil a situação dos nossos atores que caminha em um fio de navalha entre o formal, representado pelo casamento e pela vida social de ambos, e o transgressor, expresso pela relação extraconjugal o risco, a culpa, as fantasias e os sonhos. Isso porque, durante todo o tempo, se mantém a ambivalência entre o desejo sexual e o dever conjugal uma vez que o primeiro é corporal, primitivo e irracional, não passível de controle embora fonte dos maiores prazeres humanos, se encontrando assim no próprio núcleo do ser.

Também Guattari e Negri (s/d) referem que, a dor da angústia, na massa humana, decorre da própria indiferença humana ligada à nossa sociedade tecnocrática e indiferente que impossibilita um sentido individual ou coletivo. Assim, no cotidiano, a sexualidade se dissocia cada vez mais do amor com o outro que é, gradualmente, substituído, coisificado e desumanizado na desesperada busca da identidade e da fuga da solidão.

Assim, a paixão, enquanto comunicação amorosa viabiliza uma reação a essa característica possibilitando (ou não, dependendo da capacidade de entrega que cada um possui) um existir mais autêntico a partir do próprio questionamento, provocação e, porque não dizer, transgressão da própria existência, possibilidade rara e difícil de ser visualizada no cotidiano esmagador e impessoal.

"Essas situações, presentes em nossos personagens e difíceis de serem contornadas, geravam dificuldades e, por causa dessas, a ideia inicial de se encontrarem em um motel (como qualquer casal normal que vive uma aventura extraconjugal) foi abandonada, inclusive porque ela foi clara ao dizer que se sentia culpada, que nunca tinha se envolvido com ninguém, que não frequentava motéis e, que esses a deixavam com uma sensação ruim de vulgaridade."

É interessante observar por que muitos dos relacionamentos se estabilizam. A entrega sexual parece definir e estabilizar a situação de forma que ela não possa evoluir. Ou a relação se rompe pelo peso da culpa de um que a desvia para o outro sob o argumento de que a relação é somente de cunho sexual, ou ela permanece somente sob a forma de encontros casuais, consequentemente também dentro de um mundo público e impessoal, caracterizando mais um relacionamento "líquido".

Sob o ponto de vista da sexualidade, isso é facilmente visualizado pela substituição frequente de relacionamentos sexuais completos por relações parciais. O sexo oral que por sua facilidade, rapidez e "eficácia", passam a ser adotados com frequência, descaracterizando a culpa e a estabilidade do relacionamento. Assim, um ato que, a princípio, deveria representar um nível de intimidade muito maior, passa a ser realizado de maneira mecanicista e pragmática, perdendo, muitas vezes, seus significados mais profundos.

Esse comportamento torna-se claramente visível quando Giddens (1993) cita que, em pesquisa, Rubin refere que só um em cada dez indivíduos maiores de 40 anos referiu, quando interrogado, relações orais durante a adolescência, ao passo que essa proporção aumenta significativamente nas gerações posteriores avaliadas. Esse é um fenômeno que se banaliza no século XX a partir do período pós--guerra, em contraposição com o que se observava na Antiguidade clássica quando, em Roma, a relação era considerada o máximo do rebaixamento que alguém poderia permitir (Lins, 2015).

Mesmo com todas essas dificuldades, a presença de uma paixão fazem nossos personagens tentarem enfrentar e vencer as interdições: o que é o mundo real diante das exigências da paixão?

"Passaram, então, a se encontrar no escritório dela.

Era um lugar menor, com menos funcionários e, portanto, permitia uma privacidade maior que o dele, sempre cheio de gente, clientes e secretárias. Em contrapartida, o sexo se tornava mais difícil pela própria geografia do lugar e assim, o que deveria ser um relacionamento de entrega se transformava em um relacionamento contido, quase sempre rápido e incompleto."

Não se pode pensar que o aspecto erótico desmerece ou é simplesmente um estágio da paixão. Ao contrário, a intensificação do erótico costuma aumentá-la e por isso é que essas considerações passam a ter importância.

Exatamente por essa importância do erótico, esses fatos dificultavam a própria expressão afetiva. O erotismo é uma atividade transformadora na qual a própria individualidade se funde no outro, gerando novos sentimentos, ideias e possibilidades. Isso porque, embora ela seja frequentemente considerada como algo relegado à escuridão e ao abismo, faz com que nos vejamos diante de um beco sem saída, uma vez que os desejos provenientes do corpo são poderosos e difíceis de serem controlados e, quando são, isso é feito de maneira insatisfatória e sofrida. É aqui que, dentro da ótica paulina (Blackburn, 2005), o casamento, embora como segunda opção, deve ser valorizado posto que é uma excelente maneira de se combater o desejo que, na tradição cristã, se encontra ligado ao pecado original, à impureza, à sujeira, ao nojo e à conspurcação.

É interessante pensar que não esperamos nossa gratidão diante de Deus pelo dom desse erotismo e dessa sexualidade expressas através do orgasmo – mesmo que a própria Bíblia seja repleta de histórias de paixão o que nos leve a pensar em um Deus que a aprova. Ele próprio demora a formar, prazerosamente, o universo em um ato de prazer puro e, portanto, erótico (Maraschin *apud* Barros Neto, 2002).

Não é fácil, entretanto, nos livrarmos dos tabus e interdições para nos encaminharmos em direção à autonomia, libertos dos rituais cotidianos, principalmente a mulher que carrega quase sozinha a maior parte do peso decorrente da transgressão.

> *"Embora se falassem diariamente, seus encontros, que a princípio eram mensais, passaram a ser semanais embora sempre com muita dificuldade de serem organizados, pois ela apresentava características que dificultavam esses encontros, principalmente pelo medo que o envolvimento e a entrega ao outro propiciam."*

Aqui se vê uma questão interessante para pensarmos a questão do erotismo vinculado à paixão. A realização amorosa teoricamente permite que se viva a própria humanidade de maneira ativa, determinada e voluntária. Entretanto, para isso, o questionamento de algumas ideias, na maior parte das vezes vista como inquestionáveis pelo próprio contexto social e pela moralidade cristã, seja de extrema necessidade.

140 Da Paixão: sobre um fenômeno humano

É um sentimento interessante que se constitui na busca do impossível na busca do sofrimento na experiência da solidão, da tristeza e da dor da ausência. Apaixonar-se é assim: se abrir tanto ao positivo quanto ao negativo, tanto à dor e à decepção quanto à alegria e à realização, tornando-se ambíguo na medida em que é feito de repressão e permissão, de sublimação e perversão (Cavalcante, 2005).

> *"Como ela procurava ser também, excelente dona de casa e mãe exemplar, dentro da necessidade que todos temos de cumprir papeis públicos e impessoais mas que permitem e são indispensáveis à aceitação social, isso significava ficar uma grande parte do seu tempo no carro, correndo atrás das compras, de levar (e buscar) o filho na escola e, claro, de trabalhar. Tudo isso sem contar com os telefonemas do marido (que não conseguia perceber sua inconveniência diante da situação que desconhecia), sua vigilância e o medo que existia nela, fato que poderia parecer incrível, dada a maneira com que tinha realizado a primeira abordagem do relacionamento."*

Procuram-se, assim, cenários apresentáveis, politicamente corretos, que excluem a sensualidade e a paixão na tentativa de se reconduzir cada um deles a sua responsabilidade sem, sequer, a audácia do questionamento da própria existência, uma vez que ela já foi revelada e estabelecida dentro de parâmetros de fé, idealmente, corretos. Mesmo assim, num castelo de "conto de fadas" nada costuma acontecer sendo sempre anônimo, o que nos impede que nos conheçamos a nós mesmos, inclusive (Lopez-Pedrosa, 2010).

Confronta-se a necessidade desesperada da segurança oriunda de projetos e caminhos previamente traçados com a individualização que não apresenta o mundo das coisas enquanto paradigma, mas sim apresentando-o como um espaço interior construído de acordo com as histórias individuais. Será isso que definirá o objeto ou a situação irrenunciável que será a responsável (ou não) pela construção desse espaço individual?

Isso dificultava muito o relacionamento, posto que "deve-se considerar que a disposição de uma mulher querer ser amada mas se recusar a amar é inconveniente" (Capelão, 2000) e, embora isso não ocorresse na teoria, na prática a indisponibilidade fazia difícil o relacionamento.

Apresentava-se, de forma muito clara, a manifestação do senso de propriedade expresso, não só diretamente através da vigilância mas também subjetivamente a partir do seu não questionamento e da aceitação tácita da conduta enquanto "conduta correta", embasada em direitos legais e tradições sociais. Todas essas dificuldades existiam e impediam que qualquer encontro, prolongado ou elaborado, pudesse ser vivido. Ele, por ter que preservar seu papel social e profissional, digno de respeito e com uma série de compromissos convencionais a cumprir, e ela por ter que organizar em somente algumas horas (aquele período em que seu filho deveria estar na escola) toda uma vida familiar e profissional, ou seja, trabalho, atividades domésticas, estudo e, o que era pior, ter um namorado, papel no qual ele se sentia extremamente lisonjeado, embora constrangido. Tudo isso porque é impensável e impossível abolir ou ignorar as demandas sociais. Quando isso ocorre em uma situação de paixão, o sistema se encaminha para a própria destruição e para a morte. Isso é claramente visível quando observamos algumas obras da própria literatura[6].

Embora o relacionamento evoluísse, era extremamente limitado e difícil de ser viabilizado com os breves instantes juntos servindo para o oferecimento daquilo que podemos considerar o maior dos presentes: si mesmo. Assim, eles se amalgamaram e se constituíram. Para que frutifique, o amor deve ser dado sem reservas, inclusive porque "só os que se vêem diariamente fortalecem cada vez mais a sua paixão" (Capelão, 2000).

"Essa grande paixão (e era realmente uma grande paixão) era vivida através dos inúmeros e infindáveis telefonemas, apesar das falhas das operadoras de celular que impediam que qualquer conversação mais prolongada fosse executada sem que ocorressem, ao menos, meia dúzia de interrupções decorrentes das quedas de ligação. Claro que a internet

---

6 Em "Com o diabo no corpo" de Radiguet, o personagem principal tem no desejo pelo corpo feminino sua principal característica. Quando conhece Marthe, ainda antes de seu casamento próximo, sente-se atraído por ela buscando pretextos para encontrá-la com frequência, em sua própria casa ou na rua caracterizando-se uma paixão impregnada por sexo e manipulação, ele influenciando suas escolhas, até mesmo naquilo que se refere ao casamento. A ida do noivo de Marthe para a guerra, logo após o casamento dos dois, proporciona a ocasião para que o personagem se torne de vital importância para ela, estabelecendo uma relação de paixão intensa permeada por desejo, amor e ameaças, com ela preocupando-se à medida em que ele cresça (ele é mais jovem que ela) e a troque por outra mulher mais jovem. Ele caracteriza o ciúme pelo marido, responsabilizando-o, de certa maneira, pela impossibilidade de estarem juntos embora também perceba o efêmero e o obsessivo do relacionamento. O relacionamento é explícito, sem medo de serem descobertos, passando pelo amor, ódio e crueldade, sempre com juras e promessas eternas. Assim, o sofrimento caracteriza e explicita o compromisso. Tal relação tempestuosa só pode caminhar, diante de tanta manipulação, e porque não dizer, egoísmo da parte do principal personagem e infantilidade da parte de Marthe, para o único desfecho possível, a morte e a culpa que marcam todo o romance. Assim, o caminho mais frequente da paixão desemboca, exatamente na destruição dos atores em função de seu medo ou de seu egoísmo.

142 Da Paixão: sobre um fenômeno humano

também servia, mas como ela tinha medo de se comprometer suas mensagens eram sempre muito curtas do tipo [...]
— *Gostei muito do que li, ou...*
— *Foi muito bom abrir meu e-mail e ler o que você mandou. Você é incrível.*
— *Adoraria ser roubada. E ainda mais por você! Seria sensacional, acho que iria curtir minha vida."*

Mesmo percebendo a própria insatisfação, sempre fica a pergunta se essa não faz parte de qualquer relacionamento e se não se constitui no próprio preço de não se estar sozinho ou ter que pagar um preço demasiadamente alto por algo mais satisfatório.

A paixão enlouquece. Seu foco é em sentimentos e sensações, o que confunde a emoção e o desejo. Assim, os sentidos ficam impregnados pelas sensações deliciosas e fazem com que se perca a capacidade de raciocinar. As palavras adquirem uma enorme importância. Tão grande como o olhar e o gesto que supervalorizam o seu objeto retirando-o do cotidiano.

Este permite que não se olhe o real de frente se esquecendo, ou se procurando esquecer aquilo que existe e, muitas vezes, é insuficiente mas obrigatório pela própria miséria espiritual derivada da renúncia de si mesmo. Suprime-se, assim, imaginariamente, o problema por medo de se enfrentá-lo diretamente.

"— Não fale assim. Fique bem para a gente ficar bem. Aproveite o fim de semana com esse super sol, cuide das suas coisas e de você. Viu como estou aprendendo? Você é demais!"

É por isso que a relação apaixonada demanda que se escute, preferencialmente como um sussurro, aquelas velhas e batidas frases, muitas vezes vazias de sentido, que dizem "eu te amo" ou "meu amor" e que quando não são ditas ocasionam o mal estar e a dúvida.

O tempo que precedia os telefonemas entre nossos dois personagens fazia com que ele se sentisse como um nada, vazio, dependendo disso para que percebesse ser plenamente existente na contraposição à experiência da falta e da ausência. Apresentava-se, assim, um limite marcado e marcante que ele, pouco a pouco, foi tendo que elaborar.

Essas situações, em uma relação de paixão, são difíceis porque pressupõe decodificações mútuas, nem sempre fáceis, e que podem ser interpretadas como desinteresse ou medo. Ocasionam sentimentos de perda ou de abandono, intoleráveis para qualquer apaixonado. Entretanto, para qualquer um não envolvido na situação tempestuosa dos afetos presentes, fica claro o envolvimento mútuo embora um dos prazeres do desejo seja criar uma reação (até involuntária, quanto corporal) no outro, pois como refere Hobbes (*apud* Blackburn, 2005), "existe um prazer da mente que consiste em dois apetites juntos, o de agradar e o de ser agradado. E o deleite que os homens têm em deleitar não é sensual, mas um prazer ou alegria da mente que consiste em imaginar o poder que têm de agradar."

"Era ele quem ficava procurando e mandando textos, poemas, toda aquela baboseira apaixonada que garotos de quinze anos fazem e que ele, aos cinquenta e tantos, repetia, encantado pela figura sedutora. Claro que quando ele se avaliava (e é impossível não se avaliar, principalmente em determinados momentos da vida nos quais o balanço da própria existência é, praticamente, inevitável), muitas vezes se achava um idiota. Entretanto a vida que surgia do relacionamento justificava sempre, para ele, seus atos e atitudes. Isso porque aquele que se encontra apaixonado só tem um pensamento e uma crença: agradar a seu objeto de paixão."

Esta é a submissão ao próprio se apaixonar, se abandonando o se crer dono da própria vida uma vez que essa é colocada, voluntariamente, à disposição do outro.

"E ela reforçava suas atitudes quando, por exemplo, dizia:
– E eu não tenho nada do que rir, não."

A voz modulada, o olfato aguçado pelo perfume, o tato estimulado pela pele macia, os sentidos à flor da pele e o corpo cedendo ao prazer, tudo isso leva à abolição da racionalidade, do medo e da ansiedade, libertos das estruturas morais e sociais de forma libertária e transgressora.

"Como demora a morrer
A juventude em mim.
Se recomeço a amar
Eu me afasto do fim.
Amo ao contrário do tempo.
Não me posso envelhecer.
Talvez eu venha a morrer
Como se estivesse nascendo."

(Extraído de: Freire R. *Ame e dê vexame.* São Paulo: Master Pop, 2003.)

Era exatamente isso que ele percebia. Seu sentimento diante da proximidade do vazio de uma vida em seu ocaso diante da alegria, para além do bem e do mal que ela lhe proporcionava, era a possibilidade de prazer e vida obedecendo exclusivamente a si mesmo e seus próprio sentimento e emoções, justificando uma outra moral, outros valores e ética, coerentes consigo mesmo, verdadeiros diante dele mas impensáveis para os outros fiéis e, habitualmente agressivos, em relação àquele que, por coerência pessoal, discorda do poder das autoridades (sociais, políticas, religiosas ou morais).

"Com ele, ao contrário, ela podia se enxergar meio como Cinderella e sonhar, a possibilidade de transformação de Gata Borralheira em princesa, ou seja, a possibilidade de viver, ainda que por momentos limitados, uma vida mais própria e autêntica em lugar de algo impessoal e inautêntico. Podemos dizer que sua vida passava a ser a alternância da transformação da carruagem em abóbora e vice-versa."

Interessante que essa frase, por ela repetida à exaustão, quando dizia que a partir de determinados horários ela se transformava em uma abóbora, é exatamente a que Miller (1999) cita quando diz que "os sonhos de Cinderela, havia muito tempo, tinham se transformado em abóboras e cinzas".

Pena é que nem sempre essas transformações, pelos sentimentos envolvidos, pelas consequências vislumbradas e pelas próprias situações concretas pudessem ser aproveitadas, embora o fato seja compreensível. Transgressões são sempre desencorajadas e desestimuladas, quando não punidas, se não objetivamente, mentalmente através da culpa e da recriminação.

Se na tradição cristã a questão sexual já tem um legado pesado, com o próprio S. Tomas de Aquino (Blackburn, 2005) caracterizando, no casamento, como "imundícia" (sujeira), "macula" (mancha), "foetidas" (loucura), "turpitudo" (vileza) e "ignomínia" (desgraça), imagine-se o peso do ato transgressor a partir da relação descrita, principalmente considerando-se a mulher que, nessa tradição, também é considerada menos continente.

Entretanto, a fuga da paixão pode levar à loucura, pois sem a percepção da atração sexual e da fantasia carnal, a vida se complica de maneira perigosa. Mesmo destrutiva, a união entre dois apaixonados e a atração decorrente são inevitáveis e impossíveis de serem dissociadas, principalmente quando se tenta esquecer que a sobriedade é inimiga de Vênus e, portanto, da própria paixão.

O interessante é que a virtude é considerada a partir do se agir de conformidade com a natureza, o que nos levaria a considerar a paixão e o erotismo como virtuosos, uma vez que são fenômenos naturais e humanos. Entretanto, quando se fala da natureza, se fala de como as coisas deveriam ter sido (idealmente) "se Adão e Eva" não tivessem pecado liberando a luxúria e a paixão que, assim, seriam contrárias à natureza humana. Ora, esse argumento é, no mínimo falacioso, uma vez que envolve uma questão ideal e não uma questão estatística. No entanto, é exatamente essa linha de pensamento que nos aproxima do século XIX com a mulher só podendo oscilar entre os dois papeis possíveis, a saber, o de Madona ou de prostituta. Imagine-se assim, o sentimento de culpa decorrente, afetando o relacionamento que se instaura, uma vez que o mundo da paixão ocasiona políticas sociais terríveis que punem, sem a menor hesitação, aqueles que a vivem a partir da ideia que, em um mundo capitalista, tudo tem um preço financeiro, desvalorizando-se assim o fenômeno afetivo. Dessa maneira, o medo dos danos à reputação feminina, superposto ao fato de que as transgressões do "dever conjugal" serem apresentadas sempre como mais infames que qualquer outra (Hume *apud* Blackman, 2005) fazem com que a vivência do fenômeno seja difícil da forma como a apresentamos até aqui, por mais tola que tal afirmação nos possa parecer modernamente. Entretanto, a indexação da existência sobre a renúncia, a moderação, a prudência e a economia de vida são enraizadas em nós. Triunfa a morte estabelecida a partir da imutabilidade do existir e das regras fixas e não questionadas, todas elas controlando o casal, a fidelidade, a monogamia e a paternidade bem como todos os aspectos sociais que aprisionam de modo rígido, o erotismo domesticando a energia sexual. Dessa maneira, na procura incessante do céu, perde-se a terra. Isso porque nossa cultura estabelece a sua condenação explícita ao transformar a necessidade de negar a própria vida, representada pelo mundano, pelo físico e pelas forças naturais (entre elas Eros) por um dever moral relacionado com a própria ideia de pecado original. Isso coloca cada indivíduo contra ele mesmo e contra sua própria natureza e o mundo, obrigando-o a amar o irreal, proporcionando dor e sofrimento (May, 2012).

> *"Mesmo com todas essas dificuldades, a relação entre os dois continuou através de encontros, cada vez mais frequentes, que permitiam que ela deixasse de ser abóbora, ainda que por pequeno espaço de tempo e ele se permitisse estar vivo e se sentir mais longe da morte. Esses momentos de sonho e devaneio lhes permitiam manter uma vida impessoal árida e cansativa na qual tinham que cumprir tarefas e rotinas, no mais das vezes sem prazer e muitas vezes somente por obrigação não questionada."*

> *"Sua boca me cobria de beijos!*
> *São mais suaves que o vinho tuas carícias,*
> *e mais aromáticos que teus perfumes,*
> *é teu nome, mais que perfume derramado;*
> *por isso as jovens de ti se enamoram."*

> (Cântico dos Cânticos (1):2-3)

Continuou com o sopro de juventude e de vida que ela fornecia a ele. A paixão o fazia se sentir vivo, permitindo-lhe desfrutar de maneira prazerosa tudo aquilo que a vida lhe oferecia, sorvendo-a gota a gota em um momento em que ele já achava que ela mais nada poderia lhe oferecer. Isso porque, como refere Costa (2007), não é o amor que sustenta o erotismo, mas sim o erotismo que sustenta o amor. Essa é a vontade de vida de ambos os atores de nossa história. Vontade que tende a produzir um novo elemento, real ou imaginário.

Os sentidos adormecidos despertam com ambos induzidos a viverem o momento presente de maneira tão intensa que o discernimento e a preocupação com o futuro se atenuam e propiciam ao corpo aquele prazer que define e marca o momento de maneira fascinante. Saem ambos da própria individualidade atingindo a dimensão, quase divina da criação, se permitindo que o eu transcenda o próprio indivíduo e se transfunda para outros existentes.

Esse desenrolar permitiu aos dois se olhar no espelho, olhar esse que nem sempre assegura ou confirma a imagem que se pensa ou se deseja ao contrário dos atos de apego ao perfeccionismo ou ao fazer metódico, cotidiano e repetitivo que sempre, por se mostrarem prontos, não se constituem em experiências reais, pois por não serem abertos à construção, não permitem mudanças, transformações ou reestruturações levando, de maneira quase inevitável, ao vazio. O se olhar no espelho leva ao tentar ver a si mesmo e ao próprio mundo o que resulta uma enorme angústia que só pode ser contraposta ao remorso do não ter feito ou vivido algo, fato que desemboca, inevitavelmente, no tédio e no nada. Entretanto, se não olhamos nesse espelho dos próprios desejos e vontades próprias da existência, tudo aquilo que somos ou podemos ser, passa a estar ligado às ações cotidianas, banais e repetitivas que nos constituem enquanto "tarefeiros" que realizam coisas que, na maioria das vezes, nada tem a ver com nosso projeto de existência. Nessa repetição constante, são impossíveis novos ângulos, novas perspectivas, novos arranjos e prefere-se ficar na mesmice embora a experiência de uma paixão breve possa ressignificar, ao menos sob o ponto de vista da linguagem, aquele mundo banal em que vivemos interrompendo a continuidade e a indiferença.

Dessa forma, na medida em que o relacionamento progrediu, cada um dos personagens passou a adquirir cada vez mais, características únicas, exclusivas e excepcionais. Esse caminho apaixonado não passou nem pelos territórios do poder nem da escravidão e do domínio do outro, mas sim pela rota da liberdade, a grande via do prazer e da vida.

Essa intersubjetividade, muito mais que a fusão descrita pela maioria dos autores, se constitui na justaposição dos dois seres, ambos com vidas pessoais, únicas e intransferíveis. Caracteriza mais a individualidade de cada um do que a confusão entre ambos, característica da fusão narcísica, pois é essa paixão amorosa que, quando permitida em sua plenitude, faz emergir essa independência a partir do desvelamento de si mesmo e do mundo. O desejo perturba a ordem estabelecida reorganizando-a a partir da satisfação e do prazer. Para que isso ocorra, tem que sair do mundo inautêntico renunciando-se às regras fixas e imutáveis a partir do excesso e do transbordamento da paixão.

O desespero do cotidiano, maçante e repetitivo é, portanto, a porta da esperança e da luz, advinda das paixões, que por sua vez, trazem consigo, o temor, o medo da perda e o sofrimento.

> *"Isso porque, como refere Shakespeare (apud Blackburn, 2005)*
> *'os amantes e os loucos possuem cérebros tão fervilhantes,*
> *Fantasias tão imaginativas, que apreendem*
> *Mais do que a fria razão jamais compreenderá.*
> *O lunático, o amante e o poeta*
> *São de imaginação inteiramente compacta.'"*

Capítulo

7

Da transgressão

150 Da Paixão: sobre um fenômeno humano

"Extra ecclesiam nulla salus"[1]

"O amor, mesmo sem a intenção, é ato antissocial porque toda vez que chega a realizar-se destrói o matrimônio e o transforma no que a sociedade não quer: na revelação de duas solidões, as quais criam por si próprias um mundo que dissipa a mentira social, suprime o tempo e o trabalho e se declara auto-suficiente."

(O. Paz. *Il labirinto dela solitudine*. Milão: Mondadori, 1990)

Os romanos consideravam prudente lutar contra o amor visando evitar o sofrimento, principalmente o amor sexual apaixonado – mesmo não sendo ainda contaminados pela ideia de pecado, mas já sendo visualizado como uma revolta contra a razão, um verdadeiro motim particular (Lins, 2015).

A paixão consegue, habitualmente, triunfar sobre tudo aquilo que a proíbe, embora o cristianismo crie obstáculos enormes no que se refere à ela, considerada pecaminosa e passível de controle. O cristianismo estabelece, então, uma autoridade que se deve obedecer, algo hostil nela que deve ser combatido, até mesmo para que se seja salvo uma vez que a paixão envolve vida e morte, sexo e continência, casamento e adultério, desejo e aniquilamento. Para se retomar (ou tomar) o controle da própria existência, surgem obstáculos que devem ser vencidos, normas sociais a serem transpostas. Tudo para que a paixão amorosa possa crescer explorando o fascínio da transgressão e a fuga do banal e do habitual, fazendo com que perca a razão, sinta medo, culpa e ansiedade. Em um primeiro momento, sente tristeza pela dificuldade em estar com aquele por quem está apaixonado. Uma pincelada de morte. O questionamento aos "princípios sagrados do casamento" já se constitui em uma transgressão desde o século XVI (Muchembled, 2007). Isso não impede, entretanto, que o fenômeno continue a ser observado mostrando que ele pouco se altera, independente de qualquer legislação repressiva.

Nada se faz, de criativo, sem uma grande paixão. O conto de fadas que a maioria das pessoas julga conhecer se complica, embo-

---

1 "Fora da Igreja não há salvação". Frase de Cipriano de Cartago, 200-258 d.C. estabelecendo a verdade absoluta e o fim das heresias. É citada aqui no intuito de que as verdades estabelecidas pelo costume, pela tradição ou pela lei, quase sempre são inquestionáveis e o simples pensar nelas, herético, é passível de condenação e, frequentemente, castigo.

ra tenhamos nos proposto compreendê-lo, independentemente das concepções e julgamentos morais e éticos tentando vê-lo somente enquanto uma manifestação humana criativa em direção à felicidade, ao auto-conhecimento e à realização. Porém, esse conto de fadas termina aqui porque embora não se possa (ou não se deva) viver sem uma paixão, ela se constitui em um processo de risco uma vez que carrega o risco de matar ou enlouquecer aquele por ela arrebatado, pois há, sempre, o risco de perda de limite de si mesmo e do outro (Pereira, 2003). É exatamente por isso que se teme a paixão. Uma paixão liberada assusta e dá medo e, por isso, é considerada imoral tendo que ser regulada e controlada. O grande pecado de Adão foi que, ao desobedecer às regras estabelecidas, com seu próprio conhecimento, assume a responsabilidade do ato e, consequentemente, foi punido por isso. Fica sempre presente a questão de se ajuizar os atos como se fossem transgressores ou não, a uma lei inquestionável, estabelecida previamente. Portanto, pensar já se insere, a princípio, dentro do ato transgressor[2]. Ao criar um espaço próprio, a paixão cinde o mundo cotidiano abrindo outro mundo fora do comum e assim subverte e transgride o primeiro. Neste caso, a transgressão óbvia é a do mundo institucionalizado do casamento.

O caminho que traçaremos a seguir, apoiado sobre a mesma história que construímos até agora, é menos literário, mas mais interessante. Ele se remete à forma de se encarar e viver o fenômeno universal da paixão. Assim, não termina num "casaram e viveram felizes" como se quer fazer crer no cotidiano como nos contos de fada uma vez que é pobre o amor que pode ser medido e, habitualmente, essa medida é realizada pelo padrão empírico do casamento e de suas teóricas realizações, todas elas de caráter eminentemente pragmático. Isso porque existe um contraponto entre paixão e casamento que faz com que essas duas coisas estejam em lugares opostos (Wisnik, 1987). A paixão evolui ao lado da dor, dos sentimentos de perda e de medo, ou como diriam alguns cientistas, "existem três sistemas cerebrais para o amor: um para a sexualidade, um segundo para sentimentos de afeto profundo e um terceiro para o amor romântico", e são esses sistemas que irão colorir os fenômenos de maneira diferente.

---

2 O castigo de Lilith é ter que ir morar com os demônios.

O adultério (μοιχεία) é definido como a relação sexual voluntária de alguém casado com uma pessoa que não seja o cônjuge. Embora, em muitos países, ele tenha deixado de ser considerado um crime, ainda traz em seu bojo uma censura moral.[3]

O próprio mandamento bíblico que reza "não cometerás adultério" traz um aspecto regulamentador tanto naquilo que se refere da ligação do homem com Deus como das relações sociais.

O primeiro aspecto decorre da agressão a Deus, uma vez que vai contra as leis naturais que o associam aos conceitos de mal, impuro e abominável. É pecar contra a divindade.

O segundo aspecto deriva de prescrições que regulam o comportamento sexual de maneira moral e ética. Isso faz com que se identifiquem a partir daí a necessidade da moderação dos desejos e prazeres através do autocontrole, restringindo-se os relacionamentos sexuais a uma finalidade reprodutiva (postura ainda hoje adotada pela Igreja) e uma dimensão social alicerçada sobre questões de honra e vergonha que disfarçam motivações econômicas e políticas voltadas a preservação da propriedade e legitimação da descendência.

Restringe-se o prazer que não deveria então ser usado enquanto fim posto que afastaria o homem de Deus. Dentro dessa visão predominantemente religiosa, seriam considerados lícitos, portanto, só os prazeres sexuais produzidos no matrimônio e que visam a concepção (Perez, 2015).

Mas aqui se coloca a oposição entre a fidelidade no amor e a fidelidade ao Amor que cria uma moral subversiva que visa o absoluto e não distingue o objeto denunciando, de maneira radical, a moral contratual, burguesa, cristã, racional e institucional que transforma emoções em contratos e faz os sentimentos serem conformistas e simples. Dessa maneira violenta as consciências e a moral burguesa,

---

3 "Mas eu acredito que, quando as mulheres caem, é por culpa dos maridos, se não cumprem seus deveres e derramam nossos tesouros em regaços estranhos, ou então, estalam em ciúmes mesquinhos, impondo-nos restrições; ou ainda, nos batem e reduzem por despeito nosso orçamento habitual, então sim, não somos pombas sem fel e, embora possuamos certa virtude, não temos falta de espírito de vingança. Que os maridos fiquem sabendo que suas mulheres possuem sentidos iguais aos deles; vêem, cheiram, possuem paladar, não só para o doce como para o amargo, exatamente como eles possuem. Que procuram quando nos trocam por outra? Será prazer? Acho que é. São levados pela paixão? Acho que sim. É a fraqueza que os faz errar assim? Acho que também. Pois bem, não temos nós paixões, desejos de prazer e fraquezas como tem os homens? Tratem-nos então bem! Caso contrário, saibam que os males que nos causam nos autorizam a causar-lhes outros males!".

SHAKESPEARE, W. *Obras Completas*: Otello, o mouro de Veneza. Rio de Janeiro: Nova Aguilar, 1988. v. 1.

ambas responsáveis por esclerosar as paixões e transformar, principalmente a mulher, no modelo de esposa e mãe (Vilain, 2010).

Na evolução da paixão, enquanto fenômeno incontrolável, ambos os amantes se jogam na experiência desesperada de um amor louco no qual a continuidade da própria existência depende de uma entrega mútua, completa, absoluta e sem nenhuma reserva com a vivência de bem estar existindo somente quando os dois estão a sós e, teoricamente, se abandonam sem reservas e totalmente. Esse "estar a sós" não significa algo físico e material porém um espaço e um tempo vividos, longe do cotidiano que permite a expressão das individualidades, sob o ponto de vista afetivo, sem medos ou desconfianças. Como diz Wiznik (1987), a utopia amorosa se dá no sem lugar da paixão. Se por um lado isso propicia prazer e possibilidades de crescimento, por outro lado atemoriza pela transgressão implícita, uma vez que a transformação da intimidade parece subverter as instituições como um todo. A paixão amorosa enlouquece por sua aspiração a totalidade o que leva ao sofrimento do amor e do desejo que pode chegar até a dimensão aniquilante e poética do "morrer de amor" com a perda de limites e o risco da dissolução no outro enquanto objeto ideal e da presença absoluta bem como o consequente desamparo consequente a separação e a falta, condições da própria existência. Assim, a paixão transita todo o tempo entre a expectativa e a realização levando ao estado de desamparo e a perda. Sua própria impossibilidade é a garantia de sua existência uma vez que se opõe ao casamento, a posse do outro oscilando sempre entre a transgressão e o interdito permanecendo além do bem e do mal, ultrapassando as condições mundanas e buscando, dentro desses limites, a experiência do ilimitado tendo, enquanto pano de fundo, a eterna luta entre vida e morte (Wisnik, 1987).

Quanto mais forte a paixão, mais cada um sacrificará tudo que lhe é caro pelo outro. Transgride-se a lei, a ordem, a moral uma vez que o outro fundamenta o apaixonado e, ao ocorrer isso, este não questiona mais nada embora persistam o medo da punição e da perda e o medo do sucesso e do esmagamento decorrente do "peso" dou outro.

"amare et sapere vix deo comeditur"[4]

---

4 "Amar e ser prudente apenas é concedido a um deus." Públio Siro, Sentenças, *apud* Casanova G. História da minha fuga das prisões de Veneza. São Paulo: Nova Alexandria, 2012.

É por isso que os amantes vivem a clandestinidade se protegendo de um ataque do mundo que sempre os considera um desafio e uma afronta, embora sua autonomia não precise de confirmações externas posto que se encontra além do próprio bem e do mal. Por tudo isso, a paixão é rebelde ao grupo, sua experiência é privada e secreta, sua moral íntima difere da moral convencional separando o que estava unido e unindo o que estava separado.

A partir dela, nada mais tem valor absoluto uma vez que se apoiam, cada um, na paixão do outro e assim, embora permanecendo em suas individualidades, são pela paixão impulsionados rumo a transcendência.

Isso é conforme com o que refere Sade (1980) quando diz:

> "*O prazer sexual é uma paixão à qual todas as outras estão subordinadas, mas no qual se juntam.*
>
> *O prazer dos sentidos é sempre regulado de acordo com a imaginação. O homem só pode pretender a felicidade servindo-se de todos os caprichos da imaginação.*
>
> *Foi incontestavelmente provado que o horror, a sordidez e o medo são os que provocam o gozo na prática do coito. Beleza é algo simples; a fealdade é coisa excepcional. E imaginações fogosas, sem dúvida, preferem o excepcional ao simples.*"

Claro que essa afirmação de Sade não pode ser tomada de maneira literal, mas deve ser pensada como aquilo que realmente é. O prazer deriva também da transgressão à obediência automática e mecânica das normas que fazem com que se viva um "script" cotidiano o que é o maior inimigo desse prazer. O desafio é, portanto, contra todo um sistema de regulamentação social.

Dessa maneira, imaginações fogosas buscam na transgressão oferecida pela paixão esse prazer sonhado e imaginado criando, consequentemente, uma ética de coerência sem obrigações ou sanções, sejam elas reais ou transcendentes. Ela é, portanto, um "desmentido" da lei denunciando-a e a partir dessa denúncia se arranca uma parte da própria realidade (Dumoulié, 2005). A culpa sexualizada perde a importância e aquilo que é impuro, o prazer, o corpo, a libido, tornam-se vida, sem controle e sem culpa ao passo que as regras institucionais, o casamento, a monogamia, a fidelidade, são relativizadas. Claro que isso pressupõe o se privilegiar o momento presente e a materialidade em detrimento de um hipotético futuro relacionado a uma espiritualidade projetada. Oscila entre o encontro e a separação com a ideia de uma união absoluta ultrapassando os limites reais tentando a própria reintegração com o absoluto. Exatamente por isso é que o fenômeno combina muito mais com a questão do adultério do que com o casamento por ressaltar o absoluto instaurado pela experiência mística e dessolidarização total da sociedade e de seus valores morais, utilizando não imagens dessa instituição mas as do seu contrário (Wisnik, 1987). Quanto mais se transgride, mais a lei se ergue e impõe um maior desafio o que leva o transgressor a própria destruição (Dumoulié, 2005).

Para a Idade Média, essa transgressão, vista muitas vezes como uma perversão, era avaliada como uma forma particular de se abalar a ordem natural de um mundo construído e gerenciado pela figura divina a quem se confrontava quando se transgredia a lei. Assim, se caracterizava pelo demoníaco, pelo criminoso, pelo lascivo e por outros adjetivos qualificativos de monta. Aqui se localizam os sete pecados capitais que, em realidade correspondem àquilo que a massa vai considerar vícios ou excessos passionais e desmedidos em sua intensidade e que vão caracterizar a transgressão, sendo associados a demônios particulares.[5] Isso em decorrência da repressão aos impulsos sexuais caracterizar o pensamento cristão que associa sexo e pecado criando um sentimento de culpa esmagador e perigoso que ocasiona um condicionamento cultural tão forte que impede que as próprias pessoas envolvidas reconheçam até aquilo que desejavam (Lins, 2015).

Na modernidade, o fenômeno não é visto de maneira muito diferente quando Pittman (1994) refere que "a infidelidade não é um comportamento normal mas um sintoma de algum problema. Casos são perigosos e podem facilmente, e inadvertidamente, acabar com casamentos". Entretanto, segundo Fisher (*apud* Costa, 2007), estudando 62 sociedades humanas, "o adultério em ambos os sexos, é tão comum quanto o casamento". Isso fica ainda mais presente quando do se refere (Costa, 2007) que, entre 55% e 65% dos maridos e 45% a 55% das mulheres norte-americanas têm um ou mais relacionamentos extraconjugais antes dos 40 anos de idade indicando que a

---

5 São atribuídos assim, a Mammon a avareza, a Satã a ira, a Leviatã a inveja, a Belzebu a gula, a Asmodeus a luxúria, a Lúcifer o orgulho e a Belfegor a preguiça.

156 Da Paixão: sobre um fenômeno humano

chance de um casal passar pela experiência da infidelidade é de cerca de 70%. Da mesma forma, uma pesquisa italiana mostra que aproximadamente 70% das mulheres já foram infiéis em alguma ocasião. Em nosso meio, 51% e 26% das mulheres também referem experiências extraconjugais ou, conforme outro levantamento, cerca de 49% das mulheres (Costa, 2007). Em 1985, pesquisa realizada pela revista *Play Girl* revelou que 43% das mulheres haviam tido romances extraconjugais. Em 1993, se observou infidelidade em 30% das mulheres e 40% dos homens. Na França, a revista *Glamour* cita aumento do sexo extraconjugal feminino de 12%, 1990 para 24%, 1992 e na Argentina, Granero refere 33% de infidelidade feminina (Orlandini, 1998). Assim, mais do que um fenômeno eventual e passível de crítica, falamos de uma ocorrência frequente e cotidiana que, como tal, não pode nem deve ser ignorada.

Entretanto, se privilegia sempre a instituição em detrimento do indivíduo mesmo considerando-se que a paixão é também um bem ligado a criatividade, a superação de si e a grandeza enquanto acesso a liberdade o que autoriza aquele que a exerce de forma rebelde, negando-se a se submeter à lei humana e assumindo, um eventual castigo (real ou imaginário) de forma prometeica.[6] Ao se privilegiar a instituição se recai na rotina, na falta de mistério, na fidelidade e, consequentemente, na falta de desejo devida ao sentimento de posse que leva ao desinteresse por eliminar os mecanismos de sedução e de conquista. Ficam assim em segundo plano a atração sexual e a igualdade entre os parceiros (Lins, 2015) posto que o corpo é considerado uma prisão.

É esta, inclusive, uma fala no D. Juan de Tirso de Molina que diz:

> *"Ya está abiero tel papel,*
> *y que essuyes cosa llana,*
> *porque aqué firma doña Ana.*
> *Diceasí: Mi padre infiel*
> *en secreto me há casado,*

---

6 Para Hesíodo, Prometeu e seu irmão Epimeteu receberam a tarefa de criar os homens e os animais. Epimeteu encarregou-se da obra e Prometeu supervisionou-a. Epimeteu atribuiu a cada animal virtudes variadas como coragem, força, rapidez, sagacidade; asas, garras, carapaças, etc., mas, quando chegou no homem, formou-o a partir do barro e como tinha gasto todos os recursos nos outros animais, recorreu a seu irmão Prometeu que roubou o fogo dos deuses e o deu aos homens assegurando sua superioridade sobre os outros animais. Porém, como o fogo era exclusivo dos deuses, Prometeu foi castigado por Zeus que ordenou a Hefaisto que o acorrentasse no cume do Cáucaso onde todos os dias um abutre dilacerava seu fígado que, a seguir, renascia de forma que o castigo durasse 30.000 anos. Entretanto, após cumprir seus doze trabalhos, Hércules libertou o titã.

sin poderme resistir;
no sé si podre vivir,
porque la muerte me há dado,
Si estimas, como es razón,
mi amor y mi voluntad,
y si tu amor fuéverdad,
muéstralo en esta ocasión.
Porque veas que te estimo,
ven esta noche a la puerta,
que estará a las once abierta,
donde tu esperanza, primo,
goces, y elfin de tu amor.
Traerás, mi gloria, por señas
de Leonorilla y las dueñas,
una capa de color.
Mi amor todo de ti frio,
y adiós."Desdichado amante!

(MOLINA, T. *El burlador de Sevilla.*
Barcelona: Castália Didática, 2011)

Essa relação do poder com a sexualidade e o próprio erotismo é muito bem descrita por Foucault (2015) quando descreve seus traços principais como:

- **Relação negativa:** o poder nada pode contra os prazeres a não ser dizer-lhes "não";
- **Instância da regra:** o poder se manifesta, essencialmente, naquilo que dita a lei estabelecendo padrões de conduta binários como "lícito e ilícito", "permitido e não permitido";
- **Ciclo da interdição:** o prazer e o sexo remuneram a si mesmos. Assim, a própria existência depende da sua própria anulação;
- **Lógica da censura:** parte-se das premissas de não se permitir, impedir que se fale sobre e, inclusive, se negar que exista;
- **Unidade do dispositivo:** fica o jogo entre o lícito e o ilícito, entre a transgressão e o castigo, caracterizando-se assim uma forma geral de submissão.

Dessa transgressão resulta um medo social embasado em uma eventual desestabilização das regras e da obediência social, regras essas que, sob o peso da religião, se estabelecem, a partir do Concílio de Trento, 1545-1563, como um grande controle para todos. Esse medo, entretanto, não é uma decisão real uma vez que incita a que se ultrapassem os próprios limites embora quanto mais se satisfaçam as exigências sociais e culturais, mais essas exigem novas renúncias pessoais e o ato, mesmo reprimido, permanece em intenção e assim, gera sistematicamente culpa e punições imaginárias. A perspectiva de ser feliz não está, portanto inscrita no processo social que oferece, quando muito, válvulas de escape, sedativos e anestésicos. Assim depois da transgressão surge a culpa da mesma forma que ela surge se a ação não é efetuada uma vez que existiu ao menos em pensamento, pois a cultura exige que esses aspectos sejam sublimados de tal forma que nem permaneçam a nível do consciente.

> "Experimentamos, no momento da transgressão, a angústia sem a qual não haveria o interdito; é a experiência do pecado. A experiência leva à transgressão consumada, à transgressão bem-sucedida que, mantendo o interdito, o mantém para usufruir".
>
> Bataille, 1980

Mais do que um casamento fundamentado na coação, deveria haver uma outra instituição fundamentada na união de duas solidões na qual se perceberia a diversidade do outro desafiando-se o narcisismo embora, justamente esse ato de liberdade, habitualmente vivido pela mulher que retira a figura externa do parceiro para reconhecê-la como interiorizada, é que é vista por aquele como um ato de traição (Carotenuto, 2004).

O crescimento psicológico não se dá simultaneamente à evolução conjugal e à procura, ambas anteriores a novas possibilidades de realização. Esse descompasso é que é visualizado como traição uma vez que a fidelidade é dada ao próprio indivíduo impossibilitado de se adaptar a uma realidade limitada para a expressão de suas reais potencialidades (Carotenuto, 2004).

Nenhuma transgressão é, portanto, possível de existir sem que se instaurem interditos (de natureza religiosa ou profana) que governam as sociedades. Isso é muito visível na prática sexual humana se constituindo em um fenômeno sexual, político, social, psíquico, histórico, estrutural e, principalmente, sendo encontrado em todas as sociedades humanas que a delimitam, proíbem e castigam sem que, no entanto, consigam exterminá-la, pois é ela que assegura os prazeres e possibilidades existenciais (Roudinesco, 2007).

Assim, a primeira e talvez a mais importante transgressão da nossa história se remete ao fenômeno do adultério. Homens tem a respeito da sexualidade feminina e de seu potencial reprodutivo, um sentido de propriedade. Dessa maneira, uma mulher casada que "já possui um dono", ao tentar burlar o contrato matrimonial, desencadeia sentimentos importantes de hostilidade que levam, muitas vezes, o homem ofendido a se valer das regras contratuais sociais para, com o apoio de seus pares, castigar os apaixonados. Compreende-se, assim, o medo que se materializa de forma objetiva a partir de ameaças reais. Corresponde ao mesmo medo de se facilitar ou possibilitar o furto. No entanto é, paralelamente, o mesmo fenômeno que, muitas vezes melhora e altera a própria estrutura do casamento.

É interessante se pensar que esse contrato é algo que, em algum momento foi consensual, mas do qual se cobra exclusividade e atemporalidade, características essas que não são condizentes com os próprios hábitos da espécie.

O estabelecimento desse contrato permite que se reivindique o título de propriedade sobre o outro, dispondo-se dele da forma que se acredita melhor e, quando retirado (como se insinua em nossa história) ocasiona os sentimentos conhecidos de injustiça e hostilidade que, de tão entranhados individualmente pela história pessoal e pela educação, provocam no próprio ator sentimentos de culpa que, frequentemente, impedem o vivenciar da paixão, tolhendo e obscurecendo a sua expressão.

Talvez possa se pensar que isso deriva do fato de que, embora a mulher faça um maior investimento para com a prole é o homem que faz um maior investimento na busca da parceira (com todos os rituais de sedução aqui incluídos) o que propicia a tentativa de monopolizá-la, principalmente naquilo que se refere à sua capacidade reprodutiva (Wilson, 2003). É, portanto, uma violação ao direito de propriedade que delineia o fenômeno aqui visualizado.

O medo dessa violação é que ocasiona o fenômeno cotidiano que observamos no decorrer de nossa história: a vigilância que, nestes tempos de pós-modernidade, se realiza de maneira sofisticada e complexa, estendendo-se desde os meros telefones celulares até as câmeras de vídeo, tudo sempre justificado sob a égide do interesse e do cuidado, mas que, na verdade, reproduzem as antigas equações de proteção à mulher para que se preserve o contrato matrimonial

160 Da Paixão: sobre um fenômeno humano

(e obviamente o contrato sexual), diminuindo as chances de infidelidade, principalmente se pensarmos que, diferentemente dos laços genéticos, os laços conjugais são muito mais frágeis e voláteis. Entretanto, com a rotina e o cotidiano, se observa frequentemente um maior relaxamento desses mecanismos de controle e, nesta pós-modernidade, a proximidade do outro (física, objetiva ou mesmo psíquica e virtual) é muito intensa, o que aumenta o risco e as possibilidades de conhecimento de um eventual novo parceiro, derivado de uma nova paixão, ainda que o objetivo de prole deixe de ser primordial. Assim, além do puro apelo biológico e social da maternidade, aqui se estabelece também o fenômeno individual e subjetivo que se estrutura somente a partir de significados pessoais.

Observa-se, assim, a quebra de uma confiança básica e primordial que tentamos estabelecer a partir de promessas e contratos para que se possa ser contido total e perfeitamente pelo outro, mas é só a partir dessa quebra que a própria vida começa, da mesma maneira que, é só após a expulsão do Paraíso que se instala a humanidade com real tomada de consciência da própria realidade humana.

Não perceber ou pensar sobre isso é se alienar da própria vida não correndo riscos ou aceitando somente pseudo riscos, se podendo trair a si mesmo e se perdendo os significados fundamentais para o próprio existir (Hillman, 1978).

Conforme dissemos anteriormente, a grande maioria dos encontros entre nossos dois atores se dava telefonicamente ou através daquilo que a modernidade convencionou chamar de "redes sociais" se estabelecendo assim diálogos lacônicos, com pequenas possibilidades de exposição e, mesmo, de manifestação de afetos. Entretanto, o que se vê na verdade é que essa transgressão (psíquica mais do que sexual) se constitui como a resistência a um poder estabelecido, efetuada de forma tão flexível e oculta e que se manifesta de maneira escondida e não explícita, porém maleável, satisfazendo os indivíduos das mais diferentes formas e se opondo à dominação e ao poder do "script" de maneira franca. Estabelecem-se táticas e estratégias de ambos os lados, do lado do poder e do lado da transgressão, ambas efetivas e eficazes. Isso porque, em última instância, o poder se exerce – e muito – sobre a sexualidade e o erotismo que, neste tipo de situação, são francamente controlados e vigiados. Observam-se o interdito, a recusa e a proibição, todas muito bem visualizadas no relacionamento cotidiano de nossos dois apaixonados.

Se considerarmos que, inclusive historicamente, a posse da mulher enquanto bem material e econômico marca o poder e o status social do homem, a vigilância, a reclusão e, às vezes, em situações específicas, o próprio encarceramento, são frequentes ainda que em nossa cultura alguns desses fenômenos possam ser interpretados na forma de deveres e obrigações, assim como de cuidado e proteção.

Surgem também os sentimentos de ciúme que um apaixonado, por suas próprias questões pessoais decorrentes de suas necessidades de fusão com o parceiro desperta a sensação de displicência ou de pouco investimento na relação institucional, uma vez que "não se cumprem adequadamente os deveres institucionais" compostos pela divisão de trabalho e execução de tarefas. À insatisfação do risco de perda da posse se soma a da não execução adequada das tarefas e da submissão às regras. Em função dessas observações, aparece a preocupação de que haja interesse por um terceiro e seja ameaçada a própria exclusividade sexual. Tem-se, dessa forma, a perspectiva de perigo (Wilson, 2003) com esses sentimentos aumentando diretamente a vigilância e ocasionando (em alguns momentos) incentivos positivos como maior quantidade de presentes ou teóricas adaptações aos desejos do parceiro. A quebra dessa exclusividade passa a se constituir em uma violação imperdoável da lei da propriedade (Stone *apud* Giddens, 1993).

No território da paixão, entretanto, a afetividade, o sonho e a fantasia é que assumem o papel dessa materialidade pragmática.

> *"— Você é demais comigo. Com todos, mas comigo, fico sem palavras...*
>
> *— Pois é, exatamente por isso, por me achar o máximo, você não gostaria de ir à exposição comigo?*
>
> *— Gostaria, sim. Fico muito feliz pelo convite. Me sinto especial, mas você sabe que não posso[7]. Espero você me ligar!*
>
> *— Te convido sempre e tenho medo de você me achar chato.*
>
> *— Você não é chato, não! Eu, sim.*

---

7 Como refere Foucault, 1981 esse poder disciplinar, embora alheio a lei cria uma teórica, regra natural, ou seja, uma norma, um código de "normalização" que, mesmo não sendo de direito, o é de fato e permite o exercício do poder que, embora não necessariamente coercitivo o é sob a forma da persuasão e do aparato normalizador.

— *De maneira alguma. Eu é que não estou muito bem.*
— *É, né? Não melhorou?*
— *Não. Piorei.*
— *Como assim piorou? Por quê? É porque eu que estou chata com você?*
— *Claro que não. Você nunca é chata. Você é um encanto. Não se preocupe comigo.*
— *Por que não devo me preocupar?*
— *Porque não vale a pena e nem adianta. Eu só gostaria que você estivesse comigo. E você?*
— *Sim. Eu também!"*

É interessante de se observar que, nesse pequeno diálogo, podemos detectar exatamente aquilo que os gregos consideram as condições que a paixão amorosa deseja: a beleza (*kalos* – κάλλος) e a bondade (*agathos* – αγαθός) (May, 2012), termo utilizado sem a conotação física ou estética.

A vigilância se encontra presente no próprio diálogo no qual se pode sonhar, mas não se pode viver por medo dos interditos que se fazem presentes de maneira involuntária e independente de uma real ameaça que, entretanto, fica subjacente em todos os atos dos envolvidos embora a idealização, conjuntamente com a não visualização das dificuldades, seja uma das características do se apaixonar. É isso que permite que os limites sejam tolerados e o sofrimento aceito:a esperança da realização e do encontro com o objeto ideal. Isso é a essência da felicidade, embora essa já esteja presente na própria dor da não realização uma vez que a esperança decorre da ausência embora seja a própria esperança que possibilita a felicidade. Entretanto a ideia de não se estar sendo satisfatório para aquele por quem se está apaixonado é uma ideia difícil e até mesmo intolerável uma vez que ocasiona o pensamento de, eventualmente, causar o sofrimento em quem se gosta, de maneira voluntária.

"— *Por que você está rindo?*
— *Melhor do que chorar, não?*
— *Com certeza!*
— *Então!*
— *Mas por que você não poderia vir? Princípio da realidade...*
— *Eu gostaria muito. Seria bom.*
— *Maravilhoso!*

— *Pois é, e será que você não consegue abandonar nunca esse princípio da realidade?*
— *Da realidade? Pouco!*
— *É... você tem muito medo, não?*
— *Eu sou complicada, acho que é isso.*
— *Então, quem sabe, você consegue ir para a lua comigo. É menos ligado ao real.*
— *Mas para a lua, né?"*

A paixão não pode se revestir de nenhuma moral. Talvez se encontrar na lua seja o mais viável porque se encontra muito longe das normas e valores institucionais burgueses e religiosos utilizados para que se dome e se tornem contratuais as paixões humanas.

De tão longe, talvez seja mais fácil elaborar uma moral que possa interpretar, de maneira mais livre, valores e condutas permitindo não se obedecer sempre aquilo que é imposto, podendo assim, se duvidar da moral inespecífica de um outro indiscriminado.

Talvez só assim se possa manter a paixão em alta estima, se desconsiderando as ideias culpabilizantes de falha e pecado que, a todo momento, emergem na consciência. Talvez só dessa forma se possa perceber que nunca é pecado se apaixonar e, se um pecado realmente existe, esse é o de se impedir que a paixão se manifeste.

Civilização significa disciplina e essa significa controle dos impulsos interiores, controle esse que, para ser eficaz, tem que ser interno (Giddens, 1993). Dessa forma, em uma relação conjugal – como a que faz pano de fundo com a nossa história de paixão – a aliança conjugal estabelece uma série de obrigações recíprocas que, embora não desejadas, não são sequer questionadas ficando, no diálogo, ligadas a um hipotético princípio de realidade, que nada mais é do que o reconhecimento institucional de um contrato matrimonial reconhecido socialmente. Teoricamente, somente ele daria o direito de posse sobre essa mulher. Sua violação, além dos riscos inerentes a ela, aporta sentimentos de culpa que impedem até mesmo a própria identificação do fenômeno.

Assim, mais uma vez fica presente e flagrante, o direito de propriedade que, se violado ocasiona os fenômenos presentes de culpa e medo.

Todos esses aspectos descritos justificam, em boa parte, a história legal e institucional naquilo que se refere ao adultério, divórcio e,

164 Da Paixão: sobre um fenômeno humano

inclusive, indenizações a eles ligadas pois, como em qualquer outro contrato (um contrato de locação, por exemplo), quando uma das partes rompe, ou deixa de cumprir alguma das cláusulas estabelecidas, demanda-se uma indenização que cubra o eventual prejuízo do outro. No contrato matrimonial, o ressarcimento é moral e social, assumindo, na nossa cultura, a forma de auto e heteroacusações.

Claro que neste tipo de transgressão, o tratamento é assimétrico com um prejuízo muito maior para a mulher uma vez que ela é, mais frequentemente, o objeto de posse. Disso decorre o maior medo estar presente na nossa personagem.

A fantasia permite que, pelo menos nesse espaço virtual, se realizem os desejos embora fique a falta da proximidade e do estar-junto. Um teórico abandono da realidade significa entrar no território da transgressão de maneira explícita, entrada essa que pode ser visualizada como algo perverso e não saudável que aterroriza os envolvidos.

Caberia perguntar no que se constitui essa transgressão. Se pensarmos um pouco, veremos que corresponde ao se afrontar, consciente e voluntariamente, aquilo que acreditamos ser correto e verdadeiro, esquecendo-se que, como refere Foucault (1982), verdade corresponde ao "conjunto de regras segundo as quais se distingue o verdadeiro do falso e se atribui ao verdadeiro, efeitos específicos de poder". Conforme diz Roudinesco (2007), a consciência culpada, dividida entre a queda no pecado e a redenção através do gostar, faz com que apareça o sofrimento tanto pelas intenções como pelos atos. O simples pensar na transgressão já se constitui num motivo de culpa.

Entretanto, esquece-se também que, em atos criativos, é o criador/transgressor que supera a si mesmo rompendo com o mundo que o cerca e que não ousa. Aqui se localiza o cerne da paixão que descrevemos: o conflito entre o ousar se superar ou permanecer no mundo público e impessoal.

Assim, se como refere Monteiro (2009), o que "o otimismo burguês tem a oferecer à mulher é uma felicidade calcada em um equilíbrio tranquilo, uma vida de imanência e repetição, sem paixão", esse "princípio de realidade" tão presente no diálogo acima, é a consolidação dessa ideia pela presença próxima do ato transgressor.

Isso porque, como refere a mesma autora (Monteiro, 2009), para se submeter ao contrato matrimonial hoje, a mulher tem que ser livre e, ao ser livre, questiona a sujeição. Assim, a infidelidade se torna mais próxima e factível uma vez que a mulher mostra, a si mesma, que não é propriedade. Estabelece-se aqui, portanto, outro paradoxo. Essa transgressão porém, ao romper as regras sociais, traz sempre presente o medo. Esse medo, originário da ideia de transgressão da norma, pode ser visto na história de D. Juan, castigado por todos os seus desafios e transgressões:

> *D. Juan*
>
> *– "Tarde la luz de la fé,*
> *penetra em mi corazón,*
> *pues pumenes mi razón*
> *a luz tan solo vê.*
> *Los vê...y com horrible afán:*
> *porque al ver su multitud,*
> *ve a Dios em la plenitud*
> *de su ira contra D. Juan.*
> *Ah! Porque doquiera que fui*
> *la razón atropéllé,*
> *la virtud escarneci*
> *y la justicia burle,*
> *y emponzoñe cunto vi.*
> *Yo a las cabas bajé*
> *y a los palácios subi,*
> *y los claustros escalé,*
> *y pues tal mi vida fue,*
> *no, no hay perdón para mi.*
> *Mas ahí estais todavia*
> *con quietud tan pertinaz!*
> *Dejad me morir em paz*
> *a solas com mi agonia.*
> *Mas con esta horrenda calma,*
> *qué me augurais, sombras fieras?*
> *Qué esperan de mi?*
>
> (ZORRILLA, J. *Don Juan Tenório.*
> Barcelona: Debolsillo, 2014)

Mesmo que ao final haja o perdão divino uma vez que a paixão o redime:

Inés

– *"Yo mi alma dado por ti,*
y Dios te otorga por mi
tu dudos a salvaco´pun
Misterio es que em compreensión
no cabe de criatura
y solo en vida más pura
los justos comprenderán
queel amor salvo a Don Juan
al pie de la sepultura.
Cesad, cantos, funerales;
callad, mortuárias campanas:
ocupad, sombras livianas,
vuestras urnas sepulcrales:
volved a los pedestales,
animadas esculturas;
y las celestes venturas,
en que los justos están,
empiecem para Don Juan em las mismas sepulturas.

(ZORRILLA, J. *Don Juan Tenório.*
Barcelona: Debolsillo, 2014)

Assim, um poder de interdição, não explícito, aparece em todo o diálogo dos nossos dois personagens, por intermédio das interdições que não são, sequer, mencionadas mas que se encontram presentes de maneira absoluta e onipotente. Isso porque essa dominação se estabelece através de obrigações e direitos, com procedimentos cuidadosos, estabelecendo marcas e lembranças nas coisas e nas pessoas gerando obrigações e, o que é muito pior, dívidas (Foucault, 1982). Essas regras, implícitas e inquestionáveis reforçam o jogo de poder e de dominação pondo em tela uma violência que não é, sequer, discutida ou mesmo vizualizada mas que afeta os sentimentos de maneira absoluta. Apresentam-se assim, a aceitação tácita dessas regras, o não enfrentamento, a doçura e a tranquilidade que, longe de serem consequências morais como são apresentadas, são, em realidade, objetos de dominação e de poder, presentes nas próprias relações sociais e afetivas.

"— É porque eu não sei o que fazer com tudo o que sinto por você.

— *Quem não sabe o que fazer com tudo isso sou eu.*
— *É difícil ficar longe.*
— *Sofrido.*
— *Por que?*
— *Pela não realização do desejo.*
— *Isso significa que ele nunca poderá ser realizado?*
— *Não sei... Olha... Não sei...*
— *Pois é, mas isso me assusta e me dá medo de perder você.*
— *Entendo. Mas tudo pode acontecer, inclusive o contrário. E garantias não existem.*
— *Eu sei de tudo isso e sei que faz parte das regras do jogo.*
— *Também sei que você sabe, mas você fala coisas boas.*"

Queria ter coragem
Para falar este segredo
Queria poder declarar ao mundo
Este amor
Não me falta vontade
Não me falta desejo
Você é a minha vontade
Meu maior desejo
Queria poder gritar
Esta loucura saudável
Que é estar em teus braços
Perdido pelos teus beijos
Sentindo-me louco de desejo
Queria recitar versos
Cantar aos quatro ventos
As palavras que brotam
Você é a inspiração
Minha motivação
Queria falar dos sonhos
Dizer os meus secretos desejos
Que é largar tudo
Para viver com você
Este inconfesso desejo.

(DRUMMOND DE ANDRADE,
C. Atribuído, não consta nos livros Antologia Poética
nem em CDA Poesia Completa. Inconfesso Desejo.
<www.recantodasletras.com.br/artigos/3560529>.
Acessado em: fev. 2016.

168 Da Paixão: sobre um fenômeno humano

O medo da perda do objeto amado é uma constante no fenômeno do se apaixonar. Isso é explicitado em ambos os discursos, com o reforço de que garantias não existem quando se fala de afeto. O curioso é que essa não existência de garantias, óbvia para a paixão, é a exigência fundamental da relação conjugal. Assim, a obrigatoriedade de uma, realizada de modo social e formal, faz com que a outra se perceba com toda a sua fragilidade e limites porém, concomitantemente, com toda sua força e riqueza. A posse determina uma obrigatoriedade que a paixão recusa e que, exatamente por isso, a faz transgressora e, ao mesmo tempo, poderosa. Esse talvez seja o paradoxo que a modernidade aporta: exige-se um amor conjugal "com garantias" ao passo que se facilita uma paixão espontânea existir, exatamente porque não a possuímos. Isso aparece, inclusive, no sofrimento decorrente da não realização de um desejo que, muitas vezes não é nem mesmo de cunho erótico e sim da busca da companhia, do contato e das trocas afetivas.

"— *Porque eu gosto de você.*
— *Acredito. Acredito. Me preocupo com essas coisas...*
— *Não deve. Deve só tentar viver algo que me parece muito bom.*
— *Tento!*
— *Mas se for difícil, podemos parar de conversar.*
— *Não. Claro que não! Gosto de conversar com você e você sabe.*
— *Espero que não seja para ser legal comigo.*
— *Não. Acho que não é isso. Não faço a mínima questão de ser legal com quem não gosto. Me preocupo em ser razoável com quem eu gosto e não para agradar, simplesmente. É porque gosto de você!*"

Neste ponto, dá-se uma afirmação coerente. Não é agradável, nesse tipo de situação, simplesmente por demanda social. Isso caracteriza algo diferente da relação conjugal delineada a partir da repetição e da rotina que mutilam as individualidades na demanda constante do cumprimento das obrigações.

Assim, o apaixonamento é um fenômeno individual no qual o sujeito tenta se mostrar da maneira mais própria possível, sendo, exatamente isso que ocorre aqui e que é mostrado de modo claro. Talvez pela sugestão de que poderia se interromper o processo o que demandaria, provavelmente, dor em ambos os participantes. Dor maior do que a decorrente da própria transgressão.

A dor é, portanto, consequência essencial à paixão, uma vez que o próprio desejo sexual não consumado a contento, a provoca.

"— *Pois é. Neste momento você é aquilo que eu tenho de mais importante, é o que colore o dia e dá significado à vida.*
— Nossa, poético como sempre! Obrigada. Fico pensando se não é demais para mim. Você é muito especial! Ah, eu não espero coisas boas. Não espero nem que tenha bons sonhos comigo.
— Absurdo! Claro que sonhar com você é sempre ótimo.
— Não é bem assim. Mas fico feliz!
— Você nunca fala muito.
— Fico sempre na minha, mas é bom você gostar de sonhar comigo. Fiquei feliz! Você é muito bom nisso. E em outras coisas, claro!"

O desejo aqui transcende o ato e, mesmo sem um encontro físico, o relacionamento material é indiscutível posto que, apesar da vigilância, em nossa cultura, é mais fácil se ter o corpo de uma mulher que sua cabeça, o que aqui épresente, surgindo afirmações interessantes, decorrentes da associação com o sonho, local onde real e imaginário podem se misturar a vontade, sem impedimentos e críticas uma vez que é involuntário e incontrolável. Escapa assim, ao "script" cotidiano.

"— *Nossa, que surpresa! Você nunca fala assim comigo. Isso é ruim?*
— Não é ruim, só estava mais desinibida. E isto não tem a ver com verdades ou mentiras. Mas vou gostar de saber o que você está pensando.
— Por que?
— De saber... Desculpe. Acho que tomei vinho demais.
— Mas eu gostei muito de ouvir.
— Efeito do vinho. Falo demais. Faço tudo demais. Exagero!"

Aqui fica clara a culpabilidade decorrente do ato transgressor simples de se conversar com alguém de quem se gosta e através do qual pode se obter um prazer ingênuo e simples. Somente a desculpa do "efeito do vinho" ou do "não me responsabilizo pelo que estou falando" é que permite que algumas afirmações, até por demais óbvias, sejam feitas. Entretanto, pelos próprios "scripts" sociais, a conversa é fiscalizada, se não objetivamente, através das interdições pessoais, o que faz com que se estruture, na maior parte do tempo, de maneira lacônica e velada.

170 Da Paixão: sobre um fenômeno humano

A impossibilidade de transgredir caminha par e passo com a culpa e é muito fácil renunciar ao desejo condenando-se à prisão e, defendendo-se da vida para que não haja comprometimento com o aspecto erótico sendo culpado e proscrito. A falta de coragem e a insinceridade jogam um papel importante na vivência do sonho apaixonado que se contrapõe ao policiamento do desejo colocando-os em uma zona interditada pela moral e pela consciência se evitando assim o bem transcendente que seria a própria paixão amorosa enquanto busca existencial e libertária que nega e contesta os sistemas prisionais aos quais nos submetemos.

Assim, a paixão é subversiva e política se opondo às instituições e à moral burguesas, às normas estéreis e se torna uma mediadora entre o sujeito e o amor, coexistindo com o sofrimento, o tédio e a própria decepção porém destruindo as ideias de posse e de direitos, se constituindo em uma alternativa, no mais das vezes considerada escandalosa.

Como qualquer pessoa, independentemente de idade, o indivíduo costuma se encontrar pronto para tudo desde que não perca a "aprovação" das figuras de autoridade. Perder essa "aprovação" ocasiona uma sensação de abandono que o leva ao desespero.

Quando, ao se apaixonar por alguém, se arrisca a "perder o pé", significa deixar de realizar o que a situação estabelecida pede, passando-se a pensar em si a partir do objeto de paixão, se compreendendo o que parece ser necessário para a satisfação dos próprios desejos e necessidades e não mais da dos outros.

Não se é mais coagido a viver aspectos (até sombrios) aspectos esses que passam a procurar a própria felicidade sem necessidade que se sacrifique nada, por ninguém, somente por si mesmo.

Não há cisão e aspectos integrados do psiquismo podem ser vividos.

Assim, essa paixão amorosa, capaz de abrir novos horizontes, pode ser a responsável pela expressão e o enriquecimento apresentando a contrariedade e a limitação da existência, transcendendo a opinião que os outros poderiam ter e, principalmente, reconhecendo a si mesmo não naquilo que é esperado que se seja, mas naquilo que realmente se é.

"Aqui o retorno do filho pródigo é uma admissão de malogro; procurou a independência pelos caminhos do mundo, mas não foi capaz de suportar o conflito, a ansiedade e a frustração inseparáveis da liberdade, e por isso volta para casa "por preguiça". Incapaz de suportar a "traição" da família, prefere trair a si próprio"...

(GIDE, A. *apud* Carotenuto, 2004)

É este o processo que aqui se vislumbra.

— *Cuidado!*
— *Sim, se não perco o pé.*

A sugestão de cuidado e a própria afirmação de que o se poder "perder o pé", nada mais é do que o alerta para as eventuais críticas e sanções decorrentes da transgressão de uma regra social, muito bem percebida por ambos, bem como o medo do rompimento com tudo aquilo que representa segurança e um "script" inquestionado e inquestionável, estabelecido desde todo o sempre. Isso porque a paixão é um sentimento aético que transcende as regras e as elabora conformes suas necessidades e liberdade.

Fica um prazer angustiado, tratado com culpa e enquanto erro mas que se constitui em um fenômeno que ultrapassa – e transgride – o cotidiano institucional marcando ambos os personagens que podem, assim, procurar chegar aos seus próprios limites.

Capítulo

8

Da Paixão e da morte...

174 Da Paixão: sobre um fenômeno humano

"Ars moriendi"[1]

A flecha de Eros não se preocupa em acertar aquilo que é possível ou aquilo que pode ocorrer dentro dos valores afetivos e culturais de uma sociedade (Engelhard, 2014). Em seu desvendar gradual, a paixão evoca nos amantes sentimentos diversos e, caso chegue até aquilo que Capelão (2000) chama de o terceiro estágio, "a mulher pode romper sem que lhe caiba censura, mas se o amor tiver atingido o quarto grau, já não poderá, com decência, abandonar o amante a não ser por razão muito válida", inclusive pela confirmação cabal e material de que o amava. A nossa cultura pós-moderna não considera esse fato de maneira estrita pela própria liberação de costumes e fluidez do contato sexual – mesmo que ainda estejamos ligados à mecanismos morais e de censura relacionados à transgressão específica ligada à sensualidade e ao prazer.

Assim, como pode evoluir a relação que atrai, mas na qual os amantes não podem permanecer juntos? São encontros destinados ao trágico ou podem permitir o crescimento dos envolvidos?

O tempo passa?
Não passa no abismo do coração
lá dentro, perdura a graça
do amor, florindo em canção.

O tempo nos aproxima
cada vez mais nos reduz
a um só verso e uma rima
de mãos e olhos, na luz.

O tempo é todo vestido
de amor e tempo de amar.
O meu tempo e o teu
transcendem qualquer medida.

Além do amor, não há nada,
amar é o sumo da vida.
Pois só quem ama escutou
o apelo da eternidade.

(DRUMMOND DE ANDRADE, C. "O tempo passa? Não passa". In *Amar se aprende amando*. Rio de Janeiro: Record, 1998.)

---

1 "A arte de morrer" (bem). Frase embasada no tratado da Arte de Bem Morrer, escrito por um padre dominicano por volta de 1415. Tem aqui o intuito de se pensar como a paixão termina, de forma a que destrua e cause o menor dano possível e, dependendo de cada pessoa, que possa permitir que haja um crescimento pessoal.

Antes de qualquer coisa, o importante é lembrarmos que não há possibilidade de se nascer para o mundo real a não ser pecando (Carotenuto, 2004). Isso porque o amor se opõe aos interesses da cultura enquanto esta ameaça o amor com as limitações que lhe impõe (Freud, 2010). Somente ultrapassando as interdições, a partir do próprio conhecimento, é que se inicia a própria vida. Essa transgressão, conforme já falamos anteriormente, se dá em função de uma fidelidade mais intensa e profunda de si mesmo.

Uma das maiores dificuldades que se encontra numa paixão é a diferença na intensidade entre os dois apaixonados, pois um dos amantes pode ter essa intensidade minimizada ao ter, somente, se sentido atraído pelo outro (e isso pode ser mero impulso sexual) ou se pelas interdições se envolve menos na relação apaixonada. Originam-se, então, frustrações e mal-entendidos que levam ao sofrimento, à insatisfação e a comportamentos obsessivos.

Assim, o estado de apaixonamento traz, enquanto preço a ser pago, ideias de rejeição e separação frequentes e, consequentemente, a dor de não ser correspondido.

É algo, inicialmente belo e, ao mesmo tempo, terrível, uma vez que pode ferir mortalmente os envolvidos.

Nos nossos personagens o fenômeno não poderia ser diferente.

– *Pensei em você todo o dia! Ouvi as músicas que você me deu e me emocionei. Você sabe como eu sou. Me emociono à toa.*
– *Realmente não sabia. Nem imaginava! Eu já fui muito assim. Hoje sou muito pouco, e poucas são as coisas que me tocam.*

Entretanto, esse fenômeno da paixão amorosa pode evoluir de maneiras diferentes. Quando as emoções chegam no auge, elas podem oscilar na direção oposta levando à lassidão, à desconfiança e ao desapontamento. O "enchantment" dá lugar ao "desenchantment". Isso porque essa vivência depende de se conseguir tornar consciente, na própria história pessoal, os códigos, sinais e conteúdos latentes que ajudam na compreensão significativa dos acontecimentos (Carotenuto, 2004).

Estabelece-se, então, o desfecho (ou a morte) dessa paixão.

É sempre um final marcante acompanhado de imensa força afetiva, uma vez que termina um ciclo que permitirá (ou não) o início de outro. A desilusão do final permite que se avalie o vivido e se compreenda (ou não) o que ele encerra e as possibilidades que abre.

Entretanto, para alguns, é vergonhoso sobreviver ao fim da paixão emergindo uma necessidade de sofrimento para que se autentique o vivido e se tenha a certeza da importância daquilo que termina (Pompéia, 2013). Isso danifica a própria vida.

A MORTE POR EVOLUÇÃO EM TEMPOS DIFERENTES

A diferença na intensidade daquilo que se sente nem sempre é motivada por interesses diversos, mas, muitas vezes, por experiências diferentes vividas anteriormente, uma vez que a capacidade de se apaixonar e de eleger o próprio objeto de paixão depende de todas as experiências vividas anteriormente. Assim, relacionamentos anteriores permeados pelo poder ou pela desconfiança ocasionam cicatrizes difíceis de serem resolvidas principalmente em se considerando o tipo de personalidade sobre o qual agem. Indivíduos menos seguros tem, habitualmente, menor capacidade de se deixarem levar pelas fantasias, pois essas aumentam essa insegurança, ocasionada pela falta de regras e de desenhos sociais estabelecidos que definem rigidamente o que se considera certo ou errado.

Quando isso ocorre, um deles considera seu amor como não correspondido, principalmente pela confusão que se estabelece entre vínculo, desejo e posse. As mensagens são confusas, podendo chegar a ser até mesmo indecifráveis e o receptor fica em estado de incerteza constante.

A perda do objeto amado, qualquer que seja o motivo, produz, a princípio, no amante, uma dor que supera as outras, exatamente porque como dissemos antes, ela é transcendente e ultrapassa o próprio indivíduo.

E é esse fenômeno que podemos encontrar no relacionamento descrito:

> – *Você não se emociona e nem se afeta por nada?*
> – *Atualmente, não. Estou meio que embotada, mas eu sou muito diferente daquilo que você conhece.*
> – *Mas acho que isso é dificuldade em ser gostada e em gostar.*
> – *Pode ser, mas a situação é que define essas coisas.*
> – *Sempre?*
> – *Sim!*
> – *É interessante. O que você está dizendo é que você morreu e concorda com isso.*

Ela concorda com um aceno de cabeça e ele lhe pergunta se, naquele dia de sol, qual a cor que o céu lhe sugeria.

– Negro! É a resposta quase imediata.

Ele sorri, embora triste e com raiva, pois a falta de qualquer tipo de perspectiva se estabelece nesse momento. Termina ali o sonho e a vontade de continuar. Não existe afeto ou qualquer tipo de sentimento que consegue vencer a força e o desejo de morte. Nada é eficaz.

Ela se esquece que é o homem a medida de todas as coisas e aqui, a espacialidade defensiva e controlada impõe o distanciamento e o tempo próprio e característico em cada um deles definindo vivências diferentes no mesmo fenômeno. O compartilhado é ocupado pelo cotidiano e pelo impessoal.

O comportamento presente não permite riscos e, assim, ela mata o prazer e o desejo. Os apaixonados sabem que só é possível se apaixonar por inteiro, caso contrário não é paixão. Para a paixão não existe segurança, controle, posse, permanência, duração. Ela é intensa, bela e se encontra presente somente nos apaixonados.

Novamente ele pergunta se ela não é capaz de sentir nada ao que ela responde de maneira afirmativa e ele a olha através de um filtro de lágrimas que embaça a visão e turva sua vista. De maneira insensível o dia continua claro e o sol brilhando. Ele parte.

Perdeu-se aqui exatamente o que seria o poder educativo do amor que buscou transcender o cotidiano e levar ambos à um outro mundo pessoal e distante.

Isso fica claro quando ao terminarem ele diz:

– Isso quer dizer o que? Continuo tentando ou não?

– Tentando?

– Estar com você.

– Não consigo! Me sinto mal, achando que te faço mal...

Ela não percebe que a paixão tem que ser vivida completamente, inclusive com a dor e o desespero.

– Você quer ou não? Te ligo ou paro? Te escrevo ou paro? Te encontro ou te esqueço

– Acho melhor não! Desculpe!

Ela buscou, em sua cabeça, movida pelo próprio instinto de sobrevivência, salvar a um Eu social esquecendo tudo aquilo que se tinha vivido e compartilhado e ele nunca soube, ao certo, se isso havia sido por conta da família, da sociedade ou de qualquer outra coisa.

178 Da Paixão: sobre um fenômeno humano

Aqui se confirma aquilo que Kierkegaard refere quando diz

"deve-se manter atentamente esta determinação dialética: o desejo só existe em virtude da presença do objeto, e o objeto só existe em virtude da presença do desejo: o desejo e o objeto formam um par de gêmeos, e nenhum deles chega uma só fração de segundo antes do outro. Mas embora venham assim ao mundo absolutamente ao mesmo tempo (...), a significação da sua origem, porém, não é que se unam mas, ao contrário, que se separem" (apud Dumoulié, 2005).

Uma pergunta interessante seria o porque da opção de se voltar ao nada inicial e a resposta mais simples seria: pelo medo do sofrimento e pela insegurança.

Ambos os nossos personagens se constituíram juntos enquanto paixão com o desejo de um permeando e alimentando o outro. Entretanto ambos crescem e se manifestam de maneira separada e assim, a separação é inevitável pelos momentos evolutivos e pelas demandas sociais às quais cada um responde de maneira diferente.

– Te agradeço pela lição que me deu ao falar sempre que não se deve acreditar nem confiar em ninguém. É verdade. Todos são descartáveis. Inclusive eu. Aprendi. Desculpe-me também por ter sido tolo. Achei que a paixão por você poderia escrever uma bela história, mas descobri que ela não bastava. Precisava de muitas coisas mais. Desculpe a ingenuidade. Fique bem. Seja feliz na tua vida. Você merece.

– Sei que você está decepcionado. Não gostaria que fosse assim. Entendo você, mas não quero ficar sendo agredida! Agradeço por se disponibilizar a conversar.

– Você sabe tudo de mim. Quando você quiser, estarei aqui. E não precisa se preocupar porque não quero nem vou te agredir. Não teria por que. As falhas e o aprendizado são meus. Acho que só me apaixonei demais e isso é um erro, mas erros se corrigem.

– Não foi erro seu.

– Claro que foi. Me apaixonei sozinho...

– Não foi bem assim. Por favor, me entenda! Você é muito importante e especial. Não transforme algo tão bonito em erro. Não teve erro de sua parte! Sabíamos desde o início que a situação era difícil para mim. Não sei mais como lidar, já vinha mostrando isso! Pena! Desculpe! Fique bem. Não tem nada a ver com você!

Costume (ἔθιμο), escrava de Afrodite, costuma sempre maltratar Psiquê submetendo-a a seu poder o que, quando acontece, faz com que o restante dos dias dessa sejam passados sob a escravidão de Costume e de outras duas servas, Ansiedade (ou Inquietação -αναταραχή) e Tristeza (λύπη) (Lopez-Pedrasa; 2010). Conforme refere Rolnik (2016) retorna-se ao mito de Penélope que volta a tecer, eterna e indefinidamente, na espera que se reproduza um amor previamente idealizado que rejeita a todos os outros e que garante a segurança, se enfrentando assim o medo da desterritorialização.

Ela estava muito bonita. A tal ponto que ele quase esquecera quanto. Seus ombros estavam nus e seus seios pequenos marcavam o vestido fino. Ele zombava de si mesmo por ser tão idiota e lamentava a existência por tamanha crueldade.

Essa é a transgressão sempre presente. A paixão vivida com uma determinação próxima do heroico, infringindo os limites do humano (e nela isso é mais do que visível pelas limitações que as regras impõe gerando o conflito entre a razão e a paixão) para que, para poder se individualizar e se constituir enquanto pessoa única, ela tem que realizar um ato que lhe parece contrário à sua própria natureza uma vez que se opõe frontalmente ao que lhe foi ensinado e nunca questionado.

– Não sei o que te dizer. Para mim são duas coisas diferentes. Você poderia não me ver, estar longe, falar pouco comigo, mas me mostrar algo... Não foi assim. Você evitou me mostrar ou me dizer algo até o fim. Por isso o erro foi meu. Eu não acho que não tenha sido bonito. Acho que foi e em mim deixou coisas concretas embora, em sua maior parte, imaginárias. Mas não dá pra eu não achar que vi o que não existia a não ser na minha cabeça.
Ele sentia a vida se escoar como água entre seus próprios dedos...

Sua proposta se embasava somente no querer viver, no potencial do envolvimento e generosidade de ambos que poderia permitir o crescimento da intimidade e a continuidade da viagem solitária que ambos tinham iniciado a empreender muito tempo antes (Rolnik, 2015).

No entanto, o movimento psíquico apaixonado foi destruído, as forças que o controlam são impessoais não abrindo possibilidades de novos caminhos. O equilíbrio continuará precário e limitado e os atores se desumanizam voltando a uma dissociação da própria existência. Consequentemente, retornam a um mundo territorializado que demanda o absoluto e o eterno (Rolnik, 2015).

Esse mandante interno, brutal e dominador, mais que o próprio meio circunjacente, é que vigia e controla.

De imediato ele não percebe as diferenças e só quer uma coisa: compreender o que acontece para não se sentir um Quixote que, sozinho, correu atrás de moinhos de vento que ele próprio fabricara. Ele não amou sozinho. Ela amou com as dificuldades e limitações de seu momento existencial. Ele, se pensar posteriormente, verá que o problema não é circunstancial, e sim conceitual. Ela não consegue questionar os papeis e o desempenho que lhe são cobrados, não por nenhuma figura tangível, mas por sua própria razão. Faltam-lhe mecanismos de defesa que lhe permitam enfrentar a culpa. Ela volta à sua vida meio que deixando para traz a possibilidade de uma experiência enquanto significado. Na verdade, ela é a vítima submetida à lei que determina a transgressão e o pecado.

– Para mim seria mais fácil se você me dissesse que seu marido está desconfiado e que você tem medo.

– É isso também, mas não só. Sou eu que não consigo levar essa situação.

Qual a lógica da permanência em uma situação insatisfatória quando confrontada com a situação de paixão?

Três são as possibilidades aventadas por Miller (1999).

A primeira é a questão que ele refere como permuta, uma das quais relacionada a dinheiro e a segurança posto que o viver a paixão pressupõe o risco de perder uma estabilidade familiar, social e econômica, com repercussões extremamente graves.

A segunda possibilidade corresponde ao medo de ficar só uma vez que a paixão, pela sua própria condição de liberdade, não apresenta garantias de durabilidade nem de estabilidade e assim, aumenta a perspectiva de estar só, uma vez que ela pode terminar da mesma maneira que começou, abruptamente, aterrorizando àqueles que buscam primordialmente a segurança e a aprovação.

Finalmente a terceira, e talvez a mais importante, é aquela ligada ao bem-estar dos filhos uma vez que, há muito tempo, todos os mecanismos sociais instilam a ideia de que as crianças devem ser criadas por ambos os pais caso contrário elas apresentarão problemas de ordem psicológica. Esquece-se, no entanto, que a satisfação pessoal é uma condição básica para que filhos possam ser criados de maneira satisfatória e que a exposição crônica desses a um relacionamento de dominação e insatisfatório, não pode levar a um desenvolvimento adequado.

Ninguém abandona uma paixão se não há uma razão específica. Entretanto, o contrário da coragem de enfrentar a paixão não é a mera covardia, é mais o desânimo que impede a realização de novas possibilidades. Ao longo da vida não paramos de nos distanciar de nós mesmos e de nos ocultarmos atrás daquilo mesmo que nos nega e nos aniquila. Somente o que a sociedade valoriza e considera lucrativo é que dissimula a mentira da negação própria. É isso que ela faz fugindo do inesperado que a paixão oferece.

Ocorre aqui exatamente a diferença de tempo, de momento e de percepção do que é a própria paixão. Para ele algo transcendente que o levava longe da vida (já em fase final) e dava um sentido maior pelo qual tudo vale e tudo justifica. Um momento de graça onde se fundem o presente e a eternidade. Para ela algo "diabolizado", pobre, difícil sequer de ser mostrado a ela mesma, limitado pelo público e pelo cotidiano material, porém seguro, o que não lhe permite desfrutar aquilo que a vida, nesse momento, lhe oferece. Não percebe assim que a busca de algo bom nunca passa pelo dever mas pela busca do próprio bem expresso, no caso pelo próprio se apaixonar dentro de sua infinita liberdade, liberdade essa que transgride as normas (para ela indiscutíveis) o que faz com que o fato seja eterno tormento e castigo embora a devesse levar ao encontro de si mesma. O se conhecer é a base da própria transgressão e o maior castigo possível uma vez que desmascara as ilusões mundanas, mentirosas e assentada em falsos valores levando a uma ruptura com a lei e o mundo.

A dor dele é imediata, mas lhe deixa a recordação do ter vivido e do poder se abrir para o futuro, seja qual for ele, de forma criativa.

A dor dela, talvez imperceptível até mesmo para ela mesma, vinculada a um limite escolhido que lhe deixa a pobreza e a dificuldade de não conseguir enfrentar a si mesma e viver algo maior bem como a futura raiva da própria insatisfação e da incapacidade. Ela corre o risco de soçobrar na saciedade, no tédio e no aborrecimento no qual se encontrava ao início do processo de se apaixonar embora de maneira amplificada. Isso porque "a frustração é o melhor alimento da culpabilidade e do ressentimento" (Dumoulié, 2005) e ela não conseguirá se libertar da culpa de ter feito algo do qual se ressente nem

182 Da Paixão: sobre um fenômeno humano

da frustração e da raiva de não ter vivido como gostaria essa possibilidade que, talvez, não se lhe apresente novamente com a mesma forma ou intensidade uma vez que "nunca se atravessa o mesmo rio duas vezes pois quem o atravessa muda e a águas, corre". Essa hostilidade, não necessariamente se manifestará de maneira aberta, porém estará presente em muitas de suas condutas futuras, ainda que de forma velada.

Assim, a desilusão pode se tornar uma odiosa companheira para toda a vida, ainda que disfarçada sob a capa do dever e da necessidade (Dumoulié, 2005). A visão do próprio sofrimento é difícil e, por isso, é melhor que seja ignorada. Como esse caminhar apaixonado também é difícil, se prefere fugir da própria consciência de si se buscando a consciência dos outros, genérica e impessoal. Isso desencadeia sentimentos mais ligados a raiva e a destrutividade que se expressam em objetos, indivíduos ou situações, na maioria das vezes, não ligados ao próprio evento.

Visualiza-se o paradoxo da escolha entre um mundo apaixonado no qual a dor, o medo e o sofrimento são constantes mas permitem o florescimento do ser e seu mundo e, um mundo impessoal, estático e pouco criativo porém constante e duradouro de formas a minimizar o próprio sofrimento da vida embora permita a livre entrada do tédio.

> *Deve chamar-se tristeza*
> *Isto que não sei que seja*
> *Que me inquieta sem surpresa*
> *Saudade que não deseja.*
>
> *Sim, tristeza mas aquela*
> *Que ao longe está uma estrela*
> *E ao perto está não a Ter.*
>
> *Seja o que for, é o que tenho.*
> *Tudo mais é tudo só.*
> *E eu deixo ir o pó que apanho*
> *De entre as mãos ricas de pó.*
>
> (PESSOA, F. *Deve chamar tristeza*: poesias inéditas. Lisboa: Ática, 1956)

Ambos pagarão o preço futuro. Ele o da constatação do limite e da proximidade da morte. Ela o do ter que se contentar com uma vida vazia diante da qual vai ter que se obrigar a se satisfazer. Resta

saber quem terá aproveitado mais dessa paixão pois Eros corresponde àquele que se apaixona e só quem se apaixona e se lança nessa
paixão é capaz de se ver e de ver o outro de forma a poder dar aquilo
que tem sem, sequer, buscar ou esperar qualquer troca pois o se apaixonar é, principalmente, saber dar e não exigir receber.

No dia seguinte ele não está mais lá.

*Ela desperta e ele não existe mais. Não existem mais telefonemas,
não existem mais mensagens, não existem mais encontros, nem sonhos,
nem devaneios. Sobra somente a vida real dura e crua como sempre é,
porém, estabelecida e segura ainda que com pouco prazer e impessoal.*

*Sobra sua rigidez como se fosse uma lança penetrando na existência
de ambos, de maneira firme, uniforme e inflexível. Imutável...*

Ele deixa de ser a possibilidade de transporte dela para outra situação uma vez que ela se recusa a olhá-lo e, principalmente de se
libertar a partir do pensar que ele lhe propicia. Nega assim a possibilidade de transcendência e opta pela materialidade da riqueza e do
poder cotidianos, institucionais e mundanos.

A tentativa de controle do tempo retendo-o ou fazendo-o recuar é
uma constante da paixão narcísica e o seu término, após um determinado período de tempo torna-se inevitável uma vez que, ao tentar eliminar
as diferenças e ignorar os limites na tentativa de evitar a dor de se ver só
a fazem ter tempo limitado de duração (Monteiro, 2011). Isso porque
sua morte se dá pela tentativa de se ter o outro de maneira repetitiva na
busca de se garantir um desfecho previsível, o que se situa no campo do
impossível uma vez que, ao fazer isso, ela é morta pela própria vivência
do tempo que corre de modo diferente para ambos os atores.

*O sol já não é tão quente, e a cor do céu, desta vez, continua mais ne-
gra. Não existem mais salas fechadas nem o medo de serem descobertos.
Resta o nada. Estável e seguro.*

*Eles irão lembrar, talvez, das bobagens que conversavam ou das coi-
sas que, em sua paixão adolescente, um dizia ao outro. Agora o que resta
é o real, buscado, curtido e procurado. Quem sabe, em outros momentos
estariam esperando um telefonema? Ou talvez uma mensagem? Ou mesmo nada. Mas agora existe uma certeza, daquelas que sempre procuramos. O que sobrou foi o nada, árido e insensível, sem perspectivas, sem
sonhos e sem fantasias. Só o correr dos dias cinzentos, cotidianos e frios,
feitos de tarefas e de compromissos. Sem sonhos nem fantasias, no caminhar constante e inexorável rumo à morte.*

De toda a história, talvez a palavra mais importante para a definir seja a morte, dos sonhos e das possibilidades que muito rapidamente foram abandonados. Dessa forma esse amor vivido alimentou durante sua existência duas vidas, enriquecendo-as e, ao morrer possibilitou somente memórias e marcas que se perdem na indiferença do cotidiano.

Isso porque talvez a única coisa que se desejasse fosse, independente da continuidade real, a continuidade mental da paixão em ambos, coisa negada simplesmente pelo medo de se verem a si mesmos.

O homem percebe a vida como algo de imenso valor, porém frágil e vinculada a significados maiores que, quando perdidos trazem o questionamento de para que vale a vida e o jeito como se vive. Essa vida defronta-se sistematicamente com a liberdade e a responsabilidade pela própria existência uma vez que somos solicitados a responder àquilo que a vida nos demanda e que nos permite escolher o existir. Assim, a vida se constitui em um convite permanente para que realizemos o que tivemos a oportunidade e a possibilidade de escolher (Pompéia, 2013).

Muitas vezes porém nos esquecemos disso e nos colocamos em uma posição de garantia e assim, as coisas e as pessoas se apagam gradualmente e não mais são vistas como importantes. A vida se torna então tediosa e banal (Pompéia, 2013). O preço a ser pago pela segurança é estar preso, em uma estrutura rígida e fixa, com respostas estereotipadas de maneiras a que o existir seja pouco criativo e prazeroso. O preço da estabilidade é a manutenção da impossibilidade do sonho e do prazer que é sempre acompanhado pelo próprio risco de se estar vivo.

Esse é um dos padrões do se apaixonar narcísico e fusional, no qual o apaixonado se relaciona consigo mesmo exigindo do outro a doação total, por todos os períodos de tempo: passado, presente e futuro.

Não lhe é possível imaginar que o objeto de sua paixão tenha uma história prévia da mesma forma que ele lhe cobra um futuro com garantias de eternidade e um presente com doação total. Assim, ele dá pouco e deseja receber muito. Perde, portanto, a perspectiva e a capacidade de ver a esse outro.

O sistema que se estabelece entre os dois apaixonados é um sistema instável, porém que cobra uma estabilidade total a partir de uma dependência afetiva total ocasionada por um investimento em si mesmo efetuado de forma desmedida e sub-valorizada, sem que ao menos se olhe para as necessidades do outro. Descobre-se assim o apaixonado a partir do outro e a frustração no relacionamento leva à raiva.

É um relacionamento vinculado puramente a sensualidade ou a segurança, ao prazer sensorial e tem por base uma questão puramente estética e material.

Pensando nos mitos gregos, talvez seu melhor correspondente seja a história de Narciso (νάρκισσος). Nela, se renuncia a aceitação da perda (que pode ser da segurança do relacionamento estável) e da conquista, da ausência e da presença, fechando-se lentamente à existência ao amor, a troca de afetos e à própria vida. A distância que se impõe ao outro parece eliminar a problemática embora isso leve à uma renúncia da vida afetiva e ao sofrimento do corpo. Com tudo isso, entretanto, é uma solução tranquilizadora, de manutenção do "status quo" e da estabilidade.

A MORTE POR ESTABILIZAÇÃO

Em outra possibilidade de desfecho, a paixão aumenta, e ambos se perguntam se o mais importante não seria largarem tudo aquilo que construíram até então para que pudessem viver essa paixão juntos:

– *É uma carinha de medo. É isso que eu sinto quando você me convida para ficar louca junto com você.*
– *Sim. Eu tenho vontade de fugir com você.*
– *Só se for pra eu jogar o carro no lago e pensarem que eu morri, senão vão ficar me procurando.*

A sociedade coloca obstáculos aos comportamentos que se opõe a ela e os conceitos que os embasam são tratados sempre como ilusórios sendo freados por barreiras que surgem como a própria Razão. Assim, as hipóteses se auto validam, são repetidas até a exaustão e se tornam definições imutáveis e inquestionáveis (Marcuse, 2015).

O desejo de estarem juntos aventa a possibilidade de construírem uma nova vida comum e aqui surge a mesma sedução e o mesmo risco da maioria das pessoas. Todo o fluxo de ideias, sentimentos e desejos que permeiam a relação singularizando-a e retirando-a das sobre codificações existentes é aqui ameaçado, pois o poder das ideias sistematizadas exerce sempre o fascínio incrível da estabilidade e da segurança. Assim controla-se o potencial independente com a perspectiva

186 Da Paixão: sobre um fenômeno humano

da reprodução de um novo arranjo em um mesmo modelo institucional. Buscam-se, novamente, a harmonia, as garantias, um futuro "amarrado" e porque não dizer, "amordaçado" uma vez que as mesmas exigências dos relacionamentos anteriores serão estabelecidas. O viver cede então lugar ao planejar, do presente ao futuro. O desejo é novamente domesticado e a paixão desaparece novamente nas malhas de um novo relacionamento conjugal. Dessa maneira, ao se substituir o desejo pelo código e pela Lei, o matamos. Desaparece a paixão amorosa, trocada por semelhanças e padronizações cristalizadas pelo tempo. Retornam as culpas, os deveres e os bloqueios. A energia dessexualizada alimenta o instinto de morte (Dumoulié, 2005). Isso é observado porque a Cristandade traz em seu bojo a ideia de um eu ao qual se deve renunciar (Giddens, 1993) e, por causa disso, os homens estão sempre prontos a renunciar à liberdade por amor ao "pão terreno" (Liiceanu, 2014) que garante a segurança e a estabilidade. Isso porque o jogo da paixão é perigoso e nossos personagens não conseguem pensar sequer em se desvencilhar da configuração doméstica institucional.

Como diria Lennon[2],

"Dream is over
What can I say?"

Caracteriza-se assim, na paixão, uma luta constante entre Eros (Ερως) e Tanatos (Θάνατος), entre a vida e a morte.

Esta segunda possibilidade é talvez a mais frequente e desejada, sendo a que pode ser considerada como a busca de uma situação estável e de companheirismo iniciada e expressa através do término de um relacionamento de paixão amorosa para o início de outro a partir da conjugalidade. Volta-se aqui ao hábito que estabiliza o existir protegendo-o dos choques, das experiências e, principalmente, da verdade e do conhecimento que a abalam. Entretanto, este é o mito que os teóricos do casamento propagam se esquecendo que a nossa instituição "casamento" é uma instituição fundamentada no conceito de amor romântico, bastante recente e embasada ainda em toda a moral cristã.

O tempo privilegiado pela instituição é o futuro, com garantias e segurança concretas com o estabelecimento de relações de depen-

---

2 *God.* John Lennon, 1970.

dência a partir da qual um dos participantes anula o outro, ainda que de maneira inconsciente, e o investimento é feito num outro concreto e funcional. Entretanto, conforme refere Heidegger (2007) no hábito e no público da cotidianidade o cuidado se dissipa, o indivíduo não se mostra e a ocupação e o lidar com as coisas assumem mais o aspecto da falta de cuidado.

O processo de final de um relacionamento para início de outro se reveste de culpas, até mesmo pela transgressão imaginária. As possibilidade de descoberta de si e do outro são praticamente inexistentes, uma vez que tudo é regulamentado a partir das regras externas embora revestidas de um arcabouço ético que as faz serem compreendidas e avalizadas por todos uma vez que pertencem a um mundo público, impessoal e não próprio. A consciência moral agride ao Eu demandando necessidade de punição embora o mal não seja o que é prejudicial ou perigoso, mas ao contrário algo que se deseja e com o qual se tem prazer. Tudo isso a partir de uma autoridade interiorizada e mais severa, quanto mais virtuoso for o indivíduo afetado. Exigem-se assim cada vez mais renúncias (Freud, 2010).

Esta pode ser considerada uma evolução do pensamento narcísico embora buscando a estabilidade e, em consequência, a imutabilidade e a morte. Disfarça-se a insegurança de se perceber incompleto e solitário a partir do estabelecimento da instituição conjugal.

Curioso é se pensar nesse ritual que a define, mesmo com a mudança de costumes, uma vez que ele demarca a obediência total às regras e ao outro, tudo muito bem explicitado na fala:

> *"Jura amá-lo e respeitá-lo, na alegria e na tristeza, na saúde e na doença, por todos os dias da sua vida?"*

Caracteriza-se uma instituição eterna, imutável e controladora que traz em seu bojo a ideia de que é impossível se estar bem com o outro, num nítido delineamento de relação narcísica e de posse. Isso já é pressuposto quando se pede um juramento. Ao mesmo tempo, por se tentar fugir, cada vez mais da dor, esta é a saída mais buscada e valorizada uma vez que leva à estabilidade e à não crítica, fazendo com que se esqueça que um sistema totalmente estável é um sistema morto e que sistemas vivos são sempre instáveis e sujeitos à mudanças cotidianas.

Assim, quando isso ocorre, constrói-se um novo sistema, igual ao anterior, pouco criativo, onde cada um deve ocupar o espírito do outro satisfazendo e saturando-o.

O grande ganho é, novamente, a diminuição do risco de perda e de abandono pois, embora na realidade continuem sempre presentes, são diluídos pela força da instituição.

Pensando assim, não é a vida cotidiana, conforme se pensa popularmente, que mata a paixão, mas é ela que, visando uma situação de estabilidade e equilíbrio, leva à morte, não somente da paixão mas da própria existência enquanto espaço de crescimento, abertura e possibilidade. A premissa é a expectativa da completude, da reunificação e da totalidade.

Assim, as tristezas são superadas sendo levadas ao meio da multidão que, com seu ruído, as descaracteriza.

Aí se dá um rompimento. O "cálculo" de como o relacionamento deve evoluir é frustrado. Retirando o outro (como ser individual) sai de cena também a vida com toda a sua imprevisibilidade e retorna a concretização dessa em um objeto externo, fantasiado na unidade simbiótica, com uma imensa distância entre a necessidade e a vida e com uma grande distorção na própria realidade do que é a própria vida. O relacionamento conjugal passa a ser vivido mais enquanto meio que fim com nenhum dos dois percebendo a subjetividade do outro, sem a curiosidade por ele, fato que é construído a partir do desejo do cônjuge que exige seus préstimos conforme as suas necessidades. Os caminhos são paralelos tendendo a não se encontrarem embora se aparente uma transparência mentirosa.

Se pensarmos em nossas vidas, continuamos quase tão escravos como nossos antepassados naquilo que se refere ao respeito à paixão. Isso porque a quebra de barreiras conflitivas nos faz entrar em contato com aquilo que Jung denomina Sombra e que interfere diretamente com a nossa própria entrega ao outro uma vez que a satisfação de impulsos instintivos é sempre associada a significados criados e, como tal, sujeitos ao questionamento e à crítica externa. Assim, continuamos reduzidos a impotência e forçados, ainda que de maneira não explícita, a vermos diminuída, cada vez mais, nossas possibilidades de resistência. Por isso, nada ou, quase nada, supre as nossas necessidades ou ameaça as forças de morte que nos cercam a partir do tédio e do medo.

A VIA DA PAIXÃO AMOROSA

Finalmente, podemos pensar uma terceira possibilidade na qual tudo continua como sempre deveria ser, com um processo evolutivo que permite a integração entre o bem e o mal, entre o corpo e o espírito. Aspectos sombrios são então ultrapassados com cada um dos envolvidos conseguindo reconhecer os próprios limites e possibilidades que, ao mesmo tempo que instigam que se ultrapassem as normas sociais, faz com que se aprenda a ver e respeitar o outro em seus limites, ainda que em detrimento de si mesmo.

Talvez aqui, conforme refere May (2012) se encontre presente toda a dialética do que chamo de "paixão amorosa": ansiedade do encontro e decepção, esperança e tédio, deleite e medo, todos convivendo de maneira harmônica para que ancorem o mundo de cada um dos envolvidos.

Abandonando o tédio ela se estrutura na perspectiva do sofrimento pela insegurança e pela constatação da solidão, minorada pela perspectiva da presença do objeto de paixão que, entretanto, não é possível e nem seguro.

Esta terceira via, prometeica, caracterizada pelo excesso de afeto a ser compartilhado, da forma como se apresenta e é possível, é aquilo que procurei caracterizar como paixão amorosa, que assume a instabilidade e o risco inerentes a se estar vivo.

Como consequência, é uma experiência ansiosa decorrente do excesso de afeto e da expectativa pela presença do outro, em ausência de relações de dependência, privilegiando o tempo presente na busca da própria alteridade pelo conhecimento de si e do propiciar o próprio crescimento do outro. É, portanto, um relacionamento criativo no qual os dois são vistos, ao menos a partir de um (o apaixonado presente nesta via uma vez que, não necessariamente, os dois envolvidos devam percorrer o mesmo caminho). É a descoberta de si mesmo em conjunto com o outro enquanto um processo individual e de cunho quase místico uma vez que é não compartilhável, não compreensível, não explicável e único. Isso permite que cada um fique bem, independentemente do outro embora seja sempre bom se estar junto não havendo, entretanto, nenhuma dependência. O objetivo implícito e, muitas vezes, não percebido é o outro a quem se quer facilitar o caminho e o crescimento, independentemente de

190   Da Paixão: sobre um fenômeno humano

qualquer retorno. Cada um está, portanto, preparado para manifestar suas preocupações e necessidades em relação ao outro, cada um estando vulnerável ao outro (Giddens, 2011). Com isso, cada um dos envolvidos, se permite penetrar em uma "vida nova" e própria, pessoal e intransferível.

Considerando-se os pais de Eros, se opta pela "Pobreza" (φτώχεια) da não presença e da não posse em detrimento da "Fartura" (πλούτος) responsável pela segurança, saciedade e tédio.[3] Para isso se aprende a conviver com a dor pois se constata que não se possui o objeto da paixão uma vez que a maior parte dessa pertence ao próprio apaixonado uma vez que "possuir" a vida de outra pessoa é praticamente impossível pois embora essa possa permitir a intimidade, essa permissão não dá acesso ao íntimo do ser, só ao seu corpo permanecendo o apaixonado, sempre na total ignorância sobre sentimentos e ações de seu objeto de paixão. Tudo isso alicerça e sustenta o sofrimento, porém permite a remodelação e a reconstrução do próprio eu.

"O tempo não a faz murchar, nem o hábito azeda
Sua infinita variedade; outras mulheres saciam
Os apetites que alimentam; mas ela deixa faminto
Quanto mais satisfaz."

(SHAKESPEARE, W. Antonio e Cleópatra)

A criatividade, enquanto impulso espontâneo e natural se relaciona ao próprio estar vivo e ao se sentir real. Misturam-se nela a realidade interna com a externa, o subjetivo e o objetivo construindo-se assim o processo criativo (Lejarraga, 2003).

Individuam-se assim os dois seres, rompendo com o coletivo e reconhecendo sua importância. Expressa-se o Eu verdadeiro em relação ao outro se aceitando diferenças e limites. Elaboram-se os aspectos sombrios, menos carregados de emoção. Integram-se o masculino e o feminino de forma a que se explicitem as diferenças

---

3   Eros é a potestade que preside a união amorosa e seu domínio se estende sobre deuses e homens. É um desejo de acasalamento que avassala todos os seres sem que se possa opor resistência. Aparentado ao Céu, à Terra e ao Tártaro, relaciona-se com o Khaos que é a força que preside a separação. Se Eros provê a reprodução amorosa, Khaos a provê através da cissiparidade se relacionando sua prole ao não ser. Eros é estéril, Khaos prolífico. Eros é filho da Indigência (Pobreza) e do Expediente (Habilidade que leva à Fartura). Junto com o Khaos constitui uma das duas forças naturais que desencadeiam todo o processo cósmico caracterizando Ódio e Amor (Neikos – ἔχθρα e Aphrodite – Αφροδίτη).

(HESÍODO. Teogonia: a origem dos deuses. Tradução de Jaas Torrano. São Paulo: Massao Ohno, 1981).

e semelhanças de maneira livre, justa e imparcial. Ambos podem se manifestar livre e criativamente de modo a que compreendam os significados e sentidos do que cada um é. Essa compreensão a partir do confronto dos opostos masculinos e femininos torna-se criativa, coerente e respeitosa uma vez que cada um oferece ao outro a possibilidade da vivência da totalidade.

Ambos são apaixonados um pelo outro, porém as vidas institucionais correm paralelas uma vez que são difíceis de serem conciliadas.

Como refere Heidegger (2007) "o fato de que nos foi dado encontrar-nos vai ajudar-te a te manter fiel a ti mesma".

Como cuidar da prole e manter papéis, de esposa e mãe simultaneamente ao de mulher apaixonada?

Um casal apaixonado se basta em si e nem sequer precisa de filhos comuns para que seja feliz (Freud, 2010).

Elementos diferenciadores, ordenadores e integradores do próprio eu organizam afetos e condutas conforme o possível e o necessário.

Como passar a imagem de marido amantíssimo e pai exemplar ao mesmo tempo em que se pensa em flores e em poesias?

Continua assim a paixão amorosa relegada ao território do desejo individual, da fuga do publico e, principalmente, da liberdade incondicional.

Se eu faço unicamente o meu e tu o teu
corremos o risco de perdermos
um ao outro e a nós mesmos
Não estou neste mundo
para preencher tuas expectativas
Mas estou no mundo
para me confirmar a ti,
Como um ser humano único
para ser confirmado por ti
Somos plenamente nós mesmos
somente em relação um ao outro
Eu não te encontro por acaso
te encontro mediante uma vida atenta
em lugar de permitir
que as coisas me aconteçam passivamente

> *Posso agir intencionalmente*
> *para que aconteçam*
> *Devo começar comigo mesmo,*
> *verdade,*
> *mas não devo terminar aí;*
> *a verdade começa a dois.*"
>
> (FREIRE, R. *Ame e dê vexame.*
> São Paulo: Master Pop, 2013)

A partir da tristeza e da não fusão bem como da necessidade do que e como fazer, nasce uma criatividade reflexiva que percebe toda a situação com seus limites e afetos de cunho destrutivo se evitando a mentira a si mesmo e se estabelecendo o desafio do combate à mediocridade cotidiana com todo o potencial erótico da paixão transformado em imagens interiores e vivências psíquicas.

Esse era, em realidade, o filho previsto e sonhado por nossa personagem de forma tão assustadora. Difícil de ser gestado, mas a única alternativa para que se evite a destruição de si mesmo uma vez que vida e morte, Eros e Tanatos, sempre se opõe de forma complementar.

Deixa-se o destino previsto e amarrado previamente se indo na direção do próprio conhecimento pessoal e próprio, de maneira equilibrada, viva, harmônica, bela e voluptuosa enquanto possibilidade de vida plena. Comovente afetivamente e madura pela convivência com a dor do não se ter.

Ambos continuam se encontrando e vivendo apaixonadamente, cada momento que lhes é possível. É isso que lhes infunde o ânimo para a banalidade e a cotidianidades da existência. É isso que lhes permite o crescimento a partir dos fluxos de ideias e sentimentos que construíram com seus encontros e suas trocas. A partir da liberação total das mentes, dos corpos e da própria vida para que o sonho continuasse a existir e a vida continuasse a fluir.

A amargura e o rancor que a finitude existencial provocam haviam desaparecido dele e modificados em gratidão e ternura pela presença dela e pelo que ela fizer nele com sua presença. Ela lhe havia salvado aquela parte do existir preciosa que, a maioria das pessoas deixa escapar, por comodidade ou medo, pois ela a havia iluminado e colorido. O ar da vida voltava e com ele o espaço e o tempo restituindo estados intensos, uma vez vividos e concretamente experimentados, mas, no mais das vezes, inenarráveis.

Nesse encontro presente, a vida dele ganha força e ela pode conseguir encontrar a si mesma olhando seu próprio rosto. Isso porque "o desejo só é humano se um deseja não o corpo, mas o Desejo do outro, se quer "possuir" ou "assimilar" o Desejo tomado enquanto Desejo, ou seja, se quer ser "desejado" ou "amado" ou então ainda: "reconhecido" no seu valor humano, na sua realidade de indivíduo humano" (Kojève *apud* Dumoulié, 2005).

Isso porque para serem eles próprios tem que seguir um único indicativo: o do prazer de viver. Essa escolha traz, subjacente, a possibilidade da própria solidão embora se possa pensar que alguém morto existencialmente, em função de todas as cadeias institucionais é, por si só, extremamente solitário. Mas é só arriscando a própria vida (estabelecida e segura) que se obtém a liberdade e é isso que proporciona a ambos a própria possibilidade de serem eles mesmos. Eles se perguntarão sempre então o que cada um quer e o que outro quer de cada um.

Mesmo assim, com todas as limitações, a experiência desse encontro transforma e renova ambos, principalmente em função das vivências simbólicas relacionadas à própria concepção do amor, o que culmina pelo se apaixonar pelo que o outro realmente é. Não há posse, o encontro transcende as meras situações cotidianas, se estabelece a cumplicidade a partir do conhecimento do que cada um pode esperar do outro, ainda que seja uma relação impossível de ser construída dentro de um modelo institucional. É, no entanto, o alimento para o próprio existir de ambos. Esse acordo amoroso e o diálogo permanente permitem o confronto dos opostos, a aceitação dos contrários bem como o enfrentamento e o transcender do social.

Ao se encontrarem, ele acha nela um homem idealizado presente nele mesmo e ela, encontra nele a mulher interior idealizada. Não se busca assim um complemento, mas um aperfeiçoamento e um aprimoramento das próprias características. Estamos o mais próximo possível, de uma relação na qual um quer fazer o bem ao outro a quem se experimenta quase como um segundo eu, com a sutileza da intimidade e da inspiração intelectual.

Aqui pode se dar, ainda, um desdobramento do fenômeno da paixão amorosa, único, individual e no qual podemos dizer que não se é responsável por aquele que se cativa, mas única e simplesmente se é responsável por si mesmo. A fé e a confiança de um outro abre as possibilidades existenciais se instalando cada um no futuro do outro ainda que não obrigatoriamente de forma concreta.

A paixão, em nossos personagens, se defronta com a solidão e a incompletude inevitáveis ao existir humano, se contrapondo enquanto fantasia e promessa de liberdade e felicidade.

Em um dado momento ela se dirige a ele:
– Eu quero terminar com tudo. Eu não dou conta desta situação, eu não consigo viver dois relacionamentos e duas vidas.

Estabelece-se a contradição entre Penélope e Helena (ou, mais tarde, com o cristianismo, entre Eva e Maria) enquanto exemplos de esposa boa e esposa má. Qual seria a tarefa de uma boa esposa? Ser casta, sensata, competente em fiar, tecer e costurar, capaz de distribuir as tarefas da casa aos empregados, ser econômica com os bens do marido, gerar filhos e administrar a casa com sabedoria e, principalmente virtude.

O adultério era de extrema importância pois é partir dele que além do não cumprimento das tarefas de maneira adequada, não mais se garante a legitimidade da descendência embora esse, na Grécia clássica, tivesse diferentes aplicações (Lins, 2015). Para sua garantia, entretanto, às esposas não se pedia que pensassem, uma vez que isso era executado pelas hetairas.

A quebra da familiaridade de um cotidiano estável traz em seu bojo a imprevisibilidade e a incalculabilidade.

A culpa é um sentimento muito íntimo que vem disfarçado em meio a vários sentimentos e que ocasiona a sensação de que algo que não ocorreu como deveria sendo seguida de vergonha e da dor de ter a intimidade exposta. Essa vivência vem acompanhada de conflito na qual a vontade é uma e a ação é outra, com a sensação de instabilidade propensa a perda do próprio equilíbrio. Estabelece-se a nítida ideia de que não se é, quem se queria ser, sendo-se menor do que o idealizado (Pompéia, 2013). Desta maneira, a paixão que eleva o próprio espírito fica incompatível com a mediocridade coerente e disciplinado de um cotidiano puritano.

Da mesma maneira que esse controle interior, o confessionário é um meio explícito de controle da vida sexual dos fiéis levando, sistematicamente, a esse mesmo tipo de decisão. Isso porque, desde o século XVII os confessores aconselham não se amar por demais nem mesmo o próprio cônjuge (Muchemblad, 2007) quanto mais o apaixonado. Ficam assim somente as coisas ruins: envenenamento, difamação, negação da vida, desprezo pelo corpo, rebaixamento e auto violação do homem pelo conceito de pecado (Nietzsche, 2012). Aqui se observa o corolário da humanidade pois, da mesma forma que Adão e Eva após terem saído do Paraíso e se embriagado com as inseguranças, riscos e possibilidades de existir, dificilmente poderiam voltar a optar por uma vida estável e monótona, segura e sem riscos; ou da mesma forma que Hefaísto ao perguntar aos amantes, separados pelos raios de Zeus, se queriam novamente ser fundidos um ao outro e o que gostariam de obter com isso, obtém como resposta somente a confusão e a dúvida.

Nossa personagem também resvalará para o terreno do seguro, do estável e do inquestionável, a preço da insatisfação e da não criatividade.

"Destarte sentencia a mulher logo":
"Eu multiplicarei tuas angústias
Enquanto o fruto tem no ventre encerres;
Angústias mil assediarão teu parto.
Ficas do esposo teu sujeita ao marido;
Há de ter ele em ti mui pleno império."
Por fim esta sentença Adão fulmina:
"Porque a tua mulher crédito deste
Comendo os frutos da arvore vedada
(Recomendando-te eu – dela não comas),
Por causa tua a terra está maldita.
Dela tens de tirar o teu sustento,
Enquanto vivas, a poder de angústias:
Há de ela produzir-te espinhos, cardos,
E terás que comer do campo as ervas:
Só comerás teu pão quando o ganhares
Coo suor de tuas faces escorrendo, -
Até que tornes outra vez à terra
De que és feito: conhece a tua origem;
E, pois que és pó, ao pó tornar te incumbe."

(Milton, poeta inglês. *Paraíso Perdido.*
Rio de Janeiro: Jackson, 1960.)

É este o destino dos dois apaixonados após experimentarem o fruto do conhecerem a paixão. Embora cada um a seu modo, ambos mudaram o que eram dando lugar a um novo ser, mais sofrido e, mesmo querendo, incapazes de negarem o que viveram.

Em nosso caso, como a paixão é predominantemente liberdade, ele nada pode dizer. Passada a raiva e a frustração iniciais a ele só resta o luto da perda e a reconstrução do próprio universo a partir desse mundo interior destroçado. Sobram assim a tristeza e a dor, pois somente mascarando uma parte importante de si é que o poder institucional se torna tolerável.

Ele tem que voltar a pensar na fragilidade dos vínculos e na solidão, mas, se não trair a si mesmo, as memórias do vivido preservarão a autenticidade e a própria individualidade.

O caminho pelo qual ela optou é diferente.

Como um grande número de mulheres, se deu aqui a troca da própria liberdade pela dependência em todos os níveis. A proteção da família, por mais difícil que seja, é preferível à própria liberdade (Lins, 2015).

A escolha tendeu para a estabilidade e a segurança esquecendo que o conhecimento (e neste caso, da própria vida inautêntica), uma vez adquirido, não pode ser esquecido jamais. O Paraíso da ignorância e do desconhecimento não pode mais ser recuperado. Restam somente a culpa e o tédio que permearão um cotidiano previsível e conhecido uma vez que os sistemas de controle e vigilância (internos e externos) se acentuarão a partir da culpa do considerado deslize. O recalque e a culpa manterão a paixão sob controle. Repete-se assim uma conduta originária do século XVI na qual a habitação e a unidade conjugal ocupam um espaço enorme no existir feminino (Muchembled, 2007).

Esta é a grande transgressão da qual não se tem volta. A paixão ameaça a segurança e a estabilidade, mesmo após seu termino. Exatamente por tudo isso é que a paixão amorosa é, simultaneamente, criativa e transgressora.

Isso porque a teórica renúncia virtuosa em prol de deveres de dedicação e família, não apaga, de maneira súbita, a intensa ligação entre os dois atores do drama.

Essa ligação, não desprovida de toda a nobreza que damos a ela fica explícita quando ela diz:

– Eu não estou dizendo que uma coisa vem em primeiro lugar, só estou dizendo que não consigo e não posso.

A opção, entretanto, poderia ter sido outra:

– Eu estou avisando que estou terminando meu casamento. Independe de você ou de qualquer um. Não sei se continuamos juntos ou não, mas quero estar bem, quero estar viva.

Independente do discurso de ambos, a paixão espelha a insatisfação e a incompletude cotidianas apontando a necessidade de que ela fizesse algo por si mesma. Nas duas situações de renúncia dor é aguda. As perdas são concretas e psíquicas, inevitáveis. A opção, entretanto, é pela fidelidade às regras e às tradições. Têm um preço alto, ligado ao arrependimento e a recriminação inevitáveis. É o que pensa Paphrucio quando perde Thais:

"– Louco, louco que fui não possuindo Thais quando ainda era tempo! Louco ter acreditado existir no mundo outra coisa que não fosse ela! Ó demência! Cuidei de Deus, da salvação da minha alma, da vida eterna, como se tudo valesse alguma coisa quando se viu Thais. Porque não senti que a eternidade bem-aventurada estava num só beijo daquela mulher, que sem ela a vida não tem sentido e não passa de um pesadelo? Ó estúpido! Tu a viste e desejastes os bens de outro mundo. Ó covbarde. Tu a viste e tiveste medo de Deus. Deus! Ó céu! Que é isso? E o que possuem eles para te oferecer que valha a mínima parcela do que ela te teria dado? ...Ó arrependimento! Ó remorsos!" Ó desespero! Não ter a alegria de levar para o inferno a lembrança da hora inolvidável e de gritar para Deus:"Queimas a minha carne, exaure todo o sangue das minhas veias, faze estalar os meus ossos, não esvairás a recordação que me embalsama e me refrigerou pelos séculos dos séculos!"

(FRANCE, A. *Thais*. São Paulo:
Martin Claret, 2006.)

Mesmo com o rompimento e a perda, é interessante se notar que a paixão amorosa existiu e possibilitou a alteridade que, entretanto, se estabeleceu (ou não) em função de uma escolha por um mundo público e inautêntico ou por um mundo pessoal e autêntico. A paixão age apenas enquanto ela própria, sem planos de futuro, sem soluções ou fórmulas institucionalizadas, ocorrendo somente na medida em que é. Caracteriza-se assim como uma ruptura.

198 Da Paixão: sobre um fenômeno humano

Na opção pelo mundo pessoal, a dor é aguda, o sofrimento enquanto angústia, é intenso e as perspectivas podem ser o crescimento individual ou as ligações "líquidas" e banalizadas, na única tentativa de se minimizar a dor. É a alteridade ou a "desterritorialização". Na escolha pelo mundo público a dor é crônica e o sofrimento se estabelece enquanto depressão e tédio. A vida se enclausura e se encista impedindo novas mudanças. Ganha-se em estabilidade, porém perde-se em flexibilidade. São presentes aqui, em função da própria ideia de traição, a culpa e os desejos de vingança. Observa-se a volta para a segurança da "reterritorialização".

A ideia de crime passional só cabe quando contextualizado na situação de um ser que "possui" o outro, tanto sob o ponto de vista sexual como econômico (Lins, 2015). Este é o extremo da posse, da estabilidade e da institucionalização.

"Eu gostei tanto, tanto
Quando me contaram
Que lhe encontraram bebendo e chorando
Na mesa de um bar

E que quando os amigos do peito
Por mim perguntaram
Um soluço cortou sua voz
Não lhe deixou falar

Mas eu gostei tanto, tanto
Quando me contaram
Que tive mesmo de fazer esforço
Pra ninguém notar
O remorso talvez seja a causa
Do seu desespero
Ela deve estar bem consciente
Do que praticou

Me fazer passar essa vergonha
Com um companheiro
E a vergonha é herança maior
Que meu pai me deixou

Mas enquanto houver força em meu peito
Eu não quero mais nada
Só vingança, vingança, vingança aos santos clamar

Você há de rolar como as pedras
Que rolam na estrada
Sem ter nunca um cantinho de seu
Pra poder descansar"[4]

Apresenta-se a paixão, de forma clara, como a vida em oposição a morte, vida essa que pode evoluir para a sua superação pessoal ou para a própria desorganização a partir da banalização ou do enclausuramento decorrente da própria rigidez.

De qualquer maneira é essa paixão que permitirá a construção de um mundo novo, mesmo que desorganizando o antigo ou se tenta ocultá-la de si mesmo.

Isso porque a sua memória persiste e acompanha aqueles que a viveram por toda a vida com suas alegrias, tristezas, culpas e sonhos. Na cabeça daqueles que a viveram intensamente continua presente ainda que oculta. A única certeza que se pode ter é que, se tiver sido real, se torna impossível apagá-la. Com a exclusão objetiva do ser amado o amante, com suas lembranças, se torna o foco do próprio processo de apaixonamento.

Não é, portanto, por acaso que Avellar de Aquino e colaboradores (2012) encontram em sua pesquisa empírica que a paixão se associa positivamente com a realização existencial e negativamente com o vazio existencial. Isso porque nela, a pessoa por quem se está apaixonado, é percebida como única o que leva o apaixonado a transcender se inclinando para alguém que não é ele mesmo (de maneira diferente da paixão narcísica) o que o leva a se realizar existencialmente na medida em que o faz lutar contra o vazio existencial e contra o desespero dele decorrente. Caracterizam-se aqui o cuidado e a responsabilidade para com o outro e não a dependência, a submissão e a passividade.

Dessa maneira, a vida surpreende criando possibilidades que eles podem preencher de maneira criativa ou não.

Mesmo com a distância física do objeto amado, se unifica a vivência da paixão que vivifica a existência a partir da opção inventiva construída a partir dessa experiência única, preciosa e transcendente. A partir dela, portanto, aprende-se a amar a própria vida.

---

4 *Vingança*, de Lupiscínio Rodrigues.

"Harmony and understanding,
Simpathy and toast bounding,
No more false-hoods divisions
Golden living dreams of visions
Mistic cristal revelations
And mind is true liberation
Aquarius."[5]

Só existe nela a regra da ludicidade que evita o autoritarismo, as regras e a posse. A liberdade de gozar e de sofrer pela paixão como bem quiser (Freire, 2013).

À GUISA DE CONCLUSÃO

O apaixonar-se, conforme dissemos até aqui, permite que novos fluxos de ideias, sentimentos, trabalhos e, principalmente afetos, se agenciem, fugindo de quadros estabelecidos, transgredindo o padrão visando maiores possibilidades de individualização e de singularização.

Isso altera o próprio existir e as suas relações com o ambiente tirando-as das sobrecodificações existentes, abrindo novas vias, o que é claro, ocasiona uma contrarreação, pois os mecanismos de poder, visualizados a partir das relações institucionalizadas, sempre elaboram mecanismos de controle para que cada um dos indivíduos possa ser controlado e domesticado, ficando assim difícil de "cairmos fora", como dizia Timothy Leary.[6] Interagindo com o ambiente social ela passa a ser fonte de processos criativos e mesmo de produção intelectual (Ferraz, 2011).

Ambos os personagens de nossa história são poderosos e foram livres para que se submetessem á paixão e, dessa forma, ao escreverem sua história ambos são conscientes de que cada um, em virtude da própria liberdade aumentada, é capaz de mostrar ao outro a própria liberdade. A grande questão trazida por Liiceanu (2014) é com que propósito se busca essa liberdade. Nesta via que consideramos aquela da paixão amorosa, seu objetivo é o encaminhamento de si e do outro para a própria realização e liberdade para o bem de cada um dos envolvidos. O oposto disto (como nas paixões narcísicas) faz com que a paixão se perca na patologia e na morte.

---

5 Hair, 1967.
6 "Turn in, tune in, drop out..."

A paixão é, portanto, livre para fazer o que quiser da vida, dos sentimentos, das emoções, da sensualidade, do corpo, da sexualidade, enfim, de tudo sem que existam cadeias ou prisões de qualquer tipo. Ela dá liberdade à ideia de julgar por si a própria situação embora traga aos participantes o risco decorrente da liberdade: a perda e a dor. Mostra-se a situação em si e se permite que ela frutifique de forma criativa o que faz com que a própria qualidade dos frutos a justifique. É um dizer sim a vida com um triunfante sentimento de bem-estar consigo e com ela (Nietzsche, 2012).

Isso porque tanto a sensualidade como a morte incomodam profundamente a nossa organização social contemporânea que tenta descaracterizá-las e torná-las assépticas e consumíveis, mas que, concomitantemente, a partir desse sistema de interdições, ambas são acessadas e mantidas através dos mecanismos de transgressão. Essa transgressão existe para que se possa sair dos pré-conceitos existentes a partir da tradição e da educação e se possa entrar no movimento de percepção de si mesmo, nem sempre concomitante ou paralelo a essas questões públicas. Assim, a própria traição, muito mais do que uma questão moral é a percepção do que é ser fiel a si mesmo. Nossos personagens se desprendem da própria culpa percebendo seu ato e a participação do outro parceiro nele.

> *"Te perdoo*
> *Por fazeres mil perguntas*
> *Que em vidas que andam juntas*
> *Ninguém faz*
> *Te perdoo*
> *Por pedires perdão*
> *Por me amares demais*
> *Te perdoo*
> *Te perdoo por ligares*
> *Pra todos os lugares*
> *De onde eu vim*
> *Te perdoo*
> *Por ergueres a mão*
> *Por bateres em mim*
> *Te perdoo*
> *Quando anseio pelo instante de sair*
> *E rodar exuberante*
> *E me perder de ti*

Te perdoo
Por quereres me ver
Aprendendo a mentir (te mentir, te mentir)
Te perdoo
Por contares minhas horas
Nas minhas demoras por aí
Te perdoo
Te perdoo porque choras
Quando eu choro de rir
Te perdoo
Por te trair"[7]

Conforme falamos, para que a paixão se estabeleça se faz necessária a transgressão, o excesso e o ato erótico, a partir do qual se processa a comunhão dos dois envolvidos por essa mesma transgressão não sendo, nunca, amplamente satisfatória porque sempre é momentânea posto que a única coisa concreta é o momento vivido. Se não for assim, ela perde sua característica de paixão. Há um investimento exclusivo no objeto de paixão reconhecendo-o como sujeito autônomo capaz de possibilitar (e não ser) a completude e, portanto, sendo cada vez mais desidealizado.

A comunhão pretendida só pode se realizar na morte (real ou imaginária dos parceiros, da vida anterior ou dos significados) com o encontro erótico superando-as.

O preço dessa comunhão é a perda da segurança e da cristalização o que faz com que sobre só a vida e a singularização, inadmissíveis para alguns, assustadora para outros uma vez que somente a paixão pode qualificar e validar a existência liberando mentes, corpos, sexos e vidas. Isso porque como refere Chamfort[8] quando certo homem e certa mulher sentem, um pelo outro, paixão violenta, parece-me sempre que, sejam quais forem os obstáculos que os separem, marido, pais, etc., os dois amantes são um do outro por mandato da Natureza, se pertencem reciprocamente por direito divino, apesar das leis e das convenções humanas." Entretanto isso é ameaçador e assustador[9].

---

7 *Mil perdões*, de Chico Buarque de Hollanda.
8 Citado por Schopenhauer em "O amor, as mulheres e a morte".
9 Porque como diz o próprio Schopenhauer, "as pessoas mais honestas em tudo o mais e mais direitas, deixam-na aqui de lado, menosprezando tudo, quando delas se apodera o amor apaixonado."

A partir da angústia as ocupações pessoais e cotidianas perdem a condição tranquilizadora e cada um dos atores se vê diante de si mesmo com todas as possibilidades desde que, ao escolher uma delas, assuma a própria responsabilidade da escolha feita. Isso porque o que se faz por amor sempre acontece além do bem e do mal (Nietzsche, 2012).

Numa tentativa de sistematização podemos tentar compreender as três vias evolutivas aqui propostas a partir do quadro seguinte:

Quadro 8.1 Características das formas de Paixão

Tipo de paixão / Estruturas de vida	Narcísica (Pathos)	Conjugal (companheirismo)	Paixão Amorosa
Tempo Vivido	Passado/presente/ futuro – fusão total	Futuro (estabilidade e Segurança)	Presente
Estrutura	Instável buscando estabilidade	Estável	Instável com riscos assumidos
Vivência Padrão	Sensível e estética	Ética	Mística
Relação	Dominação Imaginária	Dominador-Dominado	De Liberdade
Território da Relação	Fantasia	Social	Pessoal e Individual
Crescimento	"Me descubro no outro que ocupa o meu lugar"	"Vivo no mundo público, sem descobertas"	"Me descubro com o outro, individualmente"
Nível de Dependência Pessoal	Dependência Afetiva	Dependência Concreta	Sem Dependência
Relação Interindividual	"Nunca me anulo e me sobrevalorizo"	"Me anulo e sou dominado ou anulo o outro e o domino"	"Vejo ambos a partir da vivência individual"
Investimento Pessoal	Em si mesmo de modo desmedido	No Outro concreto e no Eu material	No Outro
Sentimento	Depressão	Culpa	Ansiedade

(continua)

204 Da Paixão: sobre um fenômeno humano

Quadro 8.1 Características das formas de Paixão *(continuação)*

Tipo de paixão / Estruturas de vida	Narcísica (Pathos)	Conjugal (companheirismo)	Paixão Amorosa
Mito	Narciso[10]	Hera[11]	Prometeu[12]
Vínculo	Assimétrico Eu-Outro fusionados	Assimétrico Eu-Outro separados	Simétrico Eu-outro simétrico e dialético. Alteridade
Tipo de Traição	Narcísica ("galinha")	Separados: tradição, contrato, vingança	Simétricos: percepção da complexidade. Traição ao Outro ou a Si?

---

10 Narciso era filho de Cefiso e de Líriope e primava por ser extremamente belo. Essa beleza preocupava sua mãe que, por isso, consulta o adivinho Tirésias para saber quanto tempo seu filho viveria. Durante um verão, Narciso parte para uma caçada com amigos sendo seguido pela ninfa Eco que, por ele, se apaixonara. Afastando-se dos amigos, Narciso começou a gritar por eles tendo o final de suas frases repetidas pela ninfa que, castigada por Hera, era obrigada a fazê-lo. Ao se apresentar a Narciso, Eco é repelida e, por sua paixão intensa e não correspondida, isola-se num rochedo, deixa de se alimentar e definha. As demais ninfas, irritadas com a insensibilidade de Narciso diante do sofrimento de Eco, clamam a Nêmesis por vingança. Assim, quando Narciso se aproxima da fonte de Téspias para beber, vê a si mesmo refletido nas águas e, a partir de então apaixona-se por si mesmo cumprindo a maldição de Nêmesis de ter um amor impossível de ser vivido. Para Brandão, (1987) Narciso é o símbolo central da permanência em si mesmo em contrapartida a algo que permanece no outro. Narciso comete assim uma hybris, uma violência contra Eros e contra o envolvimento erótico com o outro uma vez que permanece centrado em si mesmo.

"O que procuras não existe. Não olhes e desaparecerá o objeto do teu amor.
A sombra que vês é um reflexo da tua imagem,
Nada é em si mesma: contigo veio e contigo permanece.
Tua partida a dissiparia, se pudesses partir." (Metamorfoses,3,414-428; Ovídio).

11 Hera era a terceira esposa de Zeus (após Métis e Têmis) e, como legítima esposa, é a protetora das esposas e do amor legítimo. Exatamente por isso é a deusa que nunca sorriu, rabugenta, exigente e irritada quando não satisfeita. Para ela os fins justificam os meios e para atingi-los se vale de todos os artifícios possíveis sendo, muitas vezes, tratada com desprezo pelo próprio Zeus, o que acarreta da parte dela, ameaças e agressões verbais. Sabedor disso, Zeus procura evitar, tanto quanto possível, as cenas de insubordinação e de linguagem vulgar de sua mulher. Ela persegue tenazmente as amantes e filhos adulterinos de Zeus, independentemente das consequências. Sua ave predileta era o pavão cuja plumagem passava por ter cem olhos e, portanto, ser capaz de vigiar tudo. Também lhe eram consagrados o lírio (símbolo da pureza e da fecundidade) e a romã. Ela é assim, o símbolo da fidelidade conjugal (Brandão; 1986).

12 Prometeu criou o homem do limo da terra e numa disputa desses com os deuses, desejando enganar a Zeus, dividiu um boi em duas porções, a primeira com a carne e as entranhas cobertas pelo couro e a segunda, com apenas os ossos cobertos pela gordura. Enganado ao escolher a segunda, Zeus vinga-se dos homens privando-os do fogo (da inteligência). Prometeu rouba então uma centelha desse fogo celeste, oculta-a em uma fenda de uma fécula e a dá aos homens. Foi então acorrentado e uma águia enviada para que lhe devorasse, diariamente, o fígado. É exatamente este ato de Prometeu, seu desafio a Zeus roubando o fogo do conhecimento, que propicia a humanidade uma existência ambígua e ambivalente, localizada entre o bem e o mal, convivendo com as doenças, a velhice e a morte, sempre obrigando o homem a fazer a sua escolha (Brandão, 1986), a meu ver, a escolha entre a vida humana marcada pela paixão, pela dor, pelo sofrimento e pela finitude e a vida pública e impessoal (ainda que controlada pelos deuses), a própria morte existencial marcada pela segurança e pelo tédio.

Da Paixão e da Morte... 205

O movimento narcísico e patológico é bastante visível em Werther[13], de Goethe, quando se diz:

– Por que Werther? – replicou ela. – Você pode, você deve tornar a ver-nos. Somente precisa conter-se. Oh! Por que nasceu você com esse ardor apaixonado que se prende obstinadamente a tudo quanto o impressiona!. Peço-lhe – prosseguiu ela, tomando-lhe a mão –, seja senhor de si. O seu espírito, os seus conhecimentos, os seus talentos não lhe ofereciam inclinação por uma criatura que nada mais pode fazer senão ser agradável.

Temos aqui a dificuldade da paixão se manter.

A fala de Carlota mostra a necessidade de manter a paixão sob controle, sem ardor, domesticada ou ao menos, sob um impulso construtivo e criativo. O Mais fácil é o controle uma vez que o medo, a intimidação real ou imaginária, as ameaças e a própria fragilidade impedem um futuro que não seja "amarrado". Ainda que sem garantia total, porém seguro. A relação que se estabelece é sempre com a própria consciência que "cobra" o domínio sobre o corpo e sobre as emoções a partir do exame de si mesmo e dos auto interrogatórios carregados de autoacusações. Assim, o simples se apaixonar, quase sempre cede lugar ao planejamento e o desejo não mais se realiza e assim, transcende o próprio existir. Ele é substituído pelo código, pelo símbolo e assim, ele é morto. Perdido. Retornam as culpas que se dissolvem durante o processo da paixão e cada um dos personagens, a exemplo de Tommy[14], volta a ser cego, surdo e mudo para o prazer, a sensualidade e a vida. Esse retorno e a consequente perda são desencadeados, na maior parte das vezes porque as exigências de uma paixão são, habitualmente, incompatíveis com as demais exigências da vida bem como de suas projeções de futuro e assim, minam seus sonhos, suas esperanças e suas perspectivas restritas. Em consequência, trai-se nessa morte da paixão, a perspectiva de vida com todas as suas dores e felicidades.

É da interdição que surge a morte enquanto fuga de um mundo ruim no qual a paixão se constitui em uma possibilidade de vida. A morte surge também da exclusão, da incapacidade que um dos

---

13 Os sofrimentos do jovem Werther; J.W.Goethe, acessado em http://3860146ba18fac55fd2dd43b. andreaugustogazo.netdna-cdn.com/wp-content/uploads/2007/05/goethe_os_sofrimentos_do_jovem_ werther.pdfem 10?02/2015.
14 Ópera rock do grupo inglês "The Who".

206   Da Paixão: sobre um fenômeno humano

amantes encontra ao tentar decifrar o mundo interior do outro que, ao não ser compreendido, sofre e, muitas vezes, desenvolve a necessidade de ferir (real ou imaginariamente) o outro. A paixão transita entre os limites do desejo e da imaginação, do prazer e da dor, da alegria e da angústia, mas, principalmente, da vida e da morte, do construir e do destruir (vida, ideias, fantasias). Assim, não é por acaso que Eros, o deus grego da vida e do desejo, se liga a Tanatos, símbolo da morte e da destruição ou que Kali apresente dois aspectos, o da destruição e o do nascimento uma vez que ambas as características correspondem à duas faces de uma mesma moeda.

Essa é a fala de Werther ao se despedir:

> *Quando ontem me arranquei de junto de você, inteiramente possuído de uma terrível revolta, o coração assaltado por tantas emoções, sentindo-me gelado de horror em face da existência sem alegria e sem esperança que levo a seu lado, nem sei como pude chegar ao meu quarto. Caí de joelhos, fora de mim, e vós me concedestes, ó Deus, a consolação suprema das lágrimas mais acerbas! Mil projetos, mil perspectivas agitaram-se tumultuosamente em minha alma; por fim, projetou-se la, definitivo e supremo, este pensamento: "Quero morrer!". Dormi, e, esta manhã, erguendo-me tranquilo, encontrei-o em mim, sempre firme, forte, completo: "Quero morrer!..."Não é o desespero; é a convicção de que resisti quanto me era possível resistir, e de que eu me sacrificarei por você. Sim, Carlota. Por que calar? É preciso que um de nós três desapareça, e sou eu quem deve desaparecer. Ó minha bem-amada, neste coração dilacerado muitas vezes se insinuou pensamento frenético de matar seu marido. De matar você. De matar-me a mim!*
>
> *Cumprisse o meu destino. Quando você subir a colina, por uma bela tarde de verão, lembre-se de mim, que tantas vezes fui ao seu encontro, nesse lugar, surgindo do fundo do vale. Depois, volte os olhos do outro lado, em direção ao cemitério, e contemple o meu túmulo, sobre o qual o vento agitará os arbustos à luz do sol poente! No começo, eu estava tranquilo, e agora, agora eu choro como uma criança, vendo surgir em torno de mim essas vivas imagens.*

A raiva, a frustração, o fim dos sonhos e das fantasias, a ausência de perspectivas, tudo isso leva o apaixonado a um beco sem saída pois se tiver o objeto, desaparece a paixão, se não o tiver, ficam os sentimentos de vazio. Resta assim a morte como a transgressão máxima, capaz de fazer com que algo recomece e abra alguma possibilidade. Esse é o desenrolar da paixão narcísica na sua tentativa de manter a paixão, o apaixonado caminha entre a presença e a ausência, o medo e o prazer, a culpa e o júbilo. Isso exige de cada um dos envolvidos, extrema resiliência e de capacidade em lidar com limites e angústias. Se esses limites e angústias forem superados pode se estabelecer aquilo que denominei paixão amorosa, independente da relação conjugal, livre, voltada para o próprio autoconhecimento e para que o outro consiga caminhar pela mesma senda.

O apaixonamento, sendo o amor da impossibilidade da completude leva, habitualmente se não correspondido, à tristeza, ao desespero ou à morte e, se correspondido (e bem-sucedido em sua evolução) leva à algo próximo, no máximo, à *philia* descrita anteriormente. Resulta, de qualquer forma portanto, em uma dor sem cura tão intensa que leva o personagem D. José[15] a dizer:

– *"Si je t'aime, prends gard de moi"*.[16]

Essa ocorrência se dá uma vez que a experiência dos prazeres passados tensiona o presente e projeta no futuro as expectativas de dores e prazeres (Munis, 2015) que não tem, nunca, perspectivas de segurança e estabilidade. Essa possibilidade, entretanto, é dada somente para alguns poucos privilegiados uma vez que aqueles que se creem preenchidos e satisfeitos dentro de estruturas sociais fechadas e massificadas, de nada necessitam e assim, ao não se apaixonarem nunca, mesmo não sabendo mais o que é o prazer do se perder no outro ganham, em contrapartida, a segurança de uma vida sem sofrimento embora mecânica e tediosa, na maioria das vezes. A única alternativa a isso é a força da ignorância, o nunca ter experimentado o arrebatamento da paixão amorosa. Isso porque ao existir ela se defronta sempre com a possibilidade de terminar se antecipando assim a perda real. Entretanto é com ela que se constrói um futuro a partir da própria história pessoal e limites para que se possa viver um presente que se transcende cotidianamente.

*"Era uma manhã muito fria
De abril ou de um maio passados,
Quando ela, ao meu lado, deitada,
Entre os meus braços tremia,*

---

15 Da ópera Carmen de G. Bizet.
16 Se eu te amar, cuidado comigo.

Talvez por medo ou vergonha,
Quem sabe por que o fazia,
Mas entre os meus braços ficava
E, brincando e sonhando ela ria.
Olhando seu corpo delgado
Na cama de linho macio,
Podia seguir seus contornos
Com os longos cabelos louros
Que, quais douradas cascatas,
Caiam nos ombros pequenos
Tão cheios de pontos morenos
Que se tornavam vermelhos
Quando louco eu lhes mordia,
E aí, quebravam o branco
Da nudez que ela largava
Esparramada entre os lençóis.
Seus seios pequenos, redondos,
Quais dois seios de menina
Encaixavam-se em minhas mãos,
E eu beijava essa menina
Prá sentir o seu sabor
De pitanga ou de romã.
Pernas compridas, delgadas,
Macias de se acariciar,
Terminavam docemente
Emolduradas por pelos,
Macios e aveludados,
Gostosos de tocar,
Cheirosos de se sentir,
Tão doces de se querer.
Nádegas duras, pequenas,
Redondas e sensuais.
Lábios carnudos, vermelhos,
Perfeitos prá se morder.
O tocar dos nossos dedos,
O respirar ofegante,
Seu corpo sob o meu aconchego
Arfando depois do amor.
Seus lábios entreabertos
Esperando por outro beijo,
Seus seios contra o meu peito

Pulsando num só desejo.
Lá fora o frio e o vento
Alheios para o prazer.
Lembranças tão grandes perdidas
Em uma manhã já passada,
Memórias distantes da vida,
Vividas ou somente sonhadas?"

Depois de uma grande paixão cabe se pensar se já não se sentiu tudo o que deveria ter se sentido durante esta curta passagem de vida pois ela transcende a individualidade e o cotidiano trazendo aspectos luminosos e, mesmo, espirituais que levam ao encontro da própria anima (animus), no mais das vezes despojada até da própria energia erótica. Busca-se assim a completude do próprio eu o que se torna um anseio da própria alma mais que um desejo físico ou erótico e, nessa relação nos encontramos a nós mesmos sendo portanto ilusória a completude através do outro. Isso porque essa união total com o outro é impossível posto que ela, por si só, levaria de maneira imediata à própria destruição das individualidades envolvidas sobrando a incompletude, a queda no tédio cotidiano pela regulamentação (e morte) da paixão e o alívio momentâneo nos encontros possíveis, consequência daquela incompletude.

Um risco interessante na evolução dessa paixão talvez seja aquilo que chamamos do pecado da *hybris* (ὕβρις)que Platão descreve no banquete a partir da sensação de completude e de poder que são descritos a partir da ideia de que os humanos eram poderosos porque se completavam a si mesmos uma vez que tinham dois sexos, quatro braços e pernas ficando assim arrogantes pela sua força e poder. Em função disso, Zeus para torná-los mais fracos e prestativos os corta ao meio tornando-os incompletos.[17]

Apaixonados portanto, na ilusão da completude que a permanência do outro provoca, pode se assumir a posição vaidosa e orgulhosa do poder e do prazer que se desfruta e assim, incorrer no castigo, não dos deuses, mas dos homens que são muito pouco tolerantes aos mecanismos de transgressão que os ameaçam, ainda que

---

17 Como a natureza humana foi dividida em duas, cada uma das partes, saudosa, unia-se à outra, aos abraços ardentes para se confundirem num único ser. Morriam de fome e de inércia porque não queriam fazer nada separadamente. Quando morria uma das partes, a sobrevivente procurava a outra e a estreitava nos braços. Platão em *O Banquete.*

de maneira simbólica, no estado estabelecido das coisas. Da mesma forma, dentro do símbolo platônico, esses seres totipotentes, por terem quatro braços e quatro pernas pela completude, andavam de maneira circular o que pode nos levar a pensar que saem pouco do lugar girando sempre da mesma forma. É a completude de si mesmo, atingida a partir da relação com o outro que se torna o objeto da paixão amorosa quando bem-sucedida. Quando isso se dá de forma narcísica, não se permite nem o crescimento nem o deslocamento pois não podemos falar nem em dependência nem em completude através do outro embora seja esse outro que, ao entrar em contato comigo, permita que eu me desvele.

Dessa maneira, talvez a maior dificuldade no caminho da paixão seja a taxaria que define o prazer e que decorre do uso sábio e dosado dos desejos naturais.

"Et maintenant que vais-je faire
De tout ce temps
Que será ma vie
De tous ces gens qui m'indiffèrent
Maintenant que tu es partie
Toutes ces nuits, pourquoi pourqui
Et ce matin qui revient pour rien
Ce cœur qui bat, pourqui, pourquoi
Qui bat trop fort, trop fort

Et maintenant que vais-je faire
Vers quel néant glissera ma vie
Tu m'as laissé la terre entière
Mais la terre sans toi c'est petit
Vous, mes amis, soyez gentils
Vous savez bien que l'on n'y peut rien
Même Paris crève d'ennui
Toutes sés rues me tuent
Et maintenant que vais-je faire
Je vais en rire
pour ne plus pleurer
Je vais brûler des nuits entières
Au matin je te haïrai
Et puis um soir dans mon miroir
Je verrai bien la fin du chemin
Pas une fleur et pas de pleurs

Au moment de l'adieu
Je n'ai vraiment plus rien à faire
Je n'ai vraiment plus rien[18]

Por sua própria origem, Eros (e considero que a Paixão é a parte principal de Eros) tem heranças de ambos os pais, Recurso e Pobreza e assim, ele envolve tudo que existe de belo e de bom, embora esteja sempre pobre e carente.

Assim, ela floresce e morre sistematicamente, renascendo em cada momento de perda. Ela se constitui na própria promessa de transcendência que exclui a felicidade plena uma vez que "ter" o outro não é seu objetivo pois "ter" significa "não mais perder", "possuir", "controlar" ou, mesmo, "domesticar" aquela que é uma das características mais marcantes da humanidade. Portanto, podemos pensar que o se apaixonar se constitui na própria essência da humanidade.

Sua ligação com o divino e com o ctônico, originam sua capacidade de criação, de gerar o belo, de fazer nascer algo a partir da própria experiência apaixonada que, assim, recria o mundo cotidiano transformando-o, embelezando-o e, nesse processo, se eternizando a partir de sua própria descoberta. Não tem, portanto, finalidade prática, seja ela biológica ou social. Ela é puramente individual e subjetiva, pedaço do caminho que pode ser trilhado rumo ao próprio autoconhecimento.

Dessa forma, o apaixonado não tem nem possui o objeto de paixão porque este, em si, é inesgotável uma vez que tenta conectar todos os vazios psíquicos preenchendo-os através do conhecimento que referimos.

---

18 E agora o que farei/De todo esse tempo que será minha vida/De todas essas pessoas que me são indiferentes/E agora que você se foi/Todas estas noites, por que? por quem?/E essa manha que volta pro nada/Esse coração que bate, para quem, para que/Que bate tão forte, tão forte./E agora o que farei/Para que nada escorregará minha vida/Você me deixou a terra inteira/Mas a Terra sem você é pequena/Vocês, meus amigos, sejam gentis/Vocês sabem bem que não se pode nada/Até mesmo Paris me aborrece/Todas as ruas me matam/E agora o que farei/Eu irei rir para não mais chorar/Eu irei arder nas noites inteiras/Mas na manhã eu irei odiar/Depois numa noite em meu espelho/Verei bem lá no fim do caminho/Nenhuma flor e nenhum choro/Até o momento do adeus/Não tenho verdadeiramente mais nada a fazer/Não tenho verdadeiramente mais nada.

Essa paixão, pode-se dizer, é um impulso fundamental do ser, aquilo que impele a existência a se realizar através da ação, porém essa só se realiza através do contato com o outro, com trocas materiais, espirituais e sensíveis que ocasionam, inevitavelmente, transgressões e sofrimento até que aspectos opostos sejam integrados se iluminando a consciência e ocasionando o progresso e a manifestação das potencialidades. Assim os dois, ao se darem um ao outro, encontram a si mesmos uma vez que a paixão une e não se apropria, valoriza o outro e não o aniquila, cresce através de uma dádiva generosa e se torna cada vez mais e melhor.

A paixão é, assim, uma atividade do pensamento humano que, em sua manifestação talvez seja das poucas a conseguir, em seus momentos efêmeros, saciar às próprias necessidades decorrentes do existir. É ela, portanto, a vitória da vida sobre a transitoriedade e a morte.

Bibliografia

Aboim S. Da pluralidade dos afetos. Rev Bras Cien Soc. 2009;24 (70):107-22.

Almeida T. O perfil da escolha de objeto amoroso para o adolescente: Possíveis razões. São Carlos: Departamento de Psicologia. Trabalho de conclusão de curso, 2003.

Almeida T, Mayor AS. O amar, o amor: uma perspectiva contemporâneo-ocidental da dinâmica do amor para os relacionamentos amorosos. In: Starling RR, Carvalho KA. Ciência do Comportamento: conhecer e avançar. Santo André: ESETec Editores Associados, 2006. p. 99-105.

Almeida T. Ciúme romântico e infidelidade amorosa entre paulistanos: incidências e relações. São Paulo. Dissertação (Mestrado). Instituto de Psicologia. Universidade de São Paulo, 2007.

Avellar de Aquino TA, Gouveia VV, Patrício KSC, Silva MGS, Bezerra JLM, Souza JR VB, et al. O amor entre os jovens em Tempos de Ficar: correlatos existenciais e demográficos. Psicol Cien Prof. 2012;32(1):112-25.

Bataille G. O erotismo: o proibido e a transgressão. Lisboa: Moraes, 1980.

Bataille G. O erotismo. Belo Horizonte: Autêntica, 2013.

Bauman Z. Amor líquido. Rio de Janeiro: Zahar, 2004.

Bacchini F, Lalli C. Che cos'è l' amor. Milano: Baldini, Cristaldi, Dalai, 2003.

Barros Neto WA. Erotismo e pós-modernidade. Ver Eletr Correlatio. 2002;(2):42-67.

Beck E, Miller G. Que é o amor? (Luft L, tradutor). Porto Alegre: Paulinas Branden, 1988.

Berscheld E, Hatfield E. Interpersonal attraction. New York: Addison-Wesley, 1969.

Blackburn S. Luxúria. São Paulo: Arx, 2005.

Bonder N. Segundas intenções. Rio de Janeiro: Rocco, 2011.

Brandão JS. Mitologia Grega, vols. Petrópolis: Vozes, 1986.

Braz ALN. Reflexões sobre as origens do amor no ser humano. Psicologia para América Latina. Recuperado em Agosto de 2006. [Internet] [Acesso em 10 Jul 2016]. Disponível em: http://scielo. bvs-psi.org.br/scielo.php?script=sci_arttext&pid=S1870350X200 6000100006&lng=pt&nrm=iso

Brounstein N. Gozo. São Paulo: Escuta, 2007.

Biyngton CAB. A viagem do ser em busca da eternidade e do infinito. São Paulo: Editora do Autor, 2013.

Bleuler M. Sindromes psíquicos agudos em las enfermedades somáticas. Madrid: Morata, 1968.

Bullen D. Amores Modernos. São Paulo: Seoman, 2014.

Calasso R. La follia che viene dalle Ninfe. Milano: Adelphi, 2010.

Calvino I. O cavaleiro inexistente. In: Os nossos antepassados. São Paulo: Cia. das Letras, 1997.

Capelão A. Tratado do Amor Cortês. São Paulo: Martins Fontes, 2000.

Cardella BHP. O amor na relação terapêutica. São Paulo: Summus, 1994.

Carotenuto A. Amar, trair: quase uma apologia da traição. São Paulo: Paulus, 2004.

Cavalcante MI. Amor, erotismo e morte. Ling Est Pesq. (6-7):174-198; 2005.

Cecla F. Lasciarsi: i ritualli dell'abbando o no nell'era dei social network. Roma: Elèuthera, 2014.

Comte-Sponville A. A felicidade desesperadamente. São Paulo: Martins Fontes, 2012.

Comte-Sponville A. Le sexe ni la mort. Paris: Albion Michel, 2012.

Costa GP. O amor e seus labirintos. Porto Alegre: Armed, 2007.

Driscoll D, Davis K, Lipetz M. Parental Interference and Romantic Love: The Romeo and Juliet Effect. J Person Soc Psychol. 1972;24:1-10.

Dumoulié C. O desejo. Petrópolis: Vozes, 2005.

Engels F. A origem da família, da propriedade privada e do estado. Rio de Janeiro: Civilização Brasileira, 1974.

Enriquez E. A construção amorosa. Psicol Rev. 2003;9(13):13-25.

Ferraz MR. Manual de Comportamento Animal. Rio de Janeiro: Rubio, 2011.

Da Paixão Amorosa 215

Feuga P. Tantrismo. Doutrina, prática, arte e ritual. São Paulo: Madras, 2012.

Fisher H. Why we love: The nature and the chemistry of romantic love. New York: Henry Holt, 2004.

Fisher HE, Brown LL, Aron A, Strong GE, Mashek D. Reward, addiction and emotion regulation systems associated with rejection in love. J Neuropsychol. 2010;104:51-60.

Foucault M. Microfísica do poder. Rio de Janeiro: Graal, 1981.

Foucault M. História da sexualidade: a vontade de saber. Rio de Janeiro: Paz e Terra, 2015.

Frank RH. L'amore. In: Bacchini F, Lalli C. Checosè l' amor. Milano: Baldini, Cristaldi, Dalai, 2003.

Freire R. Ame e dê vexame. São Paulo: Master Pop, 2013.

Freire Costa J. Utopia amorosa, utopia sexual. In: Cardoso I, Silveira P. Utopia e mal-estar na cultura: perspectivas psicanalíticas. São Paulo: Hucitec, 1997.

Freeud S. O mal-estar na cultura. Porto Alegre: L&PM, 2010.

Fromm E. A arte de amar. Belo Horizonte: Itatiaia, 1990.

Guattari F, Negri T. Les nouvelles lignes d'aliance. Paris: s/d; monografia.

Guerra MHRM. O livro vermelho o drama do amor em C.G. Jung. São Paulo: Linear, 2012.

Giddens A. A Transformação da Intimidade. São Paulo: UNESP, 1993.

Hack M. Prefazione. In: Bacchini F, Lalli C. Checosè l' amor. Milano: Baldini, Cristaldi, Dalai, 2003.

Hall S. A identidade cultural na pós modernidade. Rio de Janeiro: Lamparina, 2014.

Hatfield E. Passionate and companionate love. In: Stermberg RJ, Barnes ML. The psychology of love. New Haven: Yale University Press, 1988. p.191-217.

Hatfield E, Sprecher S. The passionate love scale. In: Fisher TD, Davis CM, Yaber WL, Davis SL. Handbook of sexuality-related measures: A compendium. ThousandoOaks: Taylor & Francis, 2010. p.191-217.

Heidegger M. Ontologia (hermenêutica da facticidade). Rio de Janeiro: Vozes, 2013.

216 Da Paixão: sobre um fenômeno humano

Hendrick SS, Hendrick C. Gender differences and similarities in sex and Love. Pers Relations. 2005;2:55-65.

Hillman J. Estudos de Psicologia Arquetípica. Rio de Janeiro: Achiamé, 1978.

Ingenieros J. O que é o amor. 2.ed. (Noronha WA, tradutor). Rio de Janeiro: Gráfica Editora Laemmert, 1968.

Jankoviak W. desiderio sessuale o amore passionale? In: Bacchini F, Lalli C. Checos'è l' amor. Milano: Baldini, Cristaldi, Dalai, 2003.

Jung E. Animus e anima. São Paulo: Pensamento-Cultrix, 2006.

Jung KG. Os arquetipos e o inconsciente coletivo. Rio de Janeiro: Vozes, 2013.

Jung CG. Memórias, sonhos e reflexões. Rio de Janeiro: Nova Fronteira, s/d.

Kierkegaard S. As obras do amor. Petrópolis: Vozes, 2005.

Kierkegaard S. Temor e tremor. São Paulo: Abril Cultural, 1974.

Kraft-Ebbing RV. Psychopathia Sexualis: a medico-Forensic Study. Nova York: Putnam, 1965.

Lafrenière MA, Valerand RJ, Donabu EG, Lavigne G. On the costs and benefits of gaming: the role of Passion. Cyber Psychol Behav. 2009;12(3):285-90.

Lauru D. O enamoramento e o amor de transferência. Estud Clin. 2002;VII(13):158-65.

Lebrun G. O conceito de paixão. In: Cardoso S, et al. Os Sentidos da Paixão. São Paulo: Schwarcz, 1987.

Lejarraga AL. Freud e Winnicott, do apaixonamento à capacidade de amar. Pulsional. 2002-2003;164-165:42-9.

Liiceanu G. Da Sedução. Campinas: Vide Editorial, 2014.

Lins RN. O livro do amor; vols. I e II. Rio de Janeiro: Best Seller, 2015.

Lopes RG. Renovação noética: fundamento da verdade no encontro terapêutico. Anal Psicol. 2006;3(XXIV):323-30.

Lopez-Pedroza R. Sobre Eros e Psiquê. Petrópolis: Vozes, 2010.

Luhmannn N. O amor como paixão. Lisboa: Difel, s/d.

Macedo RMS. Ligações perigosas: a infidelidade no casamento. In: Colombo SF. Gritos e Sussurros. São Paulo: Vetor, 2006.

Marcondes Filho C. Paixão, erotismo e comunicação. Contribuições de um filósofo maldito, Georges Bataille. Hypnos (São Paulo). 2008;(21):208-30.

May S. Amor: uma história. Rio de Janeiro: Zahar, 2012.
Meun J. Le Roman de la Rose. In: Delvaille, B. Mille et cent ans de poésie française. Robert Lafont, 1991.
Michaelis. Dicionário Português online. Recuperado em outubro 2015. [Internet] [Acesso em 11 Jul 2016]. Disponível em: michaelis. uol.com.br/moderno/portugués/index.php?lingua=portugués- -portuguesapalavra=amor
Miller MS. Feridas invisíveis: abuso não-físico contra mulheres. São Paulo: Summus, 1999.
Monteiro MC. Cenas de um casamento: paixão e transgressão. Terc Marg (Rio de Janeiro). 2009;20:128-40.
Monteiro MP. Paixão – um amor com tempo marcado. Estud Psican. 2011;36:117-20.
Muniz F. Prazeres ilimitados. Rio de Janeiro: Nova Fronteira, 2015.
Nietzsche F. 100 Aforismos sobre e a norte. Sã Paulo: Schwarcz, 2012.
Nietzsche F. A Genealogia da Moral. Alemanha, 1887.
Onfray M. Théorie du corps amoreux. Paris: Grasset, 2000.
Onfray M. L' invention du plaisir. Paris: Le Livre de Poche, 2002.
Onfray M. Tratado de Ateologia. São Paulo: Martins Fontes, 2014.
Orlandini A. El enamoramiento y El mal de amores. México: Fondo de Cultura Econômico, 1998.
Ovídio. A arte de amar. Porto Alegre: L&PM, 2012.
Pasini W. Amores Infieis. Psicologia da Traição. Rio de Janeiro: Rocco, 2010.
Pereira MEC. É preciso estar louco para acreditar que nos amam? Rev Latinoamericana Psicopatol Fundam. 2003;VI(I):165-71.
Perez L. "No cometerás adultério": El mandamiento bíblico explicado por Filón de Alejandria. Emer Rev Ling Filol Clas. 2015;LXXIII (1):87-109
Pessanha JAM. Platão: as várias faces do amor. In: Cardoso S, et al. Os Sentidos da Paixão. São Paulo: Schwarcz, 1987.
Pinker S. Follid'amore. In: Bacchini F, Lalli C. Checosè l' amor. Milano: Baldini, Cristaldi, Dalai, 2003.
Pittman FS. Mentiras privadas: a infidelidade e a traição da intimidade. Porto Alegre: Artes Médicas, 1994.
Platão. O Banquete. Porto Alegre: L&PM, 2014.
Platão. A República. São Paulo: Martin Claret, 2004.

Pompéia JÁ, Sapienza BT. Na Presença do Sentido. São Paulo: EDUC, 2013.

Rauter CMB. Do sexual e do coletivo. Arq Bras Psicol. 2007;59(2):192-200.

Robles DRT, Benedito VLY, Fontana OM. Terapia de Casal e Família na Clínica Junguiana. São Paulo: Summus, 2015.

Roehe UM, Dutra E. Dasein, o entendimento de Heidegger sobre o modo de ser humano. Avanc Psicol Latinoamericana. 2014;32(1):105-13.

Rolnik S. Amor: o impossível...e uma nova suavidade. [Internet] [Acesso em 11 Jul 2016]. Disponível em: https://territoriosdefilosofia.wordpress.com/2014/06/07/amar-o-impossivel-e-uma--nova-suavidade-suely-rolnik/

Russel B. Casamento e moral. São Paulo: UNESP, 2015.

Santiago H. Amor e Desejo. São Paulo: Martins Fontes, 2011.

Salmon C. Infermiereperverse e Cavalieri dall'armatura scintilante. Quello Che Le pubblicazionieroticherivelano. In: Bacchini F, Lalli C. Checosè l' amor. Milano: Baldini, Cristaldi, Dalai, 2003.

Silva MHB. A paixão silenciosa. São Paulo: Escuta, 2002.

Souza DL, Santos FB, Almeida T. Vivências da infidelidade conjugal feminina. Pens Fam. 2006;13(2):197-214.

Radiguet R. O diabo no corpo. São Paulo: Penguim, 2014.

Scheinkerman M. Para além do trauma da traição: reconsiderando a infidelidade na terapia de casais. Fam Proc. 2008;44:217-24.

Schopenhauer A. O amor, as mulheres e a morte. Rio de Janeiro: Vecchi, s/d.

Simmel G. Filosofia do amor. (de Lima Brandão LE, tradutor). São Paulo: Martins Fontes, 1993.

Souza MA. Nietzsche e a genealogia da moral. São Paulo: Zagodoni, 2014.

Souza VC. A religião do encontro: a ética de Martin Buber. Theos. 2011;6(2):1-17.

Spinoza B. Ética. Belo Horizonte: Autêntica, 2008.

Sternberg RJ. A triangular theory of love. Psychol Rev. 1986;93(2):119-35.

Sternberg RJ. Construct validation of a triangular love scales. Eur J Soc Psychol. 1997;27:313-35.

Vargas Llosa M. A civilização do espetáculo. Rio de Janeiro: Objetiva, 2013.

Vergely B. Dico de philosophie. Paris: Milan, 1998.

Villain P. Dans le séjour des corps. Lonrai: Transparence, 2010.

Wilson M, Daly M. L'uomo che scambió sua moglié per un bene mobile. In: Bacchini F, Lalli C. Checosè l' amor. Milano: Baldini, Cristaldi, Dalai, 2003.

Wisnik JM. A paixão dionisíaca em Tristão e Isolda. In: Cardoso S, et al. Os Sentidos da Paixão. São Paulo: Schwarcz, 1987.

Zwang G. Les comportements humains. Paris: Masson, 1987.

IMPRESSÃO:

Santa Maria - RS - Fone/Fax: (55) 3220.4500
www.pallotti.com.br